主编：范健　王建文

COMMERCIAL LAW REVIEW

商法评论 第1辑

2019年

南京大学商法研究中心 / 主办

本辑执行主编：丁凤玲

中国法制出版社
CHINA LEGAL PUBLISHING HOUSE

卷首语

《商法评论》是由南京大学商法研究中心创办的。南京大学商法研究中心是依托南京大学法学院于2016年底成立的学术研究机构。中心长期致力于商法学理论与实务的前沿研究，不定期举办“商法名家讲堂”“应用商法论坛”“商法读书沙龙”等活动，中心为商法学理论与实务研究搭建了良好的沟通平台，在理论界与学术界享有良好的声誉。作为学术研究机构，中心研究团队曾分别主持起草了教育部大学本科和成人教育《商法学教学大纲》，受教育部高教司和研究生司委托分别编写了教育部大学本科生、成人教育、研究生商法教材。现主持教育部重大社科规划项目马克思主义理论工程《商法学》教材编写工作。

随着大数据、人工智能时代的来临，商业发展进入了全新的模式，一场“商法规则”的革命也在悄然兴起。商法规则如何应对商业实践的发展？商法理论如何认识商业实践的革新？诸如此类的问题已然成为商法研究工作者的新时代课题。尤其是在经济全球化时代，该类问题在中国商法如何与世界接轨乃至促进世界商法发展的背景下显得更加迫切。为了构建“一带一路”规则体系，推动包容性的全球治理与国际法治建设，中国商法需要了解世界商法的发展，需要回应商业实践的需求，更需要构建理论体系。《商法评论》以“研究世界商法理论发展，推动中国商法理论创新，回应中国商业实践需求”为宗旨，致力于推介域外商事法制最新发展成果，力求反映对重大现实问题和商法基础理论问题有原创思想和前瞻视野的学术成果，《商法评论》计划每年度出版上下两卷，设置“专题研究”“前沿探讨”“域外比较”“热点聚焦”“案例评析”等栏目。我们由衷地欢迎各位学者惠赐佳作，《商法评论》将不断为商法理论与实务的研究作出贡献。

范　健

2019年2月13日

目 录

Contents

征文精选

•专题研究•

论坛实录

第二届《商法通则》立法研究学术研讨会会议实录

征文精选

《商法通则》立法视野下中国特色商法制度的构建

范　健[**]

摘　要：以回应实践、解决问题为历史使命，中国《商法通则》应当立足于中国改革开放以来的商事活动实践，以创立适合中国社会发展的商法制度为指导思想，确立彰显现代商法特征的基本原则，构建公私混合、限定投资人范围的商事主体制度；公私并存、突破绝对保护的商事财产制度；生产、贸易与金融行为并重的商事行为制度；兼容法定与意定、加重与减轻的商事责任制度，形成中国社会主义商法体系。

关键词：商法通则；商事主体；商事行为；商事财产；商事责任

制定《商法通则》已经成为中国商法学界的共同呼声，并正在寻求全社会的认同。① 在编纂中国《民法典》的同时，制定《商法通则》，进而推动中国商事法律汇编，逐步走向中国商法典编纂，这是商业繁荣国度的法制需求，更是当代中国民法

---

* 范健，南京大学、澳门科技大学法学院教授、博士生导师。

** 本文为范健主持的国家社科基金重大项目“把社会主义核心价值观融入法治建设”（18VHJ002）、国家社科基金一般项目“民法典编纂后的商事立法研究”（17BFX008）的阶段性研究成果。

① 早在1999年深圳经济特区就在中国商法学研究会的协助下起草并通过了《深圳经济特区商事条例》。2016年在国家工商总局的委托下，中国商法学研究会承接了“《商法通则》立法课题研究”项目，起草了《商法通则立法建议稿》，研究成果得到了委托方的高度肯定。2017年6月，在中国商法学会向中国法学会汇报工作开展情况的会议上，张文显副会长听取汇报后指出“应举全会之力争取早日向立法部门提交《商法通则》的建议稿，推动《商法通则》的立法工作”。此外，据不完全统计，中国知网上与商法通则有关的文章共有159篇。“商事通则的制定与商法体系的完善”是2007年中国商法年会的会议议题之一，所以2007—2008年关于商法通则的文献较多，共有77篇。自2014年十八届四中全会提出编纂民法典起，商法通则的研究再次引发关注，2014年以来共有28篇与商法通则相关的研究成果。目前，制定《商法通则》已成为商法学者的基本共识。

典走向成熟和社会主义法制得以健全的重要标志。中国《商法通则》立法应立足于中国改革开放以来的商事活动实践，以创立适合中国社会发展的商事制度为指导思想，以确立彰显现代商法特征为基本原则，以推动和保障《民法典》编纂的科学化为己任，以回应实践、解决问题为历史使命，通过制定《商法通则》构建具有中国特色和时代特点的现代商法制度体系。

构建具有时代特色的商法制度体系，需要从本国和世界的经验中领略商法发展的共同规律和差异。商法是不同历史时期基于社会已经存在的经济活动方式而创设的平衡营利者相互之间以及营利者与非营利者之间利益关系的规则。不同时期的经济存在方式和利益平衡原则决定了不同时期商法的独特格局。

中国商法是当代中国经济关系和社会利益平衡原则的集中反映。中国商法不同于传统资本主义生产关系下的商法制度，也不同于传统社会主义国家的商法制度，中国商法虽然没有形成法典和总则，但其一系列独特的制度创造已经分别在民法、经济法和商事特别法中体现出来，形成了自己独有的规则体系和制度原则。《商法通则》立法就是要将这些碎片化的规则和制度体系化、完整化，形成一般的规则、原则和制度。

中国需要制定一部以当下经济体制为基础，以吸收和改造传统西方商法和传统社会主义商法为一般内容，以适应时代需求而创新的规则为特点的商事基本法。现阶段，中国《商法通则》立法尤其应关注商事基本原则、商事主体制度、商事财产制度、商事行为制度和商事责任制度的构建。

一、确立正确的指导思想与基本原则

中国《商法通则》立法要完成统领商事特别法、补充商事立法空白、回应中国商事实践需求的使命，必须要有连贯的立法思路和指导思想。结合实践、解决问题将是中国《商法通则》成功的关键。

改革开放40年，中国取得了显著的成就，商事活动为此贡献了重要的力量。中国《商法通则》作为商事活动的基本法，需要总结过去以展望未来。作为中国的商事立法，中国《商法通则》必须根植于中国的政治制度和经济体制，创立适合中国社会发展的、与社会主义市场经济体制相适应的商事基本制度，并在此基础上最大可能地促进中国商事制度与世界制度的融合。作为现代的商事立法，中国《商法通则》既要关注商法的私法属性，更要看到商法的强制性，以商业伦理为出发点维护商事交易中的公平正义，平等保障参与商事交易的各方主体的权利义务，维护经营者利益的同时，关注消费者利益，彰显国家利益和社会公共利益。作为具有时代性的商事立法，《商法通则》应当最大限度地激励和保护商事主体的创新力和创造力，在确保商事创新活动有法可依、有章可循的同时，消除妨碍商事交易秩序健康运行和发展的非法交易行为。

将上述立法思路和指导思想予以贯彻，中国《商法通则》应当确立主体地位平等原则、维护诚实信用交易正义原则、维护交易简便快捷原则、商事特权与限权平衡原则、维护市场竞争和消费者利益平衡原则、企业维持原则。维护诚实信用、交易正义原则以及维护交易简便、快捷原则都是传统商法的基本原则，中国《商法通则》应当予以确认。[①] 主体地位平等原则是公法主体和私法主体的平等，商法作为私法应确保两者在商事活动中享有平等地位，公法主体和私法主体在商事领域中的共生是中国社会主义商法的创造性成果，中国《商法通则》对该原则的承认与确认具有重要的实践意义。商事特权与限权原则是商法引入国家利益和社会公共利益的重要体现，也是现代商法的特征所在，虽然商法是私法，但是随着现代商业活动的扩张，商事交易不仅关系到私人利益，还会对社会乃至国家产生影响，中国《商法通则》既要肯定商事主体从事交易的经营权，更要平衡利益冲突，将经营权的限制作为基本原则，并以此为原则确立财产相对保护制度。维护市场竞争与消费者利益平衡原则是现代商法解决经营者和消费者利益冲突的重要原则，《商法通则》关注市场竞争秩序的同时也需要回应消费者的利益诉求，平衡经营者与消费者之间的利益关系，以此保证商业市场长久稳定。企业维持原则同样也是现代商法的另一大特征，旨在维持企业存续、稳定、协调和发展，健康的企业内外部关系是当下各国关注的重点，[②] 中国《商法通则》应将其作为基本原则并通过各种制度安排贯彻该原则。

二、构建公私混合、限定投资人范围的商事主体制度

（一）商事主体的类型

中国的商事主体制度以活跃的公主体和庞大的私主体为存在，在世界范围内独具特色。商法理论上通常将商事主体依据组织形式标准划分为商个人、商合伙、商法人。[③] 在世界立法实践上，《德国商法典》将商事主体依据商人身份取得的不同方式区分为依商营业产生的商人和基于法律形式产生的商人。[④]《日本商法典》以商事主体是否由商事行为推导为标准区分为固有商人和拟制商人。[⑤]《韩国商法》采取了与日本相类似的做法。尽管具体的划分标准存在差异，但是从组织形式来区分，各国商法典规定的商事主体大体还是商个人、商合伙和商法人。在理论和立法实践的互相印证下，中国《商法通则》立法应以商个人、商合伙和商法人为划分标准的观

① 赵中孚：《商法通论》，中国人民大学出版社 2017 年版，第 23 页。

② 王瑞、丛奔：《企业维持原则在解散公司之诉中的体现》，载《法学杂志》2012 年第 2 期。

③ 徐强胜：《商主体的类型化思考》，载《当代法学》2008 年第 4 期。

④ [德]C.W. 卡纳里斯：《德国商法》，杨继译，法律出版社 2006 年版，第 60 页。

⑤ [日]近藤光男：《日本商法总则·商行为法》，梁爽译，法律出版社 2016 年版，第 14 页。

点基本成为共识。该观点具有科学性，但却无法反映中国改革开放以来形成的特色商事主体制度，未能充分反映基本国情。

商个人、商合伙和商法人的分类主要是资本主义大陆法系国家对本国商事主体制度的总结，中国所形成的商事主体制度既不同于传统社会主义国家，也区别于西方资本主义国家，中国商法既肯定公主体投资商事经营的资格，也赋予私主体在商事主体中的地位。公主体和私主体的分类应被视为中国《商法通则》商事主体制度的重要特色，但它应该归类于商法人、商合伙（有限合伙）内部的二级分类标准。

之所以要在商法人、商合伙（有限合伙）的分类之中强调公主体，而不是简单延续德国、日本等西方国家将公主体列为公法人而归类于商法人的做法，根本原因是与西方国家的公主体处于弱势地位的情况不同，公主体是中国商事主体制度的重要组成部分。以公有制为主体的中国，公主体在商事经营活动中掌握国家经济命脉，是商事活动中的重要主体。新中国成立后到改革开放前，乃至改革开放后相当长的一段时间内，中国经济领域都是公有经济主体更为活跃。“二战”后世界范围内的国有企业私有化[①]浪潮并没有对中国产生实质影响。相反，中国实施了有步骤按计划改造国有企业和集体企业的战略，独创性地在公司法中规定国有股份，将国有控股和国有独资作为国家出资的形式。2015 年中共中央、国务院发布的《关于深化国有企业改革的指导意见》依然明确表示全民所有的国有企业是“推进国家现代化、保障人民共同利益的重要力量”，要“坚定不移做强做优做大国有企业”。尤其是在中共中央十九大提出“我国社会主要矛盾已经转化为人民日益增长的美好生活需要和不平衡不充分的发展之间的矛盾”背景下，作为避免两极分化严重化的商事公主体对中国社会主义发展道路的建设具有更加重大的意义。

除此之外，公主体参与商事经营在中国除了公法人形式之外，常常以国有独资形式存在，而公主体和私主体的适用规则又不尽一致，例如国有独资公司、国有企业不得成为普通合伙人，所以，在中国以商法人和商合伙（有限合伙）分类商事主体，需要商事公主体和商事私主体的二级分类。因此，比起将商个人、商合伙和商法人这类主要适用于私主体分类的标准，以公主体和私主体作为中国《商法通则》商法人、商合伙主体制度的二级分类标准才是符合中国实际需要的制度，有利于巩固新中国成立以来创立的商事主体制度成果，并具有立法技术优化的价值。此外，《商法通则》立法立足中国实践，在商法人制度之下确立公私混合的商事主体制度，同样具有重要的创新性意义。

（二）商事主体创办人或出资人的限制

中国《商法通则》构建公私混合的主体制度，应当关注公主体区别于私主体

① 胡岳岷、任春良:《西方市场经济国家的国有企业：一个演化视角的分析》，载《中央财经大学学报》2005 年第 7 期。

的规则设计，尤其是中国商事领域公主体区别于西方国家公主体的制度。改革开放后，以兼具公有和私有主体为特色的中国商事主体制度，衍生了由国有控股企业、国有独资企业、公私混合企业、民营和外资控股、参股及独资企业、个体工商户、农村承包经营户等形成的多元主体创设的企业组织形式，极大地推动了中国经济的发展。但独创式的商事主体制度设计因为首开先河，中国也承受了许多教训。

尽管中国在实践中形成了公主体和私主体并存的商事主体制度，但该制度的特性一直没有得到法律研究以及立法机关的重视，有关商事主体的法律制度规范一直借鉴于以私主体为主的德国、法国、日本等西方资本主义国家，公主体的规则受到了忽视。虽然西方国家也存在国家资本主义，公主体也参与商事活动，但是其国家资本主义主要是为了克服经济危机，加强宏观调控，该公主体在商事领域中本质上仍属于私主体的补充，遵循着民主资本主义的私权中心主义利益原则；中国的公主体以避免两极分化为己任，始终将公主体的商事发展规模和经营活动范围限制在服务于社会及国家需求的范围内①。因此，中国商事领域的公主体和西方国家的公主体有根本的区别。

中国《商法通则》需要关注的是商事主体的创办人和出资人问题，私主体在法律框架下享有平等的权利，所以其具有商事主体的投资和创办资格不会引起争议，但公主体具有国家公权力，其参与商事主体的创办与投资，需要关注行政性垄断和利益冲突问题，官与商的勾结不论在过去还是现在都是世界各国打压的行为，因此，不能因为国家商事主体由国家创办就允许公法主体利用公权力实施不平等竞争。在这点上，中国《商法通则》尤其需要注意公主体和私主体规则的区别，必须明确公主体不能直接投资自己主管的利益部门，处理好利益关系。另外，公主体中的成员，即公务员的创办人和出资人资格基于与公主体相同的原因，也应当被限制。

三、构建公私并存、突破绝对保护的商事财产制度

“兴商本质上就是大兴一切生财营生之业”。② 财产是商事活动的基础。与公私混合的商事主体制度相配套，中国《商法通则》应当规定商事财产既可来源于私人财产，也可从公有财产与国家财产转化而来，并为公有与国家财产的转化提供路径。为了实现该制度设计，理论上我们必须回答如下三个问题：第一，商事财产是否具有区别于民事财产的独立性与特殊性，以至于需要由商事一般法另作规定？第二，中国为什么需要构建公私并存的商事财产制度？第三，如何构建公私并存的商事财产制度？

关于第一个问题，我们做肯定回答。首先，与民事财产用于生活消费以稳定

① 胡乐明、刘志明、张建刚：《国家资本主义与“中国模式”》，载《经济研究》2009年第11期。

② 任先行：《商法原论（上）》，知识产权出版社2015年版，第1页。

为特征不同，商事财产作为经营性财产以风险为基本属性、以增值为目的，前者追求财产的绝对保护，后者追求财产的最高效益。附着于两者的价值理念存在根本差异，由此引申出民事财产制度和商事财产制度保护的不同标准：民事财产制度以权利的绝对保护为基本原则[①]，商事财产制度则以财产的相对性保护为特色。这是世界范围内所有民事财产和商事财产的共同区别。所谓的商事财产相对保护，与公主体未受到理论关注一样，该制度也未被学者抽象，但同样也是实践中被广泛运用的规则。商事领域中普遍存在的债务减免制度以及获得法律肯定乃至司法机关鼓励的破产重整制度，还有被立法确立的企业财产优先支付工资、缴纳税款制度都是商事财产相对保护的体现，不论是破产重整还是企业财产支付顺序的法律规定，都要求限制商事债权人对权利的绝对主张，并让位于企业维持、职工利益以及国家税收征收等。因此，不论是否被承认，商事财产制度的相对保护真实存在，其是商事财产需要独立于民事财产制度的一大原因，也是商事财产制度本身的亮点所在。

以社会主义建设成果为依托，中国商事领域中的公主体所积累的商事财产还与民事财产存在其他区别。尽管都表现为经营性风险财产，但公主体的商事财产使用除了受该公主体内部管理人商业判断的影响外，还受国家有关管理部门的监督，除了法律法规还需要遵守行政规章。公主体参与商事经营的财产由公有财产与国家财产转化而来，追溯其源头则源于公民的纳税，因此公主体的商事财产某种程度上是“私人财产的聚合”，然而公主体又是拟制的存在，所以为了防止公主体内部成员为私人利益侵蚀公有财产与国家财产，我国法律法规乃至规章都设置了一系列特别规则，这是公主体的商事财产与私法主体的商事财产存在的区别，也是商事财产与民事财产的区别之所在，因此商事财产具有区别于民事财产的独立性与特殊性，需要由商法另行规定。

中国公主体商事财产与私主体商事财产存在的区别也回答了上文提出的第二个问题，即为什么中国需要构建公私并存的商事财产制度。除此之外，上文关于公主体在我国占据主体地位的论述，也是对我国需要公私并存的商事财产制度的论证。作为社会主义国家，公主体参与商事经营积累财产是最终实现社会主义的手段，也是实现邓小平提出的“让一部分人、一部分地区先富起来，大原则是共同富裕”的重要途径。因为公主体的商事财产与私主体的商事财产不同，公主体与国家捆绑，私主体为了自身利益将资产转移至国外乃至移民导致“一部分人先富就跑”的现象不会由公主体上演，[②]并且公主体的财产归于国家，所以在中国，保护公主体的商事财产是真正坚持社会主义建设的重要体现，而公主体财产又不同于私主体财产，所

---

① [美]伯纳德·施瓦茨：《美国法律史》，王军等译，中国政法大学出版社1989年版，第91页。

② 范健、丁凤玲：《中国商人制度与民事主体立法——写在民法总则创立时的思考》，载《南京大学学报（人文社会科学版）》2017年第3期。

以中国要构建公私并存的商事财产制度。

至于中国要如何构建公私并存的财产制度，则需要区分商事财产制度的一般性规则和特别规则，前者抽象公有性财产和私有性财产的共同特征，后者分别安排公有性财产和私有性财产的不同规则。在一般性规则部分需要首先明确商事财产作为经营性财产具有风险的性质，同时将商事财产的相对保护列入中国《商法通则》，作为商事财产权的基本属性，突破民法财产权的绝对权属性，以维持企业的生存为限度，以商事行为的社会责任为原则，限制商事债权人对权利的绝对主张。为此，中国《商法通则》需要对原先分散于商事特别法的商事财产相对保护规则进行抽象或以列举加兜底的方式进行完善，建立商事债务企业合理的债务减免制度和破产重整制度，完善企业财产优先支付工资、缴纳税款与维持生存的权利。在特殊性规则部分，中国《商法通则》需要为公有性财产即公有财产和国家财产转化为商事财产提供路径，目前的规范基本都是行政性法规、规章等规范性文件，中国《商法通则》需要从私法角度对公有性财产的转化作出相应的规定。

四、构建生产、贸易、金融、数字交易行为并重的商事行为制度

（一）传统商事行为与现代商事行为

商事行为制度作为商法的核心，随着商法历史的演变而变化。传统商事行为以交易和生产为核心，现代商事行为除了生产和交易外，还以金融为焦点，大体来说，商事行为经历了从贸易到贸易与生产再到贸易、生产、金融、数字交易并重的几个阶段。

中世纪商法因“农业革命”和农场经济的发展以及城市的兴起等因素而产生，彼时的商行为主要是交易剩余农产品、手工业品等，并且是交易他人生产的农产品、手工业品。① 15世纪后，随着中世纪后期资本主义经济的兴起和商品贸易的繁荣，以贸易为重心的商事行为成为各近代民族国家商事立法的焦点，不论是《法国商法典》还是《德国商法典》，贸易都是商事立法的主要内容，商事主体制度围绕贸易主体展开设计，商事行为制度也是关于货物、商品买卖的规则体系。简言之，在中世纪商法和近代商法时期，商事行为主要是流通领域的经营行为，归属于贸易活动，商行为制度以贸易为中心。

随着工业革命的开始及其在世界范围内的传播，18世纪到19世纪工业化大生产对商事活动产生了重大影响，生产逐渐成为商事活动的重要领域。到了20世纪，农、林、渔、矿业等贩卖自己生产的产品的传统行业主体更是纷纷由原先被商行为和商主体排斥的状态转为被各国商法通过立法技术“补入”商法的状况。《德国商法典》第3条第2款规定了农业和林业的任意商人，认为传统产业的经营者通常不

---

① ［比利时］亨利·皮朗：《中世纪欧洲经济社会史》，乐文译，上海人民出版社，第67页。

是商人，但并没有排除其营业经营者的特征，其可通过登记成为商人。[①]《日本商法典》通过拟制商人的设置也将该类主体归入商法的调整范围。[②] 由此，生产领域和流通领域的经营行为都被视为商事行为的调整范围，商事行为从中世纪和近代商法时期的重贸易。发展成 19 至 20 世纪的贸易与生产并重。

现代商法，于英美法系国家而言，商事行为依然以贸易与生产为中心。英国商法的骨干是《货物买卖法》(后更名为《英国商品买卖法》)，美国商法的核心——《美国统一商法典》更是一部“买卖法律大全”。[③] 大陆法系国家的《商法典》也延续了近代商法时期的商法典，仍以贸易交易为商事立法重心。[④] 然而，随着市场经济的发展，金融资本和智力劳动逐渐成为商事活动的主要部分，虽然大陆法系国家的《商法典》未关注金融资本和智力劳动，但《美国统一商法典》仍或多或少涉猎了金融行为，“投资证券”一编就是金融规则的设计。如今，商业的发展正在迫使各国正视金融资本、智力劳动与互联网信息产业，一系列金融规则也逐渐在各国以单行法的形式出台，商法重心在世界范围内出现了向金融倾斜的趋势。

与德国、法国、英国乃至美国等拥有深远的商法历史传统的国家不同，中国长期以来商法缺位，因为商法传统的缺失，以生产和贸易为重心的商事立法传统在中国并未延续太久。应该说，在中国商法形成时期，随着商事行为的中心由商品贸易向资本投资倾斜，中国商法很快就进入了以资本投资为主的规制状态，金融资本、智力劳动、互联网信息产业、电子商务、数字交易等成为中国商法关注的对象。因此，区别于大陆法系和英美法系国家的商事行为制度先重贸易、生产行为后关注金融交易的历史发展，中国商法的商行为制度从一开始就关注货物、商品买卖，并重视金融资本、智力劳动、电子商务、人工智能，形成了独具特色的商行为制度。所以，现阶段中国《商法通则》应当构建生产、贸易、金融及数字交易行为并重的制度。

（二）商事行为的规则区分

明确生产、贸易和金融行为应当作为商事行为列入中国《商法通则》的调整范围只完成了商事立法的第一步，即确定范畴的问题。对于生产、交易和金融行为，中国《商法通则》立法还需要尤其关注生产、贸易、金融、数字交易行为之间的差异。

与生产和交易关注产品或服务的价值不同，金融商事行为可以依托实体经济或者说实体产品或服务，也可以脱离实体经济只存于虚拟经济领域。理解金融商事行

① [德]C.W. 卡纳里斯:《德国商法》，杨继译，法律出版社 2006 年版，第 54—55 页。

② [日]近藤光男:《日本商法总则·商行为法》，梁爽译，法律出版社 2016 年版，第 14—16 页。

③ 任先行:《商法原论（下）》，知识产权出版社 2015 年版，第 868 页。

④ 陈淳:《商法原理重述》，法律出版社 2010 年版，第 2 页。

为的特性，需要区分传统商事金融行为和现代商事金融行为。传统商事金融行为将金融理解为资金的融通手段，以服务于实体经营为目的。早在中世纪时期，随着商品贸易的繁荣，商人通过自治机制就创造了一系列商事信用制度。彼时的金融行为依附于实体产业，货币以社会实有资产为基础，金融手段主要是民间借贷或银行融资。现代金融依然具有资金融通的功能，只不过随着虚拟经济的发展，现代金融行为表现出四个新特征：第一，相对独立性。现代金融在一定程度上获得了脱离实体经济而独立存在的空间，虚拟经济的活跃使货币在某种程度上也直接成为交易的对象。第二，金融创新性。现代金融行为具有金融手段多样化、金融产品多元化、金融行为技术化等特征，大量的金融衍生品、融资方式以五花八门的形式出现。第三，金融风险性。期货、期权等具有对赌性质的金融产品相继出现，以追求利润最大化为目标，金融领域出现了大量的风险性规则。第四，金融行为主体的广泛性。除了金融企业，大量民事主体也成为金融行为的实施主体。因此，现代金融行为除了为实体产业融通资金，其本身还可以在虚拟市场中独立发展，现代金融行为不仅主体广泛，还以创新和风险为本质特征。

将现代金融行为与生产和贸易商事行为进行比较我们可以发现，首先在主体上，生产和贸易行为的实施主体是商主体，金融行为则可以由民事主体实施。其次在市场上，生产和贸易行为主要依托于实体市场，而金融商事行为则还存在虚拟市场。再者在客体上，生产和贸易行为的客体以有体物为主，金融行为的客体基本是无体物，主要是权利的交易。与生产和贸易行为重交易标的物的交割不同，金融产品交易尽管依托于实体经济，但买卖的是虚拟产品，尽管某些情况下也存在实物交割，但不是其本质。[①] 不论是商品衍生品还是金融衍生品，以及风险投资，金融产品交易强调的都是“以钱生钱”。最后，在交易规则上，为了维护交易安全，现代金融行为存在大量的技术性规则。此外，具有创新性和风险性的现代金融商事行为在交易规则方面比起生产和贸易行为还具有更强的自治性，同时也有更严的监管性。因为风险，所以金融行为重契约保护、强调自治；但又因为创新，使金融行为时常游走于法律既有规则之外，导致金融行为重行政监管。

因此，生产、贸易行为与金融行为相区分，后者以虚拟经济为依托偏重于投机与对赌，前者以实体经济为载体关注产品与服务，经济价值系统的分离使得两者的行为规则产生差异。中国《商法通则》构建商事行为制度体系时，既要同时吸收生产、贸易行为和金融行为规范，也要对两者作出区分，引入对赌性金融行为规则以激活虚拟市场的同时，坚持生产与贸易规则的“传统性”以保障实体生产经营的稳定。

---

① [日]森下二次也著:《现代商业经济论》，中国商业出版社1989年版，第141页。

五、构建兼容法定与意定、加重与减轻的商事责任制度及多元的纠纷解决机制

（一）商事责任法律属性与制度价值

商事交易安全的价值要求商事责任具有法定性与强制性，商事交易效率的价值又要求商事责任具有契约性与任意性。因此，中国《商法通则》所构建的商事责任制度既要确立严格的法定责任，更要在尊重商事交易自由的前提下，肯定商事主体在法律框架下创设商事责任的合法性。此外，在商事责任中，以外观主义为原则，中国《商法通则》还应当确定商事主体的加重责任，但与此同时，以商事创新为追求，也应当延续以公司有限责任制度为代表的减轻责任制度，通过商事主体责任的减轻保持商事活动的创造力与生命力。

简言之，中国《商法通则》所构建的商事法律责任应当是兼容法定与意定、加重与减轻的制度。理解该矛盾对立式责任制度的构建，我们需要从商法的特性出发。首先是法定与意定商事法律责任，尽管商法是私法，但是与同为私法的民法不同，商法具有较强的强制性，商事主体的设立需要行政机关登记，商事行为的实施也受行政监管。商法的强制性或者说法定性源于其法益保护的特殊性。与民法关注私主体的利益不同，商法除了私主体的利益，还更多地考虑公共利益和国家利益，[①]这与中国商事主体由公法主体的参与相关，更与现代商事交易风险加大、负外部性加强相关，商事主体的破产直接关系到职工的再就业问题，商事营业的有序化直接关系到市场的稳定，所以商法需要强制性规范，体现公共利益和国家利益。不过，需要注意的是商法的强制性只是商法的外来物，商法作为调整平等商事主体之间的法律，其本质上仍是私法，意定性是商法的固有和本质属性，商法的强制性规范仅在国家利益和公共利益存在的场合能够要求自治性、意定性规范让位，两者虽然在商事责任制度中共生，但存在一定的主次关系。

至于加重与减轻的商事责任制度，则需要以不同维度的视野解读。商事责任的加重主要是与民事责任相比，要求商事交易中作为商事主体的一方承担较非商事主体一方更重的责任，这与商事交易的效率观、安全观和公平观相关。商事交易的效率观要求商事交易纠纷的迅速解决，商事交易的安全观要求商事交易重外观，商事交易的公平观则认为商事主体都是理性经济人。比起非商事主体，其具有信息、技术、资金等各方面的优势地位，由此才会出现商事责任以商事主体的加重责任为特色的情况。此外，商事主体之间也存在加重责任的问题，尤其是在公司法领域中。例如，在公司担保方面，若担保权人为普通商事主体，则应履行比普通民事主体更

---

① 张强：《商法规范的公法性与私法性、强制性与任意性辨梳》，载《山东社会科学》2010年第6期。

为严格的注意义务，若担保权人为银行等金融机构，则应履行比一般企业更为严格的注意义务。[①] 商事责任的减轻则是从鼓励商事创新、维持商业生命力的角度提出的。纵观历史我们不难发现，商事活动的创新包括商事主体形式的创新以及商事行为的创新都是社会进步的重要推力。有限责任制作为商事主体形式的创新就是以商事责任的减轻有效地实现了资本的集中与联合，该创新式的商事责任减轻几乎改变了整个经济发展的历史。所以，以鼓励商事创新、保有商事活力为理念允许商事责任减轻对商事乃至整个社会的发展都具有重要意义。

（二）商事责任纠纷解决机制构建

在商事责任纠纷解决制度上，中国《商法通则》应建立商事纠纷多元化解决机制，以商法理念和思维为指导裁判商事案件，建立独立的商事审判庭，并强化仲裁、调解等诉讼外纠纷解决方式的运用。

商事仲裁是私力救济的典型代表，作为合作而非对抗的纠纷解决方式，仲裁不但能极大地缩小纠纷解决的时间成本，还能以柔和的方式保障商事合作的再次进行。商事调解则关注纠纷双方的实际需求，强调各方应密切参与谈判，以便设计案件的优化解决方案。在商事调解过程中，有经验的调解员能够充分听取双方对争议内容的表达和阐述，总结出问题争议的焦点。更重要的是，调解员能够提供解决问题的建议，并且为争议解决制订相关计划。所以，商事调解同样也是商事纠纷解决的重要途径。

商事法庭作为商事纠纷解决的重要机构同样不容忽视。现阶段在中国的法院设置中，商事法庭都被并入民事法庭，通常以法院的民二庭存在。随着商事活动的复杂化，司法机关也逐渐认识到商事审判的特殊性，金融庭、破产法庭等商事性质的法庭相继在各大法院独立设置，中国《商法通则》应当延续该思路，肯定商事审判的独立性，确立商事法庭的独立地位，以立法的方式推动司法实践的步伐。与中国对商事法院的忽视不同，在商法历史悠久的国家，不论是德国还是法国，乃至后起的美国，商事法庭或者商事法院都是司法部门的重要机构。近代商事法院起源于欧洲中世纪商业法庭，是商人根据商事交易行业特点建立的自我调节机构，由具有行业威望的商人组成，奉行灵活、便捷、高效的审判原则。现代商事法院基本延续了该特征，但在商事法庭的设置上各国存在一定差异，目前世界各国商事法院模式有三种，一个是设立独立的商事法院，如新加坡国际商事法庭；一个是在普通法院内设置商事庭；还有一个是为重大复杂商事案件设置特别的诉讼机制。独立设立商事法院的方式需要耗费较大的司法资源，对现阶段的中国而言不是最佳选择，直接在法院内设置商事庭则具有较高的可行性。因为随着时间的推移，长期的审判实践已

---

① 王建文:《我国商法中加重责任理念的司法应用及立法构想》，载《南京师大学报（社会科学版）》2013 年第 3 期。

经让中国法官普遍认识到商事审判的特殊性，所以商事庭的独立设置阻力较小，并且商事庭的设置也与目前司法机关正在推行的破产法庭独立的司法动向相吻合。所以，中国《商法通则》立法应当迈开步伐，鼓励商事审判庭的独立，构建多元化的商事纠纷解决机制。

六、结语

经济基础决定上层建筑，中国以公有制为主体，多种所有制经济共同发展的经济基础与西方国家相去甚远，中国在此经济基础之上建立的经济制度也与西方国家存在差异。法律作为上层建筑的重要组成部分，尤其是与经济紧密相关的商法制度，更应当立足于中国实际，总结经验，抽象理论，引导实践。然而，中国商法的理论研究长期受域外商法理论与制度尤其是德国、法国等大陆法系国家的影响，忽视了中国改革开放以来的特色商法实践，或者说未曾系统总结中国的制度成就。偏重于制度移植的“拿来主义”做法致使中国的商法理论一直停滞不前。时值中国推动“一带一路”倡议，为了增强中国法律的国际影响力，也为了使中国在“一带一路”规则体系的构建中发力，中国应当关注改革开放以来的实践经验，在总结制度成就与不足的基础上抽象中国特色商法理论体系，制定《商法通则》，以提升中国法律的国际认同感。

（责任编辑：丁凤玲）

略论“营业”在《商法通则》范畴体系中的地位

石少侠　秦芳菊*

摘　要：在《商法通则》的范畴体系中存在着不同层级的范畴，通常认为只有“商人”和“商行为”才是《商法通则》范畴体系中的基石性范畴。鉴于“营业”概念对于“商人”和“商行为”概念的界定和厘清具有不可或缺的功能与作用，“营业”亦应视为《商法通则》的基石性范畴。制定《商法通则》应当加强对“营业”范畴的研究，以“商人”“商行为”与“营业”三位一体来建构具有中国特色的《商法通则》的范畴体系。

关键词：范畴；范畴体系；商人；商行为；营业

近年来，随着我国商法学理论研究的逐步深入，以及对我国商事立法的热议，学界对于我国需要制定的《商法通则》究竟是以“商人”“商行为”还是以“营业”作为立法的基础范畴存在颇多争议。[①] 众所周知，任何一门法学学科以及任何一个法律部门，它的独立性不仅取决于它是否具有独立的调整对象，也取决于它是否具有区别于其他法学学科和法律部门的范畴与范畴体系。而每个具体的范畴在整个范畴体系中的地位，又取决于它在范畴体系中所处的层级。因此，要厘清“商人”“商行为”和“营业”在《商法通则》中的地位，首先必须明确这些概念在《商法通则》范畴体系中的定位。

范畴是什么？“范畴就是构成科学理论的要素，每一种科学理论的特征、原则、方法论原理都是借助于范畴来表现的，范畴是表现这些特征、原则、方法论原理的

* 石少侠，国家检察官学院教授、吉林财经大学法学院讲座教授；秦芳菊，吉林财经大学法学院讲师、吉林大学东北亚研究院博士研究生。

① 鉴于商法的范畴内容丰富且体系庞杂，本文对题中所列的三个概念在商法范畴体系中的地位研究，仅限于在商法总则或《商法通则》的范围内。

逻辑形式和指示器，也是各门科学成熟程度的标志。”[①] 由此可见，范畴是反映学科研究对象的实体、属性和关系的基本概念。有无自己独立的范畴，概念、范畴、定律和原理是否系统化，能否构成一个科学的理论体系，能否构成一个反映对象本质、对象发展规律的概念系统，是一门学科乃至一个法律部门能否独立、是否成熟的重要的评价指标或标准。

“从范畴的层次看，在法学范畴体系内部，由于各个范畴反映法律现象的深度、广度以及科学抽象化程度的差别，亦即由于范畴所包容的知识量和结构量的差别，可以划分为普通范畴、基本范畴、中心范畴和基石范畴等不同层次。”[②] 要构建《商法通则》的范畴及体系，首先就要确定《商法通则》的逻辑起点。一旦正确确立了逻辑起点，也就等于抓住了整个逻辑结构。从马克思《资本论》体系的典范中，我们可以看到，作为一个逻辑起点，应该满足这样三个条件：“（1）它必须是整个研究对象中最简单、最普通、最基本、最常见的东西，是‘最简单的抽象’；（2）它本身所包含的内在矛盾是以后整个发展过程中一切矛盾的胚芽，或者说，在这个最抽象的概念中，潜在着尚未展开的概念的全部丰富性；（3）逻辑起点也应该是历史的起点。”[③] 在现已问世的《商事通则》（由王保树教授主持起草的学者建议稿）和《商法通则》（由赵旭东教授主持起草的立法建议稿）中，符合上述三个条件的概念或范畴起码有商人、商行为、营业或营业行为、商事登记、商事代理、商号、商业账簿、商业秘密、商事仲裁等。这些范畴都是以商法现象的总体为背景，是对商法总则的基本环节、基本内容或初级本质的抽象概括，毫无疑问都属于《商法通则》的概念或范畴。正是这些范畴的有机集合才形成了《商法通则》的范畴体系，也厘清了《商法通则》与我国正在编纂中的《民法典》和传统《商法典》在调整对象、基本内容和本质属性上的区别。

按照上述划分标准，在前述众多的范畴中，究竟哪些范畴才是我国未来《商法通则》的基石性范畴呢？

首先，笔者认为，作为商法总则或《商法通则》最简单、最普通、最基本、最常见的概念抽象就是“商人”和“商行为”，它们是《商法通则》范畴体系中的基石范畴，是中心范畴或核心范畴中的主导范畴，构成了整个《商法通则》范畴体系的逻辑起点和基石。纵观各国商法，无论是以商人主义作为立法宗旨的《德国商法典》，还是以商行为主义作为立法宗旨的《法国商法典》，开宗明义都是要解决何为商人或何为商行为，进以确定商法的适用对象。例如《德国商法典》的第1条

---

① 张文显：《法哲学范畴研究》（修订版），中国政法大学出版社2001年版，第4页。

② 张文显：《法哲学范畴研究》（修订版），中国政法大学出版社2001年版，第14页。

③ 景天魁：《打开社会奥秘的钥匙——历史唯物主义逻辑结构初探》，山西人民出版社1981年版，第17页。

第 1 款就规定商人即为"从事商营业的人"，接着其在同条第 2 款又补充说明："商营业系指任何营业行为，但是企业依其性质和范围不要求以商人的方式进行经营的除外。"因此，从这两款规定的关系上看："第一层级的问题是判断是否有一'营业'存在以及这一营业是否由相关的法律主体'经营'。第二层级的问题是判断是否有一'商营业'存在"。[①] 日本商法在商人和商行为上采取的是折中主义的立场，其《商法典》第 501 条、第 502 条在首先列举何为绝对的商行为以及何为营业的商行为之基础上，再以第 4 条第 1 款规定以这些商行为为业者就是商人。可见日本商行为的概念构成了整个《商法典》的基石。日本商法将商人的类型分为固有的商人、拟制的商人以及小商人三类。依据日本商法第 501 条、第 502 条、第 503 条的规定，日本商法又将商行为分为三类，即绝对的商行为、营业的商行为和附属的商行为。所谓绝对的商行为，包括投机性买入、投机性卖出、交易所内交易、票据行为，以及附担保公司债的委托行为。所谓营业的商行为，包括租赁、承揽加工、电力和煤气供应、运输营业、承揽、出版印刷摄影、店所经营、银行金融交易、保险、寄存、居间营业和行纪营业、商事代理 12 类以及特别法中的信托等。所谓附属的商行为是指商人为其营业的需要所进行的商行为。与绝对的商行为和营业的商行为不同，附属的商行为不但要求具体实施，还限定为只有是为了营业而实施时才是商行为，否则就不是商行为。《韩国商法》第 4 条规定："商人，是指以自己的名义从事商行为的人"。第 5 条规定："1. 利用店铺或者其他设施，以商人的方法进行营业的人，也视为商人。2. 公司即使不作出商行为，与前款相同"。第 46 条首先规定："（基本的商行为）将以营业为目的进行的下列行为，称为商行为。但是纯粹是以领取工资为目的制造产品或者从事劳务者的行为除外"。然后在该条第 2 款通过列举的方式规定了 21 种行为是商行为。第 47 条规定："（辅助性商行为）1. 将商人为营业而进行的行为，视为商行为。2. 将商人的行为，推定为是为了营业而进行的行为。"[②] 由此可见，"商人"和"商行为"是各国商法中最基本、最核心的基石性范畴，舍此则无所谓商法。

其次，基于本文前述所援引的主要国家商法典的规定，还可以看到无论是界定商人还是界定商行为都离不开"营业"这一重要范畴。各国商法几乎无一例外地都用"营业"来明确商法的调整对象，界定"商人"和"商行为"，有的甚至直接用"营业"来进一步阐明何谓"商人"和"商行为"。因而给人的印象就是没有"营业"的概念来加以佐证和界定，就无法厘清商人和商行为的内涵与外延。因此，毫无疑问"营业"也是商法的一个极为重要的范畴。例如《德国商法典》的第 1 条第 1 款就明确规定："商人是从事商营业的人"。第 2 款则进一步说明："商营业系指任

---

① [德]C.W. 卡纳里斯：《德国商法》，杨继译，法律出版社 2006 年版，第 29 页。

② 吴日焕译：《韩国商法》，中国政法大学出版社 1999 年版，第 12、13 页。

何营业行为，但是企业依其性质和范围不要求以商人的方式进行经营的除外”。据此，德国在学理上又将“营业”定义为“一种独立的、有偿的，包括不特定的多种行为的、向外公示的行为，但是艺术、科学的活动和那些其成果需要高度人身性的自由职业不包括在内”。[①] 从各国的立法规定看，商法上的营业应具有以下特征：一是独立性，强调商营业应为商人的独立行为，是营业经营者的行为，而非其雇员之行为；二是有偿性，即商人在即使没有约定的情况下亦应支付酬金和报酬，而有偿性的特点决定了营业活动是通过法律行为的成立而进行的，即使仅是法定的成立情形，这一特点也不因此不具有独立的意义；[②] 三是营利性，即通过营业行为来获取利润，这只是就商人的设立目的而言，至于最终经营是盈利还是亏损，均不影响其营利性特征。“在日本商法中，营业虽然不像前述商人与商行为那样构成商法的基本概念，但从商法是企业关系法的角度来看，营业这一概念的重要性不在商人与商行为之下。而且营业实际上也和商人与商行为的概念具有密不可分的关系。日本商法第 4 条第 1 款所规定的商人概念的基础即是营业，商人本来就不是偶然实施商行为而是以实施商行为为业的。”[③] 日本商法上的营业包含着双重含义，一是指商人的营利性活动，即与商人特定身份紧密相连的营业行为、营业能力；二是指为支撑商人营利性活动所必须具备的财产基础，即营业财产、营业组织及营业场所等。《韩国商法》将商人界定为以自己的名义从事商行为的人（《韩国商法》第 4 条），同时又进一步将商行为明确为是商人以营业为目的所进行的行为。可见在韩国商法中，“营业”概念对于“商人”和“商行为”概念的界定和厘清，也具有不可或缺的作用。

总而言之，无论是以商行为主义为代表的法国商法，还是以商人主义为代表的德国商法，抑或以折中主义为代表的日本商法，对于“商人”“商行为”和“营业”这三个概念在范畴体系上的地位的认识具有以下共识：第一，“商人”和“商行为”是商法的基石性范畴。为了区分商法与其他法律部门特别是与民法的关系，必须首先在立法上阐明何为商人，何为商行为，没有这两个最基本、最核心的基石性范畴，便无法厘清商法特有的调整对象，也就无法构建起独立的商法，包括《商法通则》。第二，“商人”和“商行为”是缺一不可的基石性范畴。无论奉行何种立法主义，为明确商法的调整对象，需要对商人和商行为分别做出规定，这两个概念你中有我、我中有你、缺一不可、相辅相成，只规定何为商人或只规定何为商行为的单一做法，都无法清晰地界定商法的对象。由此，进一步说明“商人”和“商行为”是商法中紧密联系且必不可少的基石性范畴。第三，“营业”是厘清和界定“商人”

---

① [德]C.W. 卡纳里斯：《德国商法》，杨继译，法律出版社 2006 年版，第 36 页。

② [德]C.W. 卡纳里斯：《德国商法》，杨继译，法律出版社 2006 年版，第 30、31 页。

③ 吴建斌：《现代日本商法研究》，人民出版社 2003 年版，第 82 页。

与“商行为”的核心范畴。为明确“商人”和“商行为”的含义，离不开“营业”概念的采用和支撑。为了明晰和规范商法的调整对象，各国商法都采用了多层级的定义方式。如前所述，《德国商法典》首先在第1条第1款总括性地定义：“商人是从事商营业的人”，接着在同条第2款又补充说明：“商营业系指任何营业行为，但是企业依其性质和范围不要求以商人的方式进行经营的除外”。为了明确商行为的范围，各国商法都采用概括或列举及概括加列举等方式来规定“营业”的范围。尽管对“营业”这一概念做出精确的定义较为困难，但从商法的适用角度观之，仍然是在立法上必须千方百计予以明确的标准，也是各国商法共同面对且必须解决的重要问题，当然也是商事立法的难点所在。就“营业”与“商行为”的关系而言，在日本学者看来，“从商法即企业关系法或者与企业的营业交易活动有关的法的立场出发，商行为应当就是企业的营业或者交易活动”[①]。这实际上已将“营业”与“商行为”等同对待。因此，“营业”毫无疑问也是商法，特别是《商法通则》中一个极为重要的范畴。

综上所述，笔者初步分析的基本结论是：第一，“商人”和“商行为”是各国商法公认的基石性范畴，因此我国将要制定的《商法通则》不能摒弃这两个概念，否则就不称其为《商法通则》。即使不使用“商人”概念而使用“商主体”的概念，就学理而言，“商人”和“商行为”同样应成为我国《商法通则》的基石性范畴。这既是对世界通行法律制度的借鉴，也是商法得以独立的必然和应然。

第二，鉴于“营业”概念在商法中具有支柱性作用，在界定“商人”和“商行为”概念中具有至为重要的功能，以及在这一概念中潜在着尚未充分展开的丰富内涵，应当将“营业”也视为商法的基石性范畴，其在《商法通则》范畴体系中的地位应与“商人”“商行为”并列。在重视对商人和商行为的内涵与外延研究的同时，应当加强对“营业”的研究，并将其融入对商人和商行为制度的研究之中，力求做出具有中国特色的理论创新和制度创新。

第三，尽管“营业”概念在商法中十分重要，但笔者不赞成用营业来构建商法体系的观点。有的学者认为，由于营业本身具有二重性，其内部的二元性又表现为外在的扩张性，使其能够具备横贯商法体系的资格。以营业为骨架，商法体系应包含以下内容：营业组织、营业财产、营业行为（活动）、营业公开制度、专门的商事营业、营业救助与营业终止。[②]虽然这一构想具有解释学上的意义，且有助于深入理解商法的制度与本质，提升了“营业”概念在商法范畴体系中的地位，但抛弃了“商人”和“商行为”这两个基石性范畴，不可能构建起科学、系统的商法体系，也无法实现我国商法与世界各国商法的接轨，更无法达成在同一语境下对商法

① 吴建斌：《现代日本商法研究》，人民出版社2003年版，第153页。

② 王艳华：《以营业为视角解释商法体系》，载《河北法学》2010年第5期。

制度、规则的理解和适用。一言以蔽之，不能用“营业”概念来取代“商人”和“商行为”概念，更不能仅用营业概念来构建我国商法或《商法通则》的体系。

第四，考虑到各国商法典对营业概念和营业行为的重视，笔者赞成应该在《商法通则》中对“营业”作出专门规制的观点。[①]我国著名的商法学家王保树教授早在本世纪初即撰文提出了“营业”在《商法通则》中的重要作用[②]，但由他发起和主持起草的《商事通则》（学者建议稿）却只规定了“营业转让”，而没有涉及其他营业问题，显然并不全面。由中国商法学研究会会长赵旭东教授主持起草的《商法通则》（立法建议稿）虽然加大了对营业的规制，似亦未全面涉及营业问题。因此，建议《商法通则》应单列“营业”或“商营业”一章，对营业组织、营业财产、营业行为、营业转让、营业终止等作出全面规定。要将“营业”概念与“商主体”“商行为”概念紧密融合，三位一体，以清晰地界定和限定“商人”和“商行为”的范围，并构建起具有中国特色的《商法通则》的范畴体系。

第五，考虑到我国《民法总则》特别是编纂中的民法典合同编等，已经或将在一定程度上覆盖商法上的营业行为或商行为，为便于商事特别法对商行为的统一适用，建议《商法通则》中有关“营业”的内容虽应从简但不可遗漏，仍应以概括和列举的方式来加以明确，以宣示有关的商行为或商营业除应遵循民法的一般规定外，还应适用营业自由、交易安全、交易便捷等原则，并体现这些原则的公示主义、便捷主义、外观主义和严格责任等商事特别法规则。

总之，《商法通则》要有自己独立的范畴和独立的范畴体系。为构建起《商法通则》科学的范畴和有序的体系，还要深化、细化对《商法通则》具体范畴的研究。应就每一个具体的范畴问题进行专题调研，召开专门的研讨会，以达到深入研究、形成共识的目的，为中国商法学研究会牵头主持起草《商法通则》（立法建议稿）奠定必要的理论和实务基础。

（责任编辑：徐璟航）

① 朱慈蕴：《营业规制在商法中的地位》，载《清华法学》2008年第2期。

② 王保树：《商事通则：超越民商合一与民商分立》，载《法学研究》2005年第1期。

论《商法通则》立法的缘起及时代价值

雷兴虎* 薛 波*

摘 要：我国《商法通则》的立法实践源远流长，当前制定《商法通则》的历史基础和理论依据已经坚实、充分。《民法总则》虽然确立了“民商合一”的立法体例，但是在基本原则、民事主体法人、法律行为、代理等部分基本没有关照到对商事关系的调整，为《商法通则》立法预留下了充足的空间和可能。制定《商法通则》是对民法典的必要补充和完善，是固化商事登记制度改革成果的最佳方式，是优化营商环境的重要举措，是完善中国特色社会主义法律体系的现实需要，亦是推进国家治理体系和治理能力现代化的题中之意。

关键词：商法通则；民法总则；欠缺和不足；时代价值

一、《商法通则》立法命题的历史演进

我国《商法通则》的立法实践最早可以追溯至清末。清光绪二十九年颁布的《商人通例》对商人的概念、商事权利、商号、商业账簿等问题做了明确规定；宣统二年，又编制了总计 7 章 84 条的《商事总则》，但未经审议；民国三年，将《商事总则》改为《商人通则》颁布实施，总计 7 章 73 条。①及至晚近以来，随着后续民法典的历次起草，制定《商法通则》的呼声一直未曾间断。1998 年，江平教授提出制定《商事通则》构想。他从民法典制定的宏观视角分析认为，民商关系应当

---

* 雷兴虎，中南财经政法大学法学院教授、博士生导师，中国法学会商法学研究会副会长，主要研究方向为商法学。

** 薛波，深圳大学法学院助理教授、法学博士，主要研究方向为商法学。

① 谢振民编著：《中华民国立法史》(下册)，中国政法大学出版社 2000 年版，第 802 页。

坚持两点论：一是民商融合的趋势；二是民法和商法的划分仍然有必要。[①] 因此，应当对二者的范围做出界定，没有界定就谈不上融合，有必要按照《民法通则》的模式，另立一部《商事通则》。[②] 江平教授关于民商关系的观点引起了学界的广泛关注。1999 年 6 月 30 日，由深圳人大法工委和中国社会科学院法学研究所合作草拟的《深圳经济特区商事条例》颁布，系新中国成立以来《商事通则》立法的首次尝试。该条例在 2004 年 4 月 16 日深圳市第三届人民代表大会常务委员会第三十一次会议上又进一步修改，可谓是《商事通则》从理论走向实践的标志。之后，中国法学会商法学研究会前会长王保树教授从现实主义立场出发，全面系统地阐述了他关于制定《商事通则》的方法论、定位、指导思想和基本结构。[③]2004 年中国法学会商法学研究会以《商法通则》立法问题为年会中心议题，提出要尽快完成《商法通则》建议稿的工作；2007 年商法学年会上，商法学界围绕“和谐社会构建中的商法建设”这一主题再次探讨商法的完善及《商法通则》的制定问题；2008 年商法学研究会在宁波成立了《商事通则》调研组，最终在 2010 年形成了包含 10 章 92 条的《中华人民共和国商事通则》建议稿。自 2010 年之后，随着具有中国特色社会主义法律体系的正式形成，学界虽然有零星制定《商事通则》的声音，但在全国人大的立法规划里，一直未出现制定《商事通则》的计划。《商事通则》似乎已沦落为理论界自说自话的命题，离现实渐行渐远。

正所谓“面壁十年图破壁”，在沉寂数年之后，随着民法典编纂工作的强势重启，商法学界对《商事通则》又进行了新一轮的评估和思考，《商事通则》制定工作近两年来屡次成为商法学界争讨的焦点话题。2015 年 9 月，在河南召开的中国法学会商法学研究会年会上，时任中国法学会副会长的张文显教授明确指出，民法典和商法典是“鸟之两翼、车之两轮”的关系，商法学界要有意识地推动商事立法工作，要在已有的商事通则草案的基础之上继续推进。[④] 之后他又进一步强调，社会主义市场经济法律体系更多要通过商法体现，商法学研究会应当早日向立法部门提交商法通则建议稿，推动《商法通则》立法工作。[⑤] 张文显教授的系列发言推高了《商法通则》立法研究的热潮。2017 年，商法学界频频发力，展开了对《商法

① 江平、马俊驹等：《民法典：建设社会主义法治国家的基石——专家学者谈民法典的制定》，载《法律科学》1998 年第 3 期。

② 江平、马俊驹等：《民法典：建设社会主义法治国家的基石——专家学者谈民法典的制定》，载《法律科学》1998 年第 3 期。

③ 王保树：《商事通则：超越民商分立和民商合一》，载《法学研究》2005 年第 1 期。

④ 参见《张文显副会长出席中国商法学研究会 2015 年年会并致辞》，载民主与法制网：http://www.mzyfz.com/cms/xuehuigongzuo/html/1535/2015-09-30/content-1151360.html，2017 年 11 月 12 日访问。

⑤ 参见《鲍绍坤、张文显副会长听取中国法学会商法学研究会工作汇报》，载中国法学会官网：https://www.chinalaw.org.cn/Column/Column_View.aspx?ColumnID=921&InfoI，2017 年 6 月 18 日访问。

通则》新一轮的研究。2017年4月15日，河南财经政法大学召开了“第二届民法与商法的对话学术研讨会”；9月10日，中国商法学研究会邀请全国人大法工委主任沈春耀同志，专题汇报与研讨有关“商事制度改革与商事立法中的《商法通则》立法”的相关问题；9月16日，吉林大学举办“首届吉大商法高端论坛”，集中研讨《商法通则》的立法体例问题；10月13日，南京大学商法研究中心举办“商法通则立法与中国商事立法体系的构建”研讨会；10月14日、15日，2017年中国法学会商法学研究会年会热议制定《商法通则》的可行性和必要性；11月17日，中山大学举办“国家工商总局《商法通则》立法研究”项目结项暨商法通则制定必要性与可行性研讨会；12月30日，北京大学举行“制定商法典——商法典编纂的全球印象学术研讨会”；2018年初，在北京召开的商法学研究会会长会议审议并研讨了《商法通则》（专家建议稿）的定稿事项。《商法通则》的研究热度可谓一时无两，俨然已成为商法学界的“重头戏”。

在前后历经近20年的研究之后，在由王保树教授和赵旭东教授领衔的两代商法学人的不断开拓和努力进取之下，制定《商法通则》重新回归立法机关的视野之中。当前，商法学界对《商法通则》的理论研究已经相当系统和深入，制定《商法通则》的历史时机也已经成熟。

二、《商法通则》立法的现实空间与可能

如果说，商法学界的理论研究为制定《商法通则》提供了理论基础和历史依据的话，那么《民法总则》在商事关系处置上的欠缺和失当则进一步为《商法通则》立法预留了充足的现实空间和可能。

第一，《民法总则》未涵盖商法的基本原则。《民法总则》虽然确立了平等、自愿、公平、诚实信用、公序良俗、保护生态环境六大原则，但是除去保护生态环境原则，其他原则都是在《民法通则》第3、4、7条规定基础上的承袭和沿用。尽管有学者从学理解释的角度将这些原则也一概解释为商事活动的基本原则，并认为是《民法总则》对“民商合一”体例的立法创新，[①] 但这似乎略显牵强。如果《民法总则》旨在规定统一适用于民商事活动的基本原则，为何不对商事营业自由、商事交易简便迅捷等具有鲜明商法特色之原则做出明确的规定？最让人难以理解的是，《民法总则》忽视了调整商事关系最重要的原则——外观主义原则。众所周知，外观主义原则主要适用于商事活动，真正体现了商法的特点，是商法得以部门化和独立化的根本所在，亦是商法各单行法中不同制度、规范得以统一的指导性原则。尽管《中华人民共和国民法总则（草案）》和《中华人民共和国民法总则（草案）》一审稿第6条第2款曾出现过外观主义原则的身影，但最终颁布的《民法总则》删除

① 许中缘：《我国〈民法总则〉对民商合一体例的立法创新》，载《法学》2017年第7期。

了该条规定，不得不说是一个重大的立法遗憾。从《民法总则》基本原则之规定观察，很难说《民法总则》全面贯彻了“民商合一”的立法体制。

第二，《民法总则》“法人章”存在“复印”《公司法》的痕迹。《民法总则》民事主体“法人章”的条文构造可谓是《公司法》的“微缩版”（或缩简版），尤其是“营利法人”一节，几乎全都是《公司法》“核心规则”的复制。据笔者总结，《民法总则》“法人章”共计有11处复制了《公司法》12个条文。如《民法总则》“法人章”之“一般规定”第67条“法人的合并分立”规则是《公司法》第174条、第176条的复制；第69条“法人的解散情形”是《公司法》第180条的复制；第70条“法人清算组的组成”“清算义务人责任”则是《公司法》第183条的复制。《民法总则》“法人章”中“营利法人”第85条有关“决议效力”的规定是《公司法》第22条的改造，第86条规定的“营利法人的社会责任”是《公司法》第5条的沿用，第84条“关联关系的规制”是《公司法》第21条的复制。从我国民法典编纂的过程与法技术选择上考量，制定《民法总则》系对改革开放以来民事领域法律规范及司法解释的系统化整理和总结，法律继受的成分居多。因此，采用这种“复印”技术具有一定的现实性和合理性。但是，这种“复印”技术的运用必须掌握好限度，否则会造成体系上的混乱和适用上的难题。举例来说，《民法总则》第83条第2款将《公司法》第20条第3款规定的公司法人格否认制度，直接“提升”至一般法规定，适用于所有的营利法人。但这一做法会带来两个明显的问题：（1）规制范围过宽。在非公司营利法人中，国有企业和集体企业的独立性在法律上存在显著差异。在改革开放过程中，为了明晰产权，绝大部分国有企业和集体企业已改制为公司，而这类国有企业可以适用法人格否认制度。对于未改制的传统国有企业，作为出资人的“国家”这一抽象主体，恐怕难以适用法人格否认制度。传统集体企业的出资人不明，同样存在无法适用法人格否认的问题。但是《民法总则》第83条第2款在适用对象上却未做区分，径直将法人格否认制度扩展适用于所有“营利法人”，显然与实践不符。（2）适用空间有限。《民法总则》第83条第2款与《公司法》第20条第3款、第63条在适用时，还可能存在适用重叠的问题。尽管依“特别法优先于一般法”适用之法理，公司法人格否认纠纷应优先适用《公司法》第20条第3款和第63条，但法律文本上的重叠却是客观存在的。《民法总则》“法人章”的条文构造采取“复印”《公司法》的立法技术，可谓是《民法总则》在商事关系处置问题上最大的欠缺和不足。

第三，《民法总则》“民事法律行为章”在商法规范上的缺失。私法自治经由法律行为（尤其是契约）而实践，法律行为乃践行私法自治的主要工具。[①] 私法自治

① [德]迪特尔·梅迪库斯:《德国民法总论》，邵建东译，法律出版社2000年版，第142页。

系借法律行为而践行，法律行为则以意思表示为要素。[①] 因此，法律行为部分实乃《民法总则》的关键和核心。如果《民法总则》要彻底实现“民商合一”的目标，就应当在法律行为部分对商事关系做出周延的调整。遗憾的是，通观《民法总则》第六章“民事法律行为”四节28个条文，除第134条法律行为的成立将法律行为的类型区分为单方、双方、多方和“决议行为”实现了法律行为分类理论的重大突破之外，其他规定均是按照民事主体之间意思表示（主要是双方意思表示）为纽带构建起来的。除去第一节的“一般规定”之外，有关“意思表示”（第二节）、“法律行为的效力”（第三节）以及“法律行为的附条件和附期限”（第四节）均在《民法通则》《合同法》法律行为规定的基础上作了极大的补充、完善和发展，建立了以“意思表示”为核心的民事法律行为制度，在彰显意思自治原则上迈出了关键一步，是我国民事立法一个质的飞跃。例如，《民法总则》第六章第二节“意思表示”的规定系《民法通则》之空白。《民法通则》仅在第55条关于民事法律行为的有效条件使用了“意思表示”一词，其他条文中均未出现过“意思表示”一词。《民法总则》第137条规定了对话和非对话情形下意思表示生效时间，第138条规定了无相对人的意思表示生效时间，第139条规定了公告方式意思表示生效时间，第140条规定了意思表示的方式以及沉默视为意思表示的要求，第141、142条规定了意思表示的撤回和意思表示解释规则，这些规定对于引导行为人在民事活动中作出意思表示以及在民事裁判中判定意思表示的效力具有重大价值。[②] 再如，在表意瑕疵及其救济问题上，《民法总则》第147条规定的重大误解时行为人的撤销权和第151条显失公平时受损害方的撤销权，系《民法通则》第59条规定之沿用。《民法总则》第148、150条则修正了《民法通则》第58条第3款受欺诈、受胁迫、乘人之危情形下的救济规则。原《民法通则》第58条第3款规定一方以欺诈、胁迫和乘人之危，使对方在违背真实意思的情况下所为的行为无效。但《民法总则》第148、150条规定为可撤销。这两种思路反映了不同的立法价值取向。“无效论”虽然也为当事人提供了救济，但彰显的实质上是国家意志和家长主义价值观。而“撤销论”则将表意不自由行为的效力交由表意人意思自治决定，行为有效或无效端赖表意人是否行使撤销权而定，充分尊重了表意人的自由意志，彰显的是意思自治原则。总之，《民法总则》“民事法律行为”一章主要是以意思表示为基础来设置相应规则的，属于典型的民法思维之产物。

民、商法在规制模式上存在显著差异。民法以双方法律行为为主轴，以保障和尊重民事主体内心效果意思的实现为其核心和遵循，从而践行私法自治的理念和精

---

① 王泽鉴:《民法概要》，北京大学出版社2009年版，第66页。

② 柳经纬:《迈向意思自治的民事法律行为制度——评中华人民共和国民法总则第六章“民事法律行为”》，载《贵州省委党校学报》2017年第3期。

神。商法作为民法的特别法，虽然也遵循私法自治的理念，如在分析股权转让（质押）等交易时，不可避免地要论及意思表示。但商事关系甚为复杂多变，其不仅牵涉商主体双方的利益关系，往往也涉及第三人。保护第三人，实际上就是以客观公正的标准保护正常的经济秩序。在商事权利主体——商事权利义务——商事义务主体的思维链条上，第三人权利和利益之保护在商法规范设计时居于中心位置。商法为了追求其效率、迅捷的价值取向，一般不关注当事人的内心效果意思，往往以客观的、可以识别的外部标识来确保商事交易的进行。如商事登记、公司决议外部效力、票据的签字签章等规定均是上述原理的体现。正因如此，有学者指出，在有些情况下商法规范排除了意思表示的适用，明显地提升了外观法理和形式主义的地位。①《民法总则》如果要实现对商事关系周延的调整，就应当在民事法律行为部分，彻底摒弃传统民法思维指导下的以意思表示为核心的一元规制模式，改采二元规制模式。只有融贯表意行为（意思表示为核心）和非表意行为（外观事实为基准）的法律行为规制模式，才可能周延地照顾到商事关系的调整。但是《民法总则》“民事法律行为章”的规范设计，明显采取的是意思表示为核心的一元规制模式。从“民商合一”的视角来审视《民法总则》“民事法律行为章”之规定，基本没有关照到对商事关系的调整。

第四，《民法总则》对商事登记制度未做统一安排。我国商事登记法律制度主要散见于《公司法》《证券法》《合伙企业法》《保险法》《商业银行法》《企业法人登记管理条例》《公司登记管理条例》《合伙企业登记管理办法》《个人独资企业登记管理办法》《企业法人登记公告管理办法》《企业登记条例》等相关法律、条例和规定之中。商事登记立法形式分散，内容重叠，缺乏统一的立法理念和规划。②立法形式的分散和立法体系的混乱严重妨碍了商事登记制度有机体系的构建，也妨碍了商事登记制度功能的发挥。尽管商法学界极力呼吁制定一部统一的商事登记法，但一直尚付阙如。2013 年 2 月中共十八届二中全会决定改革工商登记制度，随后国务院和国家工商总局开始大刀阔斧地推进商事登记制度的改革。商事登记制度改革虽然在削减行政审批事项、降低市场准入门槛、鼓励市场投资、促进经济发展等方面取得了巨大成效，但均是对行政法规和部门规章的制定或修改，行政化色彩较浓，效力层次也比较低。目前，我国商事登记仍然采用分散立法模式，商事登记立法混乱的局面仍未得到根本改变。实行“民商合一”体例的《民法总则》对商事登记制度的设计和安排，可谓是一个绕不过去的重大难题。《民法总则》如果要肩负起构建整个私法法源体系的重任，成为民商法规范的“一般性、总纲性、统率性”的法律文件，就应当在《民法总则》中设专章规定商事登记制度。但是《民法总

① 叶林：《商行为的性质》，载《清华法学》2008 年第 4 期。

② 朱慈蕴：《我国商事登记立法的改革与完善》，载《国家检察官学院学报》2004 年第 6 期。

则》共 11 章 206 个条文却未对适用于所有商事组织的商事登记制度做哪怕一丁点儿的规定。

第五,《民法总则》对商事代理的特殊性关照不足。《民法总则》将代理与民事法律行为分开各单列一章，以凸显代理不同于法律行为的特殊性及重要价值，但是《民法总则》对商事代理的特殊性关照明显不足。首先,《民法总则》第 162 条沿袭《民法通则》第 63 条第 2 款之规定，要求“以被代理人名义实施的民事法律行为”，坚持显明主义原则。但是，商事代理和民事代理存在明显的不同，商事代理仅限于委托代理，不包括法定代理和指定代理，不以显明为必要。其次,《民法总则》第 173 条第 2 款规定委托人或代理人可以随时解除代理关系。虽然民事主体之间建立委托代理关系具有一定的人身信任属性，任意解除权适用于民事代理具有一定的合理性，但如果允许任意解除权无限制地适用于商事代理，则可能会破坏商事活动的连续性以及商事代理人合理的经济预期。尤其对于有固定期限的商事代理合同，当事人双方均不得享有任意解除权。最后，商事代理系属持续性、职业性的营业行为，与个别性、临时性的民事代理判然有别。《民法总则》第七章代理之规定，旨在调整一般性的个别代理，对于代理商所从事的持续性、长期性的经营行为基本未做规制，最典型的例子就是经理权。在公司、合伙企业、个人独资企业中都存在经理问题，但经理权统一的内涵及经理的义务长期缺乏一般性的规定。缺少统一的经理制度，被学者认为是我国商法的体系性空白。[①]《民法总则》第 170 条虽然规定了职务代理，但过于笼统和概括。没有在职务代理的范畴内对经理权、代办权做明确的规定，会影响到商人对代理工具的选择和使用。

三、《商法通则》立法的时代价值解读

一方面制定《商法通则》的历史基础和理论依据已经较为坚实、充分；另一方面《民法总则》对商事关系的调整存在着重大欠缺和不足。当前，制定《商法通则》可谓水到渠成,《商法通则》立法具有重大的现实效用和时代价值。

第一,《商法通则》是对民法典的必要补充和完善。尽管在《民法总则》制定时就有学者呼吁应当制定一部具有“商法品格”的民法典，[②] 但从《民法总则》的内容设计观之，显然偏离了这一预期目标。《民法总则》未能实现对商事关系的有效调整，除立法技术运用上的失当，以及《民法总则》体系构造、自身容量等因素所致之外，更深层的原因恐怕还在于，民商法在思维模式和思维方法上存在显著的差异，以及因这种差异所导致的民商事裁判技术上的分离甚至分立。当前，学界有一种声音认为，制定《商法通则》等同于《民法总则》，终极目的仍然是制定一部

① 刘文科:《商事代理法律制度论》，法律出版社 2013 年版，第 64 页。

② 王涌:《中国需要一部具有商法品格的民法典》，载《中国法律评论》2015 年第 4 期。

独立的商法典，实行彻底的民商分立。这种做法是对我国“民商合一”立法体例明显的“背离”甚至“叛变”，笔者对此不敢苟同。制定《商法通则》并非对民法典的“背离”或“叛变”，反而恰恰是民法典的有益“补充”和“完善”。应当承认，我国商法学界在该点认识上存在重大的缺陷和不足。有相当部分的商法学者认为，《商法通则》应类似于《商法总则》，乃要对各商事单行法规范起到“一般性、统率性、贯彻性”的功能。其实这种观点只关注到了《商法通则》的部分功能，还不够客观和全面。《商法通则》还要发挥“查漏补缺”的功能，即对各商事单行法的疏漏或不完整做“补缺性”的规定，这才是《商法通则》的核心价值和实际效用所在。恰如王保树教授所言，《商法通则》不是各商事单行法的一般法和上位法，它是和《公司法》《证券法》《合伙企业法》等商事单行法并列的单行法，它不漠视已经颁布并行之有效的单行商事法，亦不替代单行商事法的完善和发挥作用，更不以将商事法律领域的全部规则缩编为一个完整的体系为自己的目标。[①] 所以，它不会取代《民法总则》一般私法的地位，《商法通则》既不是民商合一也不是民商分立，而是在尊重我国商事立法实践基础上对二者的超越。[②] 诚哉斯言！这一认识相当精准，并且与我国商事立法实践高度契合。自改革开放以来，我国商事立法就一直遵循单行法的立法形式，这种立法形式对于促进社会经济转型变革，保持商法的现代性和开放性等方面功不可没，其优越性已经得到充分验证。我国民法典和商事单行法并存的私法体例，既能克服民商分立和制定大一统民法典的弊端，又能兼收法典和单行法之利。[③] 因此，我们完全没有必要制定商法总则或商法典。正是因为对《商法通则》功能定位认识的偏差，导致制定《商法通则》的主张一直遭到了来自民法学界的强烈反对。[④] 有关《商法通则》的立法建议亦迟迟未能引起立法机关的注意。应当说，商法学界对这一问题的认识错位以及解释力的不足负有不可推卸的责任。

民法和商法是一般法和特别法的关系，《商法通则》并非法典总则性质的立法，而是民法典的特别法和下位法。它不取代《民法总则》一般私法的地位，通过制定《商法通则》以补充和完善《民法总则》规定的疏漏和不足。从法律适用的角度而言，制定《商法通则》必须注意和《民法总则》规则的衔接和协调问题。拟定的《商法通则》条文，不能和《民法总则》出现体系相悖和规范冲突情况，并且应当以保障《民法总则》相关条文的落地实施为己任。

第二，《商法通则》是固化商事制度改革成果的最佳方式。2013 年 2 月 28

① 王保树:《商事通则：超越民商分立和民商合一》，载《法学研究》2005 年第 1 期。

② 王保树:《商事通则：超越民商分立和民商合一》，载《法学研究》2005 年第 1 期。

③ 郭富青:《论民法典的体例对商法现代化的影响》，载《财经法学》2017 年第 2 期。

④ 王利明:《民商合一体例下我国民法典总则的制定》，载《法商研究》2015 年第 4 期。

日，中共十八届二中全会决定改革工商登记制度，商事登记制度改革在全国范围启动。据统计，2014 年以后国务院和国家工商总局先后出台、修订了 310 多部法律文件，其中包括《注册资本登记制度改革方案》(2014.2.7)、《公司登记管理条例》(2014.2.9)、《公司注册资本登记管理规定》(2014.2.20)、《企业信息公示暂行条例》(2014.8.7)、国家工商行政管理总局局务会议审议通过的《企业公示信息抽查暂行办法》(2014.8.19)、《工商行政管理行政处罚信息公示暂行规定》(2014.8.19)、《企业经营异常名录管理暂行办法》(2014.8.19)、《个体工商户年度报告暂行办法》(2014.8.19)、《农民专业合作社年度报告公示暂行办法》(2014.8.19) 等一系列配套性的行政法规、部门规章。2015 年 6 月 29 日，国务院办公厅印发了《关于加快推进“三证合一”登记制度改革的意见》，将原来企业设立程序中分别由工商行政部门、质量技术监督部门、税务部门核发的“注册证号”“组织机构代码”“税务登记证”改为工商行政管理部门一次收件，质检、国税或地税部门联并审批，工商行政部门统一核发加载有统一的企业注册码和社会信用代码的营业执照，实行“一照一码”登记模式。浙江省更是在 2015 年 7 月 1 日实行“五证合一”，将原来由社保部门、统计部门核发的社会保险登记证号、统计登记证号，全部统一到企业信用代码并加载于企业营业执照。2015 年 11 月 3 日，国务院还发布了《国务院关于“先照后证”改革后加强事中事后监管的意见》。这些行政法规和部门规章的颁布实施，对于进一步简政放权、释放市场活力、推动投资兴业和经济发展具有十分显著的成效。[①] 但是这些文件均为行政法规和部门规章的形式，效力层级比较低，与法制经济的要求和期待明显不相称，并且负面效果和影响比较多。制定《商法通则》能够及时、合理地提升商法规范应有的位阶和层次，确保其应有的法律权威和法律效力，是固化商事制度改革成果的最佳方式。

第三，《商法通则》是优化营商环境的重要举措。按照党的十九大和中央经济工作会议精神进一步优化营商环境，是建设现代化的经济体系、促进高质量发展的重要基础，也是政府提供公共服务的重要内容。为此，上海、广东、浙江、河北、辽宁、陕西等地纷纷出台了优化营商环境的新举措。广东率先在全国推行商事制度改革，实行注册资本登记完全认缴制，将企业年检改为年报，并出台了《广东省商

---

① 据国家工商总局官网 2015 年 1 月至 9 月的统计数据，全国新登记市场主体 1065.5 万户，比上年同期增长 15.8%；注册资本（金）20.7 万亿元，增长 40.9%。其中，企业 315.9 万户，增长 19.3%，注册资本（金）19.4 万亿元，增长 44.3%。个体工商户 731.2 万户，增长 16.0%，资金数额 0.9 万亿元，增长 40.1%。农民专业合作社 18.4 万户，下降 26.2%，出资总额 0.4 万亿元，下降 29.9%。截至 9 月底，全国实有各类市场主体 7511.3 万户，比 2014 年底增长 8.4%，注册资本（金）162.6 万亿元，增长 25.8%。资料来源国家工商总局官网：http://www.saic.gov.cn/xw/xwfbh/201510/t20151015_188，2017 年 12 月 26 日访问。

事登记条例》（2015.12.3）、《广东省市场监管条例》（2016.7.28）等规则，借鉴国际营商环境评价通例，对标国际开展开办企业便利度评估和排名。随后，全国各地纷纷出台各种方案、条例，如上海市《着力优化营商环境加快构建开放型经济新体制行动方案》（2017.12.24）、《辽宁省优化营商环境条例》（2017.2.17）、《河北省优化营商环境条例》（2017.12.1）、《陕西省优化营商环境条例》（草案）（2017.9.26）、《浙江省优化营商环境条例》（草案）（2018.2.23）。陕西省更是将2018年确定为“营商环境提升年”，对标世界银行《全球营商环境报告》核心评价指标，提出了全面实施优化提升营商环境的“十大行动”。这些改革措施对于改善营商环境、激发经济活力起到了重要作用。通过制定《商法通则》及时总结和固化这些改革成果和手段，是完善这些举措的法制化途径之一。尤其值得一提的是，随着国家“一带一路”倡议的推进实施，“一带一路”沿线国家之间的商务活动和贸易往来正日益频繁。从促进沿线国家商法发展的角度出发，也应当及时对我国现行的商事法律法规和司法解释进行评估，在尊重交易习惯和交易习俗的基础上，制定一部能够适用于“一带一路”区域各国的《商法通则》示范法。《商法通则》是构建“一带一路”法治化营商环境的基础和保障，能够有效地消减“一带一路”沿线各国商事当事人国际商务往来中的疑虑和顾忌，降低贸易投资的制度成本和交易风险，提升经济活动的可预期性和透明度，促进区域经济的深度融合和快速发展。

第四，《商法通则》是完善中国特色社会主义法律体系的现实需要。党的十五大提出了依法治国的方略，建设社会主义法治国家首先必须要有完备的法律体系。2011年3月10日十一届全国人大四次会议上，全国人大常委会委员长吴邦国郑重宣布，中国特色社会主义法律体系已经建设完成，其中明确将民法商法并列为七大主干法律部门之一，肯定了商法在我国社会主义法律体系中的独立地位，突出了商法在社会主义市场经济建设中的重要作用。党的十八届四中全会通过的《关于全面推进依法治国若干重大问题的决定》又进一步提出，全面推进依法治国要形成完备的法律规范体系，要深入推进科学立法、民主立法。按照“科学立法”的部署和要求，我国民法典分编的编纂正在推进当中。通过编纂民法典实现民法立法的“体系化”和“科学化”并进而为民事裁判提供统一、权威法源依据的目标已指日可待。① 商法作为和民法并列的独立法律部门，也应当以民法典编纂为契机，及时对改革开放以来我国商事单行法及其规模庞大的司法解释群进行系统化的清理、整顿和总结，并制定一部《商法通则》。制定《商法通则》并非纯粹满足形而上的理论化偏好，商法根植于市场经济生活土壤的特质，决定了商法的发展与市场经济之间是相互依存和相互促进的关系。制定《商法通则》是我国商事立法实践发展的逻辑结果和必然产物，符合科学立法的目标要求，更是进一步完善中国特色社会主义法律体系的

① 薛军：《中国民法典编纂：观念、愿景与思路》，载《中国法学》2015年第4期。

现实需要。

第五，《商法通则》是推进国家治理体系和治理能力现代化的题中之义。党的十八届三中全会指出，要推进国家治理体系和治理能力现代化。推进国家治理体系和治理能力现代化，就是要彻底改革当前不适应实践发展要求的机制和体制，实现治理规范化、法治化、民主化、效率化和协调性的目标。①其中，法制现代化可谓是国家治理现代化的基本表征和核心要求，②推进国家治理体系和治理能力现代化的关键在于法律制度建设。商法作为市场经济的"大宪章"和基础性的法律，肩负着弘扬企业家精神，树立产权观念，保护商人利益，塑造良好营商环境的任务和使命。在当前市场经济建设向深水区迈进的现实之下，在国家治理和社会治理局面日趋复杂的情况之下，推进国家治理体系和治理能力现代化迫切需要一部《商法通则》保驾护航。通过制定《商法通则》为整个商事立法提供一个名副其实的"一般法、统率法和补充法"，从而形成结构合理、逻辑严谨、内容丰富的高质量商事立法体系和实施体系，是国家治理现代化的重要表征，亦是推进国家治理体系和治理能力现代化的题中之义。

（责任编辑：徐璟航）

① 俞可平：《推进国家治理体系和治理能力现代化》，载《理论参考》2014 年第 2 期。

② 张文显：《法治与国家治理现代化》，载《中国检察官》2014 年第 12 期。

民法典编纂背景下制定《商法通则》重点解决的问题

吕来明*

民法典分编于 2018 年 8 月首次经过十三届全国人大常委会第五次会议审议，并计划于 2020 年 3 月将已经通过的《民法总则》和分段审议修改的民法典各分编合并作为整体的民法典草案提请十三届全国人大三次会议审议，这意味着我国民法典即将在近几年出台。在制定民法典的背景下，针对如何处理民商立法关系的问题，商法学界的基本共识是推动《商法通则》的制定。[①] 然而，不容忽视的现实是，制定《商法通则》并未列入近期的立法规划。从民法典制定中相关问题的讨论和已经出台的《民法总则》及公布的分则草案来看，在理论上占主导地位的是民商合一论，在立法设计上也是如此。《商法通则》的制定并未在立法决策层面得到应有的关注。笔者认为，要突破这一困境，除了在理论上论证制定《商法通则》的必要性之外，重要的是结合我国社会经济生活的实践，阐明哪些重大问题民法典不能解决且必须通过制定《商法通则》加以解决，从而引起立法机关的高度重视，并基于这一思路确定《商法通则》的结构体系。本文就此展开初步探讨，以期抛砖引玉。

---

* 吕来明，北京工商大学法学院教授，商法研究中心主任。

① 王保树：《商事通则——超越民商合一与民商分立》，载《法学研究》2005 年第 1 期；赵旭东：《改革开放与中国商法的发展》，载《法学》2018 年第 8 期；范健：《民法典编纂背景下商事立法体系与商法通则立法研究》，载《中国法律评论》2017 年第 1 期；刘凯湘：《剪不断，理还乱：民法典制定中民法与商法关系的再思考》，载《环球法律评论》2016 年第 6 期；李建伟：《民法典编纂背景下商个人制度结构的立法表达》，载《政法论坛》2018 年第 6 期；蒋大兴：《商法通则 / 商法典的可能空间？——再论商法与民法规范内容的差异性》，载《比较法研究》2018 年第 5 期。

一、商事制度改革实践中政策措施的法律确认

商事制度改革是在经济转型的背景下，为了优化营商环境、激发市场活力、鼓励创新创业，在国家顶层设计层面上作出的重要决策部署。2012年，国务院常务会议批准广东省开展行政审批制度改革试点，原国家工商总局批复同意广东扩大改革试点范围。2013年十八届二中全会通过决定，改革工商登记制度，放宽工商登记条件，加强对市场主体、市场活动的监督管理。同年10月，国务院审议通过了《注册资本登记制度改革方案》，确立了商事制度改革的总体设计。十八届三中全会要求推进工商注册制度便利化，改革市场监管体系，实行统一的市场监管。十二届全国人大六次会议审议修改了《公司法》，明确将公司注册资本实缴登记制改为认缴登记制，取消公司注册资本最低限额制度，为推进商事制度改革提供了法治保障。2014年2月，国务院决定修改《公司登记管理条例》《企业法人登记管理条例》等8部行政法规并废止其他2部行政法规，以确保改革依法推进。2014年3月1日，工商登记制度改革在全国范围启动，正式拉开商事制度改革的序幕。2015年，国务院办公厅印发《关于加快推进"三证合一"登记制度改革的意见》，全面实施"三证合一"和"一照一码"制度，改革走向纵深。2016年，国务院办公厅下发《关于加快推进"五证合一"登记制度改革的通知》，在"三证合一"基础上，全面实行"五证合一、一照一码"登记模式，围绕个体工商户"两证整合"、国家企业信用信息公示系统建设等，改革创新不断加码。2017年以来，以商事制度改革为主线，不断加强"放管服"改革，持续扩大商事制度改革效应，工作集中在"多证合一"、双随机抽查监管、电子营业执照和全程电子化、"证照分离"试点、商标注册便利化改革、国家企业信用信息公示系统建设六个方面展开。下一步将在以下几个方面展开：一是进一步放宽市场准入，推动"证照分离"改革，推进企业登记全程电子化和电子营业执照应用，加快企业名称登记管理改革，完善市场主体退出制度；二是在加强事中事后监管上取得新进展，进一步完善市场监管机制，全面推进跨部门联合"双随机、一公开"监管，强化信息共享和失信联合惩戒，强化企业信用监管，推进社会共治；三是在强化知识产权保护上取得新进展；四是在加强消费维权上取得新进展，更好服务人民日益增长的美好生活需要，倒逼供给质量提升；五是在维护全国统一大市场上取得新进展，打破行政性垄断，防止市场垄断，扩展我国经济发展空间。①

商事制度改革实践虽然是以政府部门的市场监管改革为基本路径的改革，但其涉及的领域和内容则是市场主体、行为等方面的综合性制度改革，除了包括行政法

---

① 张茅：《推进中国商事制度改革和市场监管将从五方面着手》，载中国新闻网：http://news.sina.com.cn/o/2018-03-18/doc-ifyskava7004850.shtml，2019年1月16日访问。

上的政府职能转变和监管方式创新等内容外，还涉及当事人各方私法上权利义务的安排和配置。例如，在一址多照、一照多址情形下住所的法律地位，证照分离的情形下市场主体营业资格和权利的确认以及划分，名称制度改革中商号权的保护，简化注销手续情形下债权人利益及交易安全的保护等。就目前的情形而言，商事制度改革中政府职能转变、监管方式创新问题基本上是在政策层面上予以推进，除个别情形外，多数缺乏法律层面上的确认和规定。除了“放管服”的理念外，商事领域市场主体自治和政府管制的划分原则、基本界限等并没有在法律制度上形成比较明确的规范。政策推动虽然取得了很大成绩，但稳定性和一致性较弱，左右摇摆的现象比较多，也面临合法性质疑，在解决深层次问题上难以为继。① 商事制度改革的下一阶段是在深度和广度扩展上取得新进展，促进市场主体活跃发展，为建设现代化经济体系夯实微观基础，这就需要对在改革中产生的商事主体私法上的权利保护和利益分配问题作出明确的安排。但是整体而言，目前无论是在政策推动还是法律层面上对此都没有涉及，当然商事主体在改革中权利保护和义务设置也不可能仅通过政策推动来实现，通过法律的形式确认商事制度改革中形成的权利和利益分配格局，是巩固改革成果、建立良好营商环境所必需的。就正在制定的民法典而言，《民法总则》第63、64、65、73条中虽然概括涉及法人登记制度，但仅是对企业法人登记制度中的某些环节抽取出来并进行拼凑而已，没有反映商事登记制度的整体内容和发展现状，例如建立统一的商事主体登记规则、哪些主体应进行商事登记、哪些可以豁免登记、登记的具体审查以及程序、错误登记的责任等；更没有反映我国商事制度改革实践中市场主体准入、退出的基本内容，以及由此产生的当事人相关权利的确认和保护问题。从公布的民法典各分编草案而言，其整体设计也没有相应的内容。②

从我国商事制度改革的历程和内容看，商事制度改革第一阶段以市场主体准入和商事登记制度改革为重心，是对市场准入、退出等制度的一次全方位梳理；第二阶段以“放管服”为中心，是商事主体自治和政府管制再平衡方面的全面调整和深化，涉及商法领域中尤其是商法一般规范层面上许多制度的创新。主要包括以下几个方面：其一，商事登记制度本身就是传统商法体系和域外商法典中的固有内容，商事制度改革中的市场主体准入、退出、名称、住所、登记程序等方面的改革，需要在新形势下结合我国的实践对传统商事登记予以改造创新，商事登记制度还涉及市场主体准入、退出、名称、住所等一系列环节中当事人私权利的认定、保护等问题。其二，商事制度改革的信息公示和信用监管制度是互联网时代市场主体经营活

---

① 盛小伟：《商事制度改革实践中存在的四个误区》，载《中国工商报》2018年11月11日。

② 参见全国人大常委会法制工作委员会于2018年9月公布的《民法典各分编（草案）征求意见（一）》。

动中保障交易安全的重要手段，是在放宽市场主体准入门槛和条件、强调加强事中事后监管背景下，以互联网技术应用为基础产生的与商事登记规则并行的制度。如同商事登记虽然是由行政机关实施，但其法律后果涉及商事主体的私法权利一样，信息公示和信用监管制度虽然也属于政府部门推进的内容，但这一制度不仅仅是管理的内容，还牵涉市场主体新型权利义务的创设和安排。例如，信息公示是法定义务，但企业对其信息应享有相应的权利，这些权利的内容、行使界限、救济途径等需要予以明确。再如信用监管失信惩戒运行中涉及当事人的商业信用权利保护问题，也需要法律调整，如果说商事登记是传统商法体系中的固有内容，那么信息公示与信用管理制度则是我国现代商法体系中的应有内容。其三，商事制度改革实践中的证照关系、无证无照情况的规制等问题和商法领域中商事主体能力、公法监管与经营活动的效力等问题联系密切，需要在法律层面上予以明确。其四，商事制度改革中“放管服”理念、创造良好营商环境的目标，需要通过法律规范的形式形成有一定刚性约束力的制度来予以巩固，民法典中并不能反映和调整这一特定目标的功能。而这恰恰是商法领域中营业活动的基本原则以及营业自由制度所要解决的问题。

综上，我国商事制度改革的实践，推动法律变革，也需要法律制度对改革中创新的内容予以确认，对改革中产生的权利义务分配予以明确，民法典对此没有也不能具体规定，需要通过制定《商法通则》加以解决。反过来，我国《商法通则》只有与商事制度改革的实践密切结合、关联，才能真正解决中国问题，解决民法领域不去解决的问题，才能引起立法机关的高度重视和关注，早日启动《商法通则》的制定程序。

二、商业模式创新实践中经营者权利的保护

随着我国市场化改革的不断推进和新技术的应用，商业实践中新业态、新模式不断出现。集中表现在以下两个领域：一是以互联网技术的应用以及产业融合为内容的共享经济、电子商务新业态。例如出行领域的家用轿车、单车共享，办公场所的创空间共享，停车资源的“分时共享，错时共享”，住宿领域的“产权共享 + 换住共享”，消费领域的私厨饭局、团体合购共享，物流快递领域的人人快递共享，以及各类数据信息资源的共享等。共享经济强调所有权与使用权的相对分离，倡导共享利用、集约发展、灵活创新的先进理念，形成人人参与、人人享有的发展模式。[①]二是金融领域中的各类模式创新。例如 P2P、众筹、供应链融资、大数据征信等互联网金融的新业态不断涌现，传统金融机构也纷纷推出了融资融券、通道业务、引

---

① 参见国家发改委等六部门发布的《关于促进分享经济发展的指导性意见》，发改高技〔2017〕1245 号。

流业务、表外业务、买入返售、场外配资等创新型业务。商业模式创新实践中面临着合法性界定不清和权利性质与内容缺乏明确规范的问题。经营活动模式的创新很多表现为突破原有的行业界限或营业领域以及相应的法律法规的规制及监管，例如网约车、民宿在线短租等。在包容审慎监管的理念下，虽然这些行为事实上得以存在，但各地具体把握不一致，再加上政策调整及执行比较频繁，在合法性认定上容易从一个极端走向另一极端，严重影响了市场主体的行为预期和长期投资的判断。例如在金融领域，几年前监管部门为了市场化、为了做强做大各自管辖范围内的金融业务，对金融创新持鼓励的态度，而且不遗余力。在过去六年多的时间里，私募、支付及保险公司牌照大量获批，险资应用被显著松绑，券商的类贷款和资管业务获得有力支持，民营银行牌照深受民营企业追捧，各地政府也忙于设立当地法人的金融机构和交易场所，典当、商业保理和融资租赁公司遍地开花。2017 年以来，在去杠杆和防范金融风险的目标下，中国又进入了金融强监管时期，似乎又走向了另一个极端，鼓励创新的声音很弱。① 资本市场及金融领域“妖精论”登场。然而，随着 2018 年下半年经济形势的不容乐观以及一些数据指标的下滑，金融监管又开始放宽。并且证监会在 2018 年 10 月 30 日发布声明，按照国务院金融稳定发展委员会的统一部署，鼓励价值投资，发挥保险、社保、各类证券投资基金和资管产品等机构投资者的作用，引导更多增量中长期资金进入市场。在互联网共享经济领域的一些业态也面临同样的问题。合法性判断左右摇摆的一个重要原因是政府部门仅仅从执行政策和监管本身的角度看问题，面对鱼龙混杂的各种经济现象和创新模式，没有从市场主体私权利保护的角度界定行为性质、新型权利的内容、行使界限等问题，从而无法从一般规范层面上判断行为合法性的界限。并且在监管趋于严格时，新模式产生的新型权利形态缺乏法律层面上的权利类型确认，自然难以避免“一刀切”地被当作非法活动对待的命运。为了克服这一问题，需要对商业创新实践中比较成熟和已经得到普遍推广的模式中所涉及的权利、权益加以甄别定性，对于不属于传统民事权利种类而现行立法又不予禁止的情形，确认其新的权利类型，并明确其行使界限。

此外，为了建立保护经营者权利的普遍的一般规范，除了确认创新实践中的新型权利外，还应当建立商事主体的营业权保护制度，以对抗侵害经营者权利的行为，并且为因公共利益需要而影响经营者营业时确立补偿机制提供依据。与其他私法主体比较，虽然民事权利体系中的债权、物权等权利保护规则可以适用于商事主体，但是某些权利或利益，只是商事主体所特有，营业权就是这样一种权利。营业权或经营权，即商事主体为追求商业利润，自主从事相关工作及对外业务，非依法

---

① 柴青山:《中国金融过度创新的教训和启示》，载原子智库：https://finance.qq.com/original/caijingzhiku/cqs.html，2019 年 1 月 16 日访问。

律特别规定不受他人干涉和限制的权利。营业权的有无与商事主体的组织形态、是否具有法人资格没有关系，只要是商事主体，均具有营业权。营业权并非现实财产，是一种资格权利，是商事主体所具有的开展商事活动的资格和选择获取利润方式的自主权，其功能是为商事主体追求利润实现财产利益提供动态的保护。确立营业权制度是保护经营者合法权益的现实需要。在商业实践中，营业权争议、侵害营业秩序的行为经常出现。营业权不同于民事体系中的任何一种权利，但法律没有确立独立的营业权，对营业权的争议和保护没有相应的制度加以调整，通过现有的法律制度解决，由于不具有直接针对性，因而在实践中产生适用法律的困难，商事主体的合法财产利益不能得到有效的保护。当监管政策趋于严格或者为执行某一政策时，遭到侵害的经营者其营业权往往难以保护。例如，近几年北京治理“开墙打洞”的行动中，对于属于被治理范围而又已经取得营业执照的经营者，政府主要考虑的是门窗封堵是否能够落实，对经营者营业权的保护缺乏依据。

民法典中规定的民事权利制度形成了一个比较完整又相对固定的体系，民事权利分为人身权与财产权两大类型。人身权包括人格权与身份权，我国《民法总则》第 110 条规定：“自然人享有生命权、身体权、健康权、姓名权、肖像权、名誉权、荣誉权、隐私权、婚姻自主权等权利。法人、非法人组织享有名称权、名誉权、荣誉权等权利。”《民法总则》规定的财产权包括物权、债权、知识产权及继承权中的财产权、股权和其他投资性权利。此外《民法总则》第 126 条规定：“民事主体享有法律规定的其他民事权利和利益。”这是鉴于民事权利体系下二分法对于现实生活中新出现的权利保护不能有效涵盖或调整的情况，因而采取开放式的民事权利范围解决这一问题。开放式规则的好处在于为日益发展的社会生活和民事权利保护留出空间，也有利于保护人权。《民法总则》为其他法律规定新型民事权利预留了空间，但是无论从民法分则自身的逻辑体系还是已经公布的草案看，对于商业实践创新中需要规定的经营者的新型权利以及经营者营业权的一般保护，都不大可能在民法典中加以解决，《商法通则》应当也完全可以担当这一使命。

三、商事审判实践中理念思维的法律规范转化

近几年我国进一步推进新的市场化改革，减少政府对资源的直接配置，推动资源配置依据市场规则、市场价格、市场竞争来实现市场效益最大化和效率最优化，使市场在资源配置中起决定性作用，建立公平开放透明的市场规则，建设法治化营商环境，是国家深化经济领域改革的基本方向和重要内容。[①] 商法内容的核心是对商人活动的调整。建设法治化营商环境，应从商业活动固有的特性和商人所追求的

① 参见中共十八届三中全会于 2013 年 11 月 12 日通过的《中共中央关于全面深化改革若干重大问题的决定》。

目标出发，明确商法的理念和思维，并以此为指导，形成相应的法律规则。商人的思维本质在于通常从投资的角度、以盈利的眼光去看待问题。商人思维注重的是商机的把握，商人把眼前的任何商机都视为必须要抓住的财富，对潜在的商机也有着过人的敏锐性，逐利性表现得淋漓尽致。在商人的思维中，支配经济活动的形式和方向的目的，不是获得满足个人需要的必需商品，而是努力获取不受需要限制的利润。从商人思维的角度出发，商法思维的内涵主要包括以下几个方面：一是要明确商法是为营利而创造条件和环境的法律，有不同于民法的特殊性。民法保护的是个人的私权，商法保护的是营利商人的营业利益，民法保护注重伦理性，而商法则强调效率和技术性。二是树立尊重商人和商事交易的特殊性的理念。在法律适用方面，无论是采用何种立法模式，商法的规则都应得到优先适用或专门适用，应避免把商法规则放在民法规则体系或语境下加以解读的思维模式。三是确立尊重商人的自治和自治规则的理念。商法是调整商业活动的法律，在司法实践中，应当弘扬意思自治精神，裁判者除保持严谨、合规和风险的思维方式，还要认真研究商人的商业逻辑、商业思维与赢利模式，树立创新思维、成本思维、务实思维，把握法律关系的商业架构，尊重商人们的理性选择和商业判断。商法中的自治最重要的是营业自由。虽然营业自由在许多国家是商法方面的权利，不过为了自治，商主体也不能为所欲为，国家可以对商事行为进行干预，但干预必须有限度。四是确立企业维持的理念，现代商法通过各种法律手段确保企业组织的稳定、协调和健康发展。五是商法来源于实践，因此总是滞后于实践，这种滞后性决定了商法是回应性的法律，所以商法管制性的制度要少一些，商法思维的一个重要方面就是要对管制、规制保持慎重态度。另一方面就是尊重商业实践发展变化的需求，及时对法律制度予以更新，对实践中普遍出现的商业惯例在法律实践中予以认可。

在司法实践中，出于对商业活动和商人所追求的目标特殊性的考虑，近几年通过推进商事审判，对商事领域法律规则的适用与民事领域予以区分，取得较大进展。2010 年全国法院商事审判工作会议正式明确提出了“商事审判”这一称谓以来，商事案件的专业化审理机制和商事审判机构的独立建制稳步推进，[①]例如采取了将一些商事案件独立编号，部分中级人民法院、基层人民法院将商事审判部门更名为商事审判庭等措施。

商事审判实践中通过大量的商事纠纷案件处理已经形成若干不同于民事案件审理的理念和做法，得到商法理论界和实务界的普遍认可。[②]主要如下：一是商人应

① 孙晓光：《深化商事审判理念 探索商事审判规律 为经济社会持续健康发展提供司法保障》，载《人民司法》2013 年第 21 期。

② 吕来明、卢长青：《深化改革与创新发展背景下商法制度的完善——北京工商大学商法研究中心成立大会暨商法制度创新学术研讨会综述》，载《北京工商大学学报》2013 年第 6 期。

当推定其具有专业的判断能力、注意义务和承担商业风险的意识。在商事领域适用合同法应当尊重商人自治、保护商业创新、商人风险自担的思维，不轻易以一般人的判断代替商业判断。二是鼓励交易，维持交易稳定性，不轻易认定合同无效。特别是合同条款中风险、利润分担等属于商人自治的范畴，不应简单套用或比照一般的民事规则，而应从商人自愿承担商业风险和利益的原则出发，尽量维持其效力。三是着眼于保护对方当事人的信赖利益，对因重大误解而撤销合同的情形进行严格的限制。四是对商事合同实行有偿性推定的规则。五是对合同价格、条件等涉及当事人利益分配的条款，充分尊重当事人约定，慎用合同法有关适用公平原则的规定。六是《合同法》降低计算预期利益损失的举证责任，并合理确定可预见规则。七是《合同法》违约金调整规则的适用应严格控制。八是尊重商业创新、淡化法律关系性质处理新型合同争议。商业交易的模式和类型是按照商业实践的需要产生并不断发展的，许多情形下商事合同并不能与合同法规定中的合同类型予以对应。而且为了规避类型化合同的风险，商人有时还有意识地混淆合同类型，淡化合同性质。[①] 处理商事纠纷，应当树立尊重商业创新、淡化法律关系性质的思维，把对商事合同法律关系性质判断作为一种可以选择的方法，而不是一种必然的先决条件，主要关注当事人的真实商业意图和商业模式中风险利益分配机制是否合理，尊重商人的创新。

商事审判实践中对商法思维理念的运用对于正确处理商事纠纷、建立良好营商法治环境具有重要的意义。在商事审判的实践仅仅停留在理念指导层面上而没有转化为具体法律规范的状态下，存在以下问题。首先，理念虽然可以影响指导法官的价值判断和裁判思维，但是并不能成为直接的裁判依据，在审判实践中，如果民事案件和商事案件的处理在同一条文的适用上作出不同的处理和理解，法院面临缺乏法律依据的问题，法官也面临类案不同判的压力。其次，理念具有抽象性、原则性以及适用范围和场景的模糊性，即使是在商事案件审理中，商法理念的适用以及理解也存在很多差异，这就直接导致许多类案不同判、法律适用不一致的问题，影响了法律的权威和司法公正形象，也对建设法治化营商环境造成负面影响。因此，非常有必要对司法实践中形成的商事审判的一些理念和裁判规则加以整理改造，转化为明确具体的法律规范。从我国民法典制定的情形来看，已经通过的《民法总则》并没有体现商事活动中相应的原则或规则。从将要制定的分则各编中的合同法编目前的草案来看，或许有可能在具体合同类型的规定中分散、零星地点缀几个商事方面的条文，但基本上不会在总则中或单列章节整体规定商事活动或商事关系的一般规范。也就是说，建立良好法治化营商环境所必需的商法规范，总体上将不会在民法典中加以体现。这当然就要通过《商法通则》重点解决。

---

① 叶林:《商法理念与商事审判》，载《法律适用》2007 年第 2 期。

四、概括性建议：《商法通则》的基本结构

基于以上思考，尽快推动《商法通则》的制定，除了在理论支撑和立法技术层面上借鉴域外经验与制度外，整体结构应当和我国商事制度改革的实践、商业模式创新经营者权利的保护、商事审判实践的理念结合，重点解决民法典没有或不能解决的问题。具体如下：

1. 一般规定。结合市场化改革以及创造良好营商环境的背景，明确立法目的、调整范围、原则以及法律适用问题。

2. 商事登记。一是结合商事制度改革的相关内容，对传统意义上商事登记制度中登记范围、豁免登记、名称、住所及经营场所、变更、注销等加以规定；二是规定证照分离、证照与对经营活动的关系及效力等。

3. 商事主体信息公示与信用治理。结合商事制度改革实践中相关内容，对商事主体（经营者）信息公示、信用管理、信用权益及救济、失信惩戒等内容加以规定。

4. 经营者权利。主要规定经营者的营业权及救济、民法典没有规定的新型权利类型的确认及救济等。

5. 商事交易的一般规则。对商事审判实践中比较明确而又普遍认可的裁判理念、规则以及通用的惯例加以整理，重点从合同特殊规则的角度，规定商事交易的一般规则。

（责任编辑：魏晓艺）

充实《商法通则》的规则建议

陈 醇*

条款内容	目的
目录 一般规定；商主体；商事权利；商行为；商事责任；附则。	六编制。
一、一般规定部分条款 1. [**调整对象与范围**] 商法是调整平等主体间的资本活动与资本关系的法律制度。	调整对象中体现营利性特征与财富法定位。
2. [**基本原则**] 商事自治原则、商事效率原则、商事公平原则、商事安全原则、诚实信用原则。	以效率体现营利性，从金融安全等归纳出商事安全，将商事习惯与惯例归入商事自治中。
3. [**基本原则的冲突规则**] 价值底线不可突破规则；原则平衡规则；稀缺价值优先规则；冲突最小化规则。	补充冲突规则。
二、商主体的部分条款 4. [**基本分类**] 商主体包括特殊商主体与企业两种。	建立主体制度的框架。

* 陈醇，浙江师范大学法政学院教授。

续表

条款内容	目的
5. [**特殊商主体认可制度**] 对已经成立的民事主体或其他主体，在从事特定商行为时可视为商主体，并受到商法调整。自然人、事业单位、行政机关等，在从事职业放贷、债券发行等专业性行为之时，应当视为商主体。	以认可制避免民事主体与商主体区分与重复等难题。
6. [**一般商主体：企业**] 企业的组织与交易行为受商法的调整。 企业依其注册资本或资产的规模，可以分为微型企业、小企业、中型企业与大型企业。	确立商主体的典型，对企业进行分类，以便下面的立法。
7. [**企业设立制度**] 主要规定四个要点：设立协议、设立条件、设立程序、设立后果。其中，登记是取得商主体资格的标志性环节。 依企业规模与类型建立不同的设立条件与设立程序。设立程序在上述类型的基础上按照企业的大小作简易程序、一般程序与复杂程序的分类，同时，还应当对金融企业的设立作特别规定。	建立全面的设立程序制度，不限于商事登记。 设立条件与程序多元化。
8. [**企业治理制度**] 主要规定三个要点：组织结构及其职权；职权行使中的意思形成程序；意思冲突规则。 企业的决策机构行使决策权，执行机构行使执行权，监督机构行使监督权，形成分权制约的组织机构，分工合作，各司其职。 出资人，上述意思形成、执行与监督机构及其成员，必须遵守企业的章程与决议，履行忠实义务与注意义务，并遵守法定的程序或约定的程序。 企业章程优先于一般性决议或合意；决策机构的意思优先于其他机构的意思，监督机构与执行机构的意思冲突应当提交决策机构解决。	理性与意思并重。 归纳所有企业的权利结构特征。 义务。 补充意思冲突规则。
9. [**企业变动制度**] 企业的重大变动是指企业的合并、分立、减少注册资本、改变内部组织、变更企业形态等。 企业的任何变动都必须履行法定或约定的程序，这包括提案、决议、制作资产债务清单、通知受到不利影响的债权人、允许债权人选择保护措施（要求提供担保或提前清偿）、变更登记等。	归纳所有的变更情形。 归纳众多变更程序。

续表

条款内容	目的
10. [**企业清算**]	
任何企业非经清算，不得解散。清算包括一般清算与特殊清算两种。 在出现一般清算事由时，由执行机构提出方案（清算提案者），出资人会议批准（清算决定者），并由出资人会议选任清算实施者（清算组）实施清算，由监督机构（清算监督者）监督。 清算必须按照法定或约定程序进行。 特殊清算由决定清算事由的机构指定清算组，企业有监督与配合清算组清算的义务。 清算完毕，由清算组办理企业注销事务。	清算是公司治理的特殊情况，应当按照企业治理的规则，实施分权制约的清算机制，而不是另行作出规定。《民法总则》的规定违反了《公司法》原理。
在清算过程中，清算组发现企业资不抵债的，应当依法转入破产程序。	链接《破产法》。
因以上组织未履行法定的义务造成债权人或出资人损失的，相关义务人依过错责任原则承担连带赔偿责任。	保护债权人与出资人。
11. [**企业终止**] 规定终止的情形与法定程序。	
12. [**商主体平等保障**]	
国家保护商主体之间的平等竞争，为促进这一目标，可以对中小企业进行特别的保护。	反对对强者的优惠。
13. [**商主体自治保障**]	
商主体如果成为另一商主体或其他主体的附庸并损害债权人与出资人权益的，债权人与出资人可以请求法院否认该商主体的独立人格。	人格否认制度的一般化：行政机关或事业单位可能承担连带责任。
企业之间可以结成企业集团及其他关联关系，在企业集团或关联企业之间，可以建立特殊的财务制度并进行关联交易，但必须保持法律规定的独立性，不得损害债权人与出资人的权益，不得妨碍公平竞争。	补充企业的结社权，但不得违背法定的限度。

续表

条款内容	目的
14. [**商主体的公平竞争**] 商主体必须公平竞争，遵守《反垄断法》与《反不正当竞争法》，不得建立违法的政商关系。 国家维护充分竞争的市场经济，防止个别企业过大或企业间过度关联造成的商事安全隐患（太大不能倒与太关联不能倒）。 为达到上述目标，国家应当建立系统重要性企业的认定制度，并建立单个企业资本规模、持股关系等的限额。 系统重要性企业应当履行特别的信息披露义务，向其他企业与消费者披露法定的信息，并承担虚假陈述的法律责任（可参考上市公司的披露标准）。 系统重要性企业在对群体的交易中必须遵守正当程序，而不得运用其系统重要地位控制其他企业与消费者。 15. [**商主体的安全保障**] 商主体必须维持其资本并提取公积金。 系统重要性企业应当依法建立临终遗嘱制度，以防止引发系统性违约与系统性破产。 系统重要性企业的清算依有序清算制度进行。 商主体必须遵守分业经营的规定。 16. [**商主体的诚实信用**] 商主体应当诚实信用，承担其社会责任，包括尊重并依法保护员工的权益，采取措施防范自身引发的金融系统性风险，防治环境污染，防范潜在的产品或服务责任，防范大规模侵权，对所获得的个人信息进行适当的保护等。 **三、商事权利的部分条款** 17. [**商主体的权利总述**] 商主体享有营业权。营业权具有整体性：从权能上看，营业权是决策权、执行权、监督权等组成的整体；从客体上看，营业权是知识产权、商业秘密权、商号权等组成的整体；从目标上看，营业权是融资权、规则制定权、形态变动权、特殊缔约权等组成的整体。 商主体不享有专属于自然人的人身权益。	链接《竞争法》。 补充商主体的安全规则，防止经济危机与金融危机。 补充系统重要性企业的义务。 反对通过系统重要性地位进行的统治。 资本信用是商主体安全的根本。 防止系统重要性企业引发的系统性破产，适用特别的清算制度。 增加社会责任的内容。 系统地规定营业权。

续表

条款内容	目的
18. [**自然人人身权优先原则**] 商主体应当尊重自然人的人身权益。在人身权益与财产权等非人身权益相冲突时，商法应当优先保护人身权益。	建立权利阶位，链接民法权利。
19. [**形态变动权**] 商主体享有依法合并、分立、其他变更的权利。	变动权。
20. [**融资权**] 商主体享有依法集中资本的权利。	融资权。
21. [**营业权及其整体保护**] 商法保护商主体的营业权及其转让权；在商主体变动及其转让之中，应当尊重营业权的整体性。	营业权及其转让权。
22. [**营业权的权能分离**] 商主体可以依法对其经营权进行权能划分，形成决策权、执行权与监督权等为内容的分权制约结构，也可以依法变更上述结构。 决策权、执行权与监督权的内容。	归纳出营业权的分解权。
23. [**规则制定权**] 商主体有权依法决定其内部组织机构并依上述职权划分制定与修改其内部规章制度，包括商主体章程。 商主体有权依法制定其治理程序。	归纳出规章规制方面的权益。 归纳出程序权益。
24. [**内部处分权及其限制**] 商主体可以依公司章程、决议与内部规章制度对其雇员进行记过、警告、降级、降职等内部处分，但是处分只能局限于商主体已经赋予或未来将赋予员工的权益，不得违反劳动合同，不得侵犯其雇员的其他财产权，且必须尊重雇员的人格权。	与其含糊、容忍，不如明确其内容与范围。
25. [**特殊缔约权**] 商主体依法可以进行衍生权利设计与交易。 商主体依法可能进行对赌交易，以获得必要的融资。	链接金融法。 特殊缔约权。
26. [**权利计量制度**] 商主体应当依法建立财务会计制度，计量商主体的财产权。	归纳出权利计量制度。

续表

条款内容	目的
财会制度的主体、内容、程序略。	财会计量与分析是商主体的重要权益。
27.［**财会资料所有权**］ 商主体拥有其财会制度与相关资料的制作、保存、使用与收益权，并依法享有处分权。	
28.［**违反财会制度的责任**］ 违反财会制度给出资人或债权人等造成损失的，相关责任人员应当承担赔偿责任。	
29.［**账户权**］ 商主体可以依法定与约定开立与使用银行账户，并遵守相关强制性规定。商主体不得将自己的账户混同于出资人或客户等其他主体的账户，不得将商主体的资金存放于其他账户之中，不得挪用客户的账户资金。	账户权与限制。
30.［**权益定量化与剩余权的归属**］ 商主体的决议特别是章程应当明确各内部机构权利的界线，明确规定各内部机构授权的最大限额或比例限制。 商主体没有明确规定的权利，推定属于出资人会议。	权益的定量要求。 剩余权利的归属。
31.［**出资人权益**］ 商主体的出资人对商主体享有出资人权益，包括自益权与共益权。具体内容略。 出资人的权益应当以出资数额、比例或份额的数量进行计量。	出资人权益的一般规定。 归纳出权利计量方式。
32.［**出资人权益的限制**］ 商主体的出资人依其出资权的大小可以分为大型出资人、中等出资人与小型出资人，大型出资人特别是控制性出资人滥用其权利而导致其他出资人或债权人损失的，应当承担连带赔偿责任。	出资人权益的限制。
33.［**知情权**］ 出资人享有对所出资商主体事务的知情权，并不能以合同或决议的形式予以限制。商主体应当依法定期向出资人披露信息，满足其知情权。	知情权一般化，出资权的内容之一。

续表

条款内容	目的
34. [**出资人权益的行使程序**] 出资比例或份额的转让应当遵守法定或约定的程序与限额规定。出资人权益既包括出资比例与数量，还包括在增资、分配红利、优先权、清算等所有程序中的权益。出资比例或份额的转让应当遵守约定或法定的数量与程序规则，转让包括收购行为应当遵守慢走规则等数量与程序规则。具体内容很多，略。	出资人权益的行使程序。
35. [**利润分配程序的法定性**] 商主体的利润分配，应当遵守法定程序，而不得以出资人之间的合同直接分配其利润。	权益分配的程序性。
36. [**中小出资人权益的特殊救济途径**] 商主体应当遵守派生诉讼、累积投票、中小出资人的退出等制度。	中小出资人权益的保护。
37. [**客户与员工信息保护**] 商主体建立保密制度、防火墙与网络安全、应急措施、专门性保护机构与保护制度，以保护雇员与客户的个人信息。	客户与雇员权益保护。
四、商行为 38. [**商行为的定义与类型**] 商行为是具有职业性、群体性与程序性的资本运营行为，包括内部治理行为与对外交易行为等。	归纳出定义与内外分类。
39. [**商行为的资格、条件与反歧视**] 商主体要从事商行为，必须符合商法规定的行为资格与行为条件。设立公司、增减注册资本、从事证券交易、从事金融业等，需要一定的资格与条件。 商法必须遵守宪法，不得将性别、身体特征、民族、宗教信仰、户籍、所有制等作为商行为的资格条件；商法所规定的资格条件不应当超越商事安全所要求的限度。	行为资格与条件，体现了商行为的特性。 反对身份制度。
40. [**公众性商行为及其正当程序要求**] 商行为必须遵守法定或约定的程序。	强调程序。

续表

条款内容	目的
一些商行为可能影响复数主体的利益，如果受影响的复数主体在此行为中享有得到平等对待的权利，那么这种商行为属于公众性商行为。上市公司对其出资人的行为、交易所对投资者的行为等属于典型的公众性商行为。	归纳出公众性商行为的概念。
公众性商行为应当符合正当程序，平等地对待受其影响的主体。正当程序包括但不限于：在出现不利情况时及时通知或披露相关信息；公平地披露信息并禁止内幕交易、禁止虚假陈述；在决策时需要回避的，必须实施回避制度；商主体、交易所或交易平台对交易者之间的利益冲突持中立态度；在出现纠纷时，允许双方进行辩论与质询；禁止操纵市场；在出现纠纷时，存在合理的投诉制度与救济机制；建立客户评价制度并公正地展示评价结果。	归纳出正当程序规则。
41．[**商行为意思自治最大化规则**]	
商行为必须尽可能地保障多数人的意思自治，在能够以合同形成决策之时，应当运用合同方式决策，在不能运用合同进行决策时，适用决议方式形成其意思。一般决议必须形成 50% 以上的合意，重要决议则必须形成 75% 以上的合意。	归纳出意思自治最大化规则。
42．[**决议程序的类型化**]	
根据决议的重要程度，可以选择适用如下决议程序：简易程序、一般程序与复杂程序。 简易程序，直接表决，省略议事程序，适用于不太重要的事项；一般程序，规定一般性的议事程序与表决程序，实行一般多数决，如二分之一以上多数，适用于一般事务；复杂程序，规定复杂的议事程序，对到会人数、多数决定的比例要求更高，比如三分之二多数之类。	决议程序的多元化。
43．[**双重表决机制的有限引入**]	
商主体可以规定资本多数决与理智多数决并重的表决制度。在利润分配、董事薪酬等领域实施资本多数决，而在一些经营事务之上，赋予一些资深发起人等更多的表决权。	试图引入双重表决机制。
44．[**决议效力制度**]	
决议不适用一般法律行为的效力制度。决议的效力不考虑意思与表示的关系，而应当从程序与内容上进行效力判断，将之分为：决议无效规则；决议不成立规则；决议可撤销规则；决议效力补正规则。	强调决议效力判断规则的独立性；建立四种效力规则。

续表

条款内容	目的
45.［**决议效力的冲突规则**］ 商主体所有其他决议都必须遵守其章程。商主体章程的效力优先于商主体及其内部组织的任何决议。 商主体按照下列规则确定不同决议的效力：其一，按照法律或章程的权力阶位决定决议效力的阶位。例如，一般而言，股东会的决议优先于董事会与监事会的决议。其二，同一组织机构的决议，形式正规的决议优先于形式简略的决议。例如，对于相同的事项，参加人数与通过比例均较多的决议应当优先于上述两个指标均较少的决议。其三，有法定权力的决议优先于没有明确授权的决议。例如，董事会与监事会可能均会就某个事项作出决议，如果其中事项属于监事会的职权范围，那么监事会决议的效力应当优先于董事会决议的效力。	归纳出决议效力冲突规则。
46.［**商事合同的效力规则**］ 被认定为商行为的合同为商事合同。 商事合同有效的三个条件：（一）行为人具有相应的商行为能力，符合商法所要求的行为资格与条件；（二）合同的内容、形式与程序符合商法规定的要求；（三）合同不违反宪法、法律与行政法规对合同效力的强制性规定。	改变了衡量效力的参数；增加了“宪法”一词。
47.［**商行为的约束力**］ 商主体的意思（决议、合同或单方行为）对出资人、商主体及其高级雇员具有约束力，而一般不具有对外的约束力。 但是，在下列情形中，商主体的内部意思在效力上可以优先于对外合同或商主体以成员身份参加的决议：第一，在下列情况之下，交易相对人未要求对方提供授权决议或章程的：明确超越商主体经营范围的合同；交易标的数额超出商主体注册资本 5 倍以上的合同；导致商主体减少注册资本的对赌合同；担保责任超出商主体注册资本 5 倍以上的担保合同；相对人知悉其交易后果将导致公司注册资本重大变化与公司严重资不抵债的其他合同。第二，大型有限责任公司、股份有限公司，包括上市公司之间的合同，且明确不符合公司法规定的分工的。第三，商主体已经主动在信息公告系统公告其章程与决议的，其中明确了相关交易人授权范围的。第四，主动向交易相对人提供了决议或章程的。	商主体意思的约束力范围。强调了例外。

续表

条款内容	目的
48. [**自愿信息披露及其法律效力**]	
国家应当建立商主体章程、决议、内部授权范围等信息的自愿公告系统，且明确上述公告的效力。已经在该系统公告相关信息、授权与决议等的公司，上述信息公开视为对交易人的公开，从而产生相应的法律效果。	商法应当主动维护商事安全，而不应当冷眼旁观。
在容易产生内部决议与外部交易冲突的领域，商主体向交易相对人主动提供相关章程、决议与授权文件，商法认可其效力。	鼓励商主体主动保护商事安全。
49. [**合同链中前手的连带责任**]	
在下列合同链条中，所有前手均需要对后手承担连带责任：第一，票据交易形成的合同链条；第二，民间借贷合同链条；第三，生产、销售产品或服务形成的合同链条且终端合同当事人为消费者的；第四，其他合同链条，且终端合同当事人为消费者的。已经承担责任的合同当事人，享有对其前手的再追索权。	归纳合同链条及其加重责任。
50. [**金融合同群体**]	
以融通资本为内容的合同群体，属于金融合同群体，在达到一定规模时，应当受金融法的调整，适用金融法对商主体与商行为制度的特别规定。这包括但不限于如下合同群体：第一，同一商主体进行的职业放贷合同群体或存款合同群体；第二，同一商主体进行的担保合同群体；第三，同一主体进行的其他金融服务合同群体。	建立金融合同的概念，对付影子银行，链接金融法，防止金融刑法对金融合同的直接调整。
51. [**交易所制度**]	
交易所是指标准化权益的集中竞价交易系统。它包括证券交易所、期货交易所等各种形式。	补充系统性交易制度。
交易所应当建立健全集中竞价交易制度，规定交易条件与资格、交易标的、交易程序、交易服务机构、交易安全保障等制度。	简单列举交易所制度。
交易所应当建立健全信息披露制度及时公开信息，并应当禁止虚假陈述、内幕交易、操纵市场与交易欺诈。	强调公平竞争制度。
交易所应当以时间与价格双重优先的规则确定竞争性交易的合同成立及其效力。	补充系统性交易的合同成立规则。

续表

条款内容	目的
52. [**交易所交易安全制度**] 交易所应当建立交易安全保障制度。这包括交易速度限制制度、交易数量限制制度、交易错误处置制度与交易风险预防制度等内容。交易速度控制制度包括 T+1 制度、慢走规则、程序化交易的限制等。交易数量限制制度包括涨跌停板制度、最大交易数额限制、强制平仓制度等内容。交易错误处置制度包括交易撤销制度等内容。交易风险预防制度包括账户分离制度、交易风险预警制度、交易所实时监控制度、交易风险基金制度等内容。	补充系统性交易的交易安全制度，落实商法基本原则。
53. [**网络平台交易制度**] 网络平台交易是指以网络平台为载体的集中交易。（宜以《网络交易管理办法》《电子商务法》为原始版本，提升其中的商法条款，成为网络交易与网络平台的一般商法规则。） 网络平台交易应当建立规范的信息公开程序，禁止虚假陈述、操纵市场与欺诈客户。 网络平台应当建立健全的消费者保护制度，包括七天无理由退货制度、协助索赔制度、购物评价制度、个人信息保护制度等。	补充网络平台交易，体现商法的开放性与时代性。 补充网络交易的特殊缔约规则：信息披露等。 链接消费者权益保护法等几个法律。
五、商事责任制度 54. [**违反决议的责任**] 有义务遵守决议的主体，违反有效决议时应当承担民事责任，包括停止侵害、赔偿损失、赔礼道歉、恢复原状以及警告、记过、开除等。	补充违反决议的民事责任制度，打破二元责任体系。
55. [**商事责任分类**] 商主体在资能抵债时，适用民事责任制度，而在资不抵债及其受到资不抵债威胁时，则依申请可适用破产法或其他责任处置制度。在债权人具有群体性的情形中，应当适用公平分配规则分配财产，且优先赔偿人身伤害造成的损失。	从计量的角度，将责任制度分为两类，以纳入破产法。
56. [**商法程序优先原则**] 在处置商主体的资产之时，商法处置程序优先于行政法与刑法处置程序。行政处罚与定罪量刑应当参考商法处置结果。	建立商法程序优先规则，将谦抑性原则扩展至程序法。

续表

条款内容	目的
57.［**多元责任处置措施**］ 为预防金融系统性风险，金融法可以适用如下特殊的违约或侵权处置措施：限制业务活动；停止增设营业性分支机构的变更；限制分配红利；限制转让财产或者在财产上设定其他权利；要求更换董事、监事、高管或者限制其权利；要求控股股东转让股权或者限制有关股东行使股东权利；撤销董事、监事、高管任职资格；禁止董事、监事、高管出境；禁止董事、监事、高管处置财产；停业整顿；要求增加资本金；限制固定资产购置或者经营费用规模；限制资金运用的形式与比例；要求拍卖不良资产；要求转让部分业务；限制董监高管的薪酬水平；限制商业性广告；停止接受新业务；接管；整顿；限制其股东权利直至转让所持的公司股权。	归纳金融商法的违约处置方式，违约处置属于商法内容，将本属于商法的强制性规范“提”、“转”为商法规范。
58.［**商主体的大规模侵权预防义务**］ 可能对消费者或其他主体造成大规模侵权的企业，应当建立大规模侵权预防的机构与制度。这包括但不限于如下企业：医药与食品生产或服务企业；生产易燃易爆或剧毒产品的企业；客运业等日常接客大量消费者的企业；实施高危作业的企业等。	归纳出大规模侵权的预防制度。
59.［**系统重要性企业责任处置的特殊程序**］ 对系统重要性企业的重大违约或侵权行为的处置，应当适用特殊的处置制度。	引入有序处置制度。
60.［**双重责任制度**］ 商主体的发起人、三大机构的成员、其他处于重要职位的雇员、控股股东与实际控制人，因其违法或违反公司章程与决议的行为，造成第三人的重大损失或群体性的重大损失的，在下列情形中，债权人可以要求其承担连带责任：引发了金融系统性风险或大规模侵权；个人信息的严重泄露，引发了群体效应；没有制定基本的预防与处置重大风险或群体性风险的企业治理机构与治理规则，或者因为违反法律、企业章程与决议而没有执行上述规则。相关出资人在上述情形中可以要求追回上述主体因违法或违反决议行为所得薪酬与其他待遇。	针对热点现实问题，将“双罚制”引入商法，加重相关主体的责任。

续表

条款内容	目的
61.［**惩罚性赔偿制度**］ 在如下领域，受害自然人可以要求惩罚性赔偿，且可以要求违法商主体的相关责任人承担连带赔偿责任：违反了保险法最大诚信原则且造成人身损害扩大的；违反食品安全法造成严重的人身损害的；故意或欺诈造成消费者人身或财产损害的；造成难以治理的严重环境污染或因污染而造成严重人身与财产损害的；屡次进行电信诈骗或金融诈骗且造成损害的；故意或重大过失造成个人信息侵害的。	针对责任过轻、违法成本过小的现状，加强对自然人权益的保护，体现人本主义与诚实信用。
62.［**金融危机的预防义务**］ 从事金融业务的商主体必须根据其规模与业务种类，遵守履约准备金要求、资本充足率要求、杠杆率限制、流动性要求、集中度限制、合同规模限制、关联度限制等，以预防金融系统性风险。	金融危机是责任危机。总结出金融危机的预防制度。金融危机已经成为现代社会最为常见的灾难。

（**责任编辑：徐璟航**）

《商法通则》——通什么?

徐强胜*

我国的《商法通则》一定是在民法典后关于商事的共通性规定，亦即，《商法通则》的制定必须考虑民法典关于民商合一的规定，从而基于民法典关于民商合一之不足或不当之处填补商事规范的需要。

一、主观主义 VS 客观主义

在采民商分立的国家和地区，商法典的制定有主观主义与客观主义之分，即以德国为代表的主观主义立法例和以法国为代表的客观主义立法例，日本则试图兼采二者之长，成为所谓折中主义立法例。但从总体而言，不论何种主义，商法重视的是以商人为主体的营业行为，也就是说，商法并不排除非商人身份者的具有营业性质的行为，但其调整或者规范的主要是商人的营业行为。

在采民商合一的国家和地区，如瑞士、意大利和荷兰的《民法典》，包括民间性质的《欧洲示范民法典草案》在内，其仍然认为商法是规范商人的营业行为的规则，其中有大量或明或隐的商人或经营者的概念。

从1986年《民法通则》开始，我国民事立法基本采民商合一体例，已经制定的《民法总则》及正在编纂和审议的民法典各分编也更为重视民商合一问题。尽管民法典努力采客观主义模式，力图不分主体身份而制定统一的行为规则，但主体身份的差异和行为引起的主体身份的变化使得经营性规则不同于非经营性规则，亦即，我国民商合一中民法典有关经营性规则规范的是“经营者”的行为。不过，鉴于我国“全民皆可商”的政治、经济、文化诉求，未来的“商法通则”可采并不过于追求区分“经营者”或企业的立法模式，即同时兼顾主观主义与客观主义，但这种做法并非如日本那样的所谓折中主义模式。

---

* 徐强胜，河南财经政法大学教授。

具体而言，可规定：一是本通则调整经营者的营业行为；二是非经营者的行为具有营业性质的，也受本通则规范。

二、商主体 VS 商人 VS 企业 VS 经营者

《民法总则》规定了自然人、营利法人、非营利法人、非法人组织、特别法人，民法理论均称之为"民事主体"，其中个体工商户和农村承包经营户被列为自然人范畴。

从商法的角度，这些均可称为商法上的主体，理论界一般称之为"商事主体"。与国外商法的发展不同，我国商法完全是在改革开放后因应社会经济发展需要主动借鉴西方商法的结果。同时，因改革需要，传统的民法一开始就是以促进经济发展为己任而以商法为导向的。也就是说，1986年《民法通则》及以后的民事立法，均以民商合一为立法体例，并特别突出了商法规则的意义。所以，在我国立法上及民法理论上，不存在民事主体之外的所谓"商事主体"或"商主体"的概念。

从比较法角度，采民商分立的法国、德国和日本等也仅是强调了商人的概念及意义，它们也没有所谓"商主体"的概念。尤其是随着商人的泛化与一般化，传统商法上的商人概念慢慢成为一个保守的概念，其无法涵盖日益扩大的、方方面面的经营者的意义。尽管西方学界也试图以"企业"概念重新构建商法的意义，但"企业"这一词汇既没有被系统的立法所构建，也因现代高科技的发展而无法包含那些非企业的个体经营者，甚至是虚拟经营者。

所以，首先，从我国《民法总则》及将要审议的分则来看，《商法通则》不宜以所谓"商主体"或"商事主体"的概念统称商法的调整对象，否则将引起立法上的混乱。其次，从比较法上，我国也不需要以所谓"商人"或"企业"称之，这两个概念都不能有效涵盖商法应当调整的对象。

从我国民法试图构建起具有体系性的法律概念来看，对于所谓的"商主体"，可以"经营者"加以表述。尽管该概念最先是为了保护消费者而在我国《消费者权益保护法》中出现的，但随后又出现在《反不正当竞争法》《反垄断法》等立法及大量的司法裁判文书中。特别是《侵权责任法》第73条的出现，使得传统民法一元论的主体观发生根本性变化，它将民事主体区分为相对立的两个概念，体现了现代社会的发展需要。《民法总则》尽管没有出现经营者的概念，但其"营利法人"及非法人组织的规定，事实上体现了经营者行为的特殊性。

因此，首先，《商法通则》可以"经营者"概念表述相关主体及行为者，[①] 而毋须以"商主体"或"商事主体"称呼。其次，对于"经营者"，《商法通则》可以先

---

① 关于这方面的研究，参见王建文：《我国商法引入经营者概念的理论建构》，载《法学家》2014年第3期。

行予以统一界定，并对《民法总则》中所称的营利法人及营利性非法人组织规定为“必然经营者”而适用本法；对于个体工商户，基于其经营的谋生性，可做一定的限制；对于农村承包经营户，则一般不认为其是经营者，仅在其从事商业经营时，方可视为经营者而适用本法。再次，对于非营利法人与特别法人，可以规定，当其从事经营性活动时，除法律、行政法规另有规定外，适用本法。

基本上，相关表述通过 4 条或 5 条即可。

三、《商法通则》需要规定基本原则么吗?

按照我国立法的惯常做法，特别是那些带有基本法律、法规性质的立法，常常需要明确规定基本原则，以示其普遍性价值与意义。

对于《商法通则》，其属于调整商事活动的基本法律。按照学界看法，商法有明显不同于民法的地方，诸如商事外观主义、诚信原则、经营者严格责任、经营者社会责任等。但这是不是意味着《商法通则》应当规定相应基本原则，以有效地规范和指引商事活动?

首先，从《民法总则》关于民事活动基本原则的规定，即第 3 条民事权利受保护原则、第 4 条平等原则、第 5 条自愿原则、第 6 条公平原则、第 7 条诚信原则、第 8 条公序良俗原则、第 9 条绿色原则来看，它们足以指导商事活动，无须另行在《商法通则》中规定所谓商法的基本原则。至于被公认为最能体现商事活动的外观主义，则是通过民商法中一系列具体规则（特别是商事登记）来体现，而无法或不宜通过一句话的表述来表达。

其次，从比较法角度来看，无论是最早的《法国商法》，还是后来的《德国商法》及《日本商法》等，均遵循规则优先和习惯优先。而规则优先与习惯优先的实质是，尊重商人的创新，去除世俗偏见，鼓励并保护交易。在一定意义上，基本原则常常是一种说教，而非清晰的规则指引。

再次，从商法自身的发展来看，其表现出一种导向，即满足“实际需要”的“具体的法”，而将“更为高尚的追求目标”留给了其他学科。① 也就是说，商法以解决实际问题为导向，更需要解决问题的具体规则，而非基于某个“高大上”的理由进行推论的基本原则。而且，随着社会经济和科技的迅速发展和变化，商事活动更多的是在变中发展，其变更多体现为商事活动中习惯或交易中惯常做法的变化。当习惯或惯常做法发生变化时，其原所依赖的社会环境事实上已经不再适应商事活动。在这种情况下，即使有基本原则，它们也常常无法适用。《日本商法典》第 1 条第 2 款“关于商事活动，本法中未规定的事项遵照商习惯；无商习惯的，适用民法规定”即为此意。

---

① [法]伊夫·居荣:《法国商法》(第 1 卷)，罗结珍、赵海峰译，法律出版社 2004 年版，第 2 页。

所以，尽管我国40年改革以来司法实践中形成了大量关于商法的裁判思维，但仍不宜通过《商法通则》上升为所谓原则性的东西。而且我们注意到，我国40年来形成的商事裁判思维，很多具有中国当时的特殊性，而少具有世界未来的普遍性。

四、民事法律行为 VS 商行为

商事行为是民事行为的一种，法律行为制度自然也适用于商事行为。从理论上讲，商事行为是一种特殊的民事行为，其主体、行为方式及欲达到的目的均与一般民事行为不同。那么，作为私法自治的工具的法律行为制度在商事行为中应有许多不同。

在意思表示的认定上，商事行为的长期性、计划性与反复性意味着商事行为的稳定性与可期待性，即其表现是经常如此，且一经做出就会让他人理解为应当如此。因此，在认定经营者的意思表示时，商业习惯或惯例就成为重要因素。同时，商事行为的营利性意味着行为者对其行为是经过计算的，即具有可计算性。这种可计算性使得相对方仅凭外观就可判断其意思表示，而不必深究其内心如何，特别是在双方都是经营者时更是如此。因此，外观主义成为商事活动中的重要规则，相应地，表示主义是认定商事行为中意思表示的重要标准。

在商事行为的形式上，其长期性、反复性、专业性以及营利要求的便捷性等，都决定了商事行为形式的不拘一格，如沉默可以成为其形式。

在商事行为的内容上，大量违反法律禁止规定的商事行为不必然无效，因为有悖公序良俗的商事行为并不多见，特别是双方都是商人的情况下更是如此，它主要体现在商事主体之间的不正当竞争行为中，而在适用公序良俗的情况下，应在更大程度上考虑有关参与竞争的各阶层的观点，而不能作简单的、不加批判的照搬。①

以上也仅是从商法理论上得出的结论。从我国《民法总则》中来看，以上有关问题似乎在相当程度上得到了解决。如依《民法总则》第6章“民事法律行为”的规定，民事法律行为形式可谓不拘一格，仅强调“沉默只有在有法律规定、当事人约定或者符合当事人之间的交易习惯时，才可以视为意思表示”（第140条第2款）。但该款规定似乎也能够解释商事行为形式的自由选择。其第142条关于意思表示的解释也较为倾向于商事行为的意思表示认定。在意思表示的效力认定上，则强调仅违反效力性规定的方为无效，而如何认定为效力性规定，从我国司法实践上看，似乎在根据经济形势的变化而作调整。

在正在审议的民法典合同编中，尽管我们从商法的角度来看存在相当的不足，没有完美地体现出商事交易的需要。但从整体来看，其也较好地体现了商事交易的

---

① ［德］迪特尔·梅迪库斯：《德国民法总论》，邵建东译，法律出版社2000年版，第512页。

需要。如在总则部分（第 2 章至第 8 章）中，第 275 条第 2 款规定：“承诺不需要通知的，根据交易习惯或者要约的要求作出承诺的行为时生效。”第 375 条第 2 款规定：“约定的违约金低于造成的损失的，人民法院或者仲裁机构可以根据当事人的请求予以增加；约定的违约金过分高于造成的损失的，人民法院或者仲裁机构可以根据当事人的请求予以适当减少。”分编中的各有名合同也基本上以商事合同为主，并体现了商事交易的基本需要。

也就是说，即将出台的《中华人民共和国民法典》对于商法中的最重要内容的商事行为，已作了较为充分的考虑。在这种背景下，如何在我们希望的《商法通则》中规定相应规则，颇值得思量。这需要我们首先认真研究《民法总则》和民法典合同编，分析其存在的问题与不足，如此方能制定出社会所需要的《中华人民共和国商法通则》。

五、结语:《商法通则》应避免大而全，须简明扼要

《商法通则》的主要内容应为经营者的认定、商事行为的特殊规则、商事登记，除此之外，应尽量不作规定。

基于民法，同时还要跳出民法。

（责任编辑：魏晓艺）

《商法通则》如何回应金融的私法面向

杨 硕*

摘 要：新一轮《商法通则》立法研究对金融法规则的探讨，不仅回应了商事审判实践的迫切需求，也是与以往商法基础理论研究最大的不同之处。金融法包括金融监管法（金融公法）与民商法（金融私／商法）两个部分，因缺少基本的规制逻辑，导致司法审判中大量援引民法规范，而忽略商法规则的特殊性。立法过程中，可以以商主体、商行为作为两大阵营，从金融组织法和金融交易法两个层面探讨《商法通则》如何回应金融的私法面向。

关键词：商法通则；金融组织法；金融交易法

一、金融私法面向的商法解释

“哪里有贸易，哪里就有法律”[①]这一古老的拉丁语格言时至今日似乎仍然被不断印证。不同的是，金融行业的成长，尤其是互联网元素的融入正在深刻改变当下商事／金融交易的组织形态和行为模式。许多新兴商业／金融现象超越了既有商法基础理论的解释范畴，这也为法律修正和理论研究革新不断提出新的挑战。

（一）金融私法/商法理论的勃兴

2008 年金融危机之后，王保树先生提出尖锐的质疑：“人们经常会说，金融法就是监管法。果真如此吗？”在否定这一论断之后，其认为金融法应包括金融监管法（金融公法）与民商法（金融私／商法）两个部分，同时，金融商法又分为组织

---

* 杨硕，南京大学法学院博士后。

① 范健：《商法探源》，载《南京大学学报》1991 年第 4 期。转引自王建文：《中国商法立法体系：批判与建构》，法律出版社 2009 年版，序。

法和交易法。[①]之后，学界涌现出许多从商法角度审视金融创新和金融交易规则的研究成果。[②]不可否认，“在现代法制相当完备的状态下，如果没有制度安排上的机会和漏洞，社会经济行为的异常是很难持续和久远存在的”。[③]但从2004年中国人民银行分别以70亿和19亿收购接管南方证券和汉唐证券，[④]到2015年高杠杆场外配资引起股市异常波动，使得采取综合举措救市成为当时的唯一选择[⑤]。我国资本市场一幕幕重现的“风险—危机—救市”循环，迫使我们不得不重新思考金融商事交易规则之于金融风险防范的特殊意义。

经济学家在讨论金融危机时，通常涉及国际法和国内法两个层面，国际法通常是指新布雷顿森林体系的建设，而国内法层面则涉及金融监管立法及目前研究尚为薄弱的金融商法。金融商法应从两方面来回应金融稳定的目标要求：其一，金融商法必须回应金融创新，尤其是金融交易模式创新的需求，这是商法自由/效率价值[⑥]的体现；其二，金融商法也是实现金融安全的重要路径，金融安全是金融监管制度建立和金融法出台的最初目标，[⑦]而2008年的金融危机则似乎印证了“监管失灵或失效的主要原因确非监管本身，而是各类市场主体通过创新，进而达到规避监管和实现套利之目的”的论断。[⑧]因此，金融商法的目的在于从财产法、合同法以及担保法等多个商法部门法角度出发，解释、分析金融交易规则，[⑨]防范因交易规则漏洞诱发的系统性金融风险。

（二）《商法通则》回应金融私法的场域

我国学界关于“民商合一”与“民商分立”的争论已久，在《民法总则》已经

---

① 王保树：《金融法二元规范结构的协调与发展趋势——完善金融法体系的一个视点》，载《广东社会科学》2009年第1期。

② 季奎明：《金融创新视野中的商事法变革》，中国法制出版社2011年版；楼建波：《金融商法的逻辑：现代金融交易对商法的冲击与改造》，中国法制出版社2017年版。

③ 范健：《从全球经济危机反思现代商法的制度价值》，载《河北法学》2009年第8期。

④ 李嵘：《我国证券公司治理机制实证研究：以2004年来我国券商退市案为例》，法律出版社2008年版，第225页。转引自范健：《从全球经济危机反思现代商法的制度价值》，载《河北法学》2009年第8期。

⑤ 聂庆平：《2015年股市异常波动的原因、性质及应对》，载《经济导刊》2017年第6期。

⑥ 王建文：《我国商法的核心价值：逻辑展开与实践应用》，载《法学杂志》2012年第1期。

⑦ 邢会强：《金融危机治乱循环与金融法的改进路径——金融法中“三足定理”的提出》，载《法学评论》2010年第5期，第46页。

⑧ 楼建波：《金融商法的逻辑：现代金融交易对商法的冲击与改造》，中国法制出版社2017年版，第5页。

⑨ 曾大鹏：《实质商法规范的解释论与立法论研究》，北京大学出版社2018年版，第1页。

正式颁布实施以后，采用“民法典+商法通则+单行商事法”的模式[①]，是目前较为可行的立法路径。因此，该种立法路径也必然要求《商法通则》回应当下纷乱复杂的金融立法，尤其是证券、银行、保险，乃至民间/互联网金融等创新过程中的私法问题。国内目前有关《商法通则》研究的成果汗牛充栋，各类译著也紧随立法最新修法动向而更新。因此，在思考《商法通则》应如何回应金融私法的问题时，需要对比各国民法规则、商法规则以及金融法规则。

1.《商法通则》主体和行为的二元规制框架

“商”与“金融”自古以来就是相伴相生，无论是在中世纪的威尼斯抑或是我国春秋战国时期，都出现了以经营商品贸易为主的商人和经营借贷业务为主的“银行家”（我国称之为“子钱家”[②]）。直至近代，以德国、法国和日本为代表的大陆法系国家分别采用了主观主义、客观主义以及折中主义构建其商法的总则部分，通常从商主体和商行为两个部分展开。

德国是使用主体与行为二分法的典型代表。[③]在主体制度方面，德国除公司法之外，还包括有价证券法、银行法、交易所法、证券保管法、保险法和反不正当竞

---

① 石少侠：《我国应实行实质商法主义的民商分立——兼论我国的商事立法模式》，载《法制与社会发展》2003年第5期；赵旭东：《民法典的编纂与商事立法》，载《中国法学》2016年第4期；李建伟：《民法总则设置商法规范的限度及其理论解释》，载《中国法学》2016年第4期。

② 李埏：《论中国古代商人阶级的兴起——读〈史记·货殖列传〉札记》，载《中国经济史研究》2000年第2期。

③

德国商法		
范健：《德国商法：传统框架与新规则》（2003）	商事主体	①商人；②企业；③公司；④代理商；⑤居间商
	商事管理	①商事登记；②商号；③商事簿记；④经理权；⑤代办权
	一般商行为	①商行为概说；②商法上的债权行为；③商法上的物权行为；④交互计算；⑤一般商行为中其他的特殊性（商事担保）
	特殊商行为	①商事买卖；②商事行纪；③商事运输行纪；④商事仓储；⑤商事货运；⑥商事票据；⑦商事银行
[德]C.W.卡纳里斯：《德国商法》，杨继译（2005）	商主体	①商人的概念和商人身份；②商事登记和权利外观责任；③商人企业的转让和继承；④商号法；⑤商事账簿法基本原则；⑥商法对代理权的特别规定（经理权、代办权）；⑦销售中间商和业务中间商法（代理商、行纪代理商、协议经销商、特许经营商、居间商）
	商行为	①商行为规定的适用范围；②商行为和法律行为理论；③商行为和一般债权（往来账、对一般债权规定的变更）；④商行为和物权（善意取得和商人留置权）；⑤商行为和特别债权（商事买卖、行纪营业、货物运输、运输代理和仓储营业）

（转下页）

争法等，这些都由单行法调整，但我们还是可以从商法总论部分寻找到诸多关于公司和金融的规则。[①] 例如，《德国商法典》第二编“非独资的商事企业与隐名合伙”也是《德国公司法》的重要组成部分，二者在该部分存在相互援引的条款。[②] 商业账簿亦属于主体制度部分，《德国商法典》针对金融机构和金融服务机构以及保险企业制定了特殊规则，并且明确了未按要求制作商业账簿的责任，[③] 以及《商法典》与《金融制度法》之间的关系。[④] 在行为制度方面，《德国商法典》在第367条“某些有价证券的善意取得”制度中明确了证券也是商事留置权的行权客体，[⑤] 而我国《物权法》规则有待进一步明确。

日本商法典在经历2005年修订之后，仅有“总则”“商行为”以及“海商”三编。相比于《德国商法典》（2010年）保留了“非独资的商事企业与隐名合伙”的规则，在排除海商法后，目前日本商法总则部分的结构，与我国学者所主张的《商

（接上页）

德国商法		
《德国商法典》，杜景林、卢谌译（2010）	商人身份	①商人；②商事登记簿；企业登记簿；③商号；④商事账簿；⑤经历权和代办权；⑥商业辅助人和商业学徒；⑦商事代理人；⑧商事居间人；⑨罚则
	非独资的商事企业与隐名合伙	①普通合伙；②有限合伙；③隐名合伙
	商业账簿	①对所有商人的规定；②对公司（股份有限公司、股份有限合伙和有限责任公司）以及对某些商事合伙的补充规定；③对登记合作社的补充规定；④对特定营业部类的企业的补充规定；⑤私人账目委员会，账目咨询委员会；⑥账目审查机构
	商行为	①一般规定；②商事买卖；③行纪营业；④货运营业；⑤运输代理营业；⑥仓库营业

① 《德国商法典》，杜景林、卢谌译，法律出版社2010年版，第3页。

② ［德］格茨·怀克、［德］克里斯蒂娜·温德比西勒：《德国公司法》，殷盛译，法律出版社2010年版，第38页。

③ 《德国商法典》，杜景林、卢谌译，法律出版社2010年版，第4页。

④ 《德国商法典》，杜景林、卢谌译，法律出版社2010年版，第176—190页。

⑤ 《德国商法典》，杜景林、卢谌译，法律出版社2010年版，第216—217页。

法通则》结构最为相似。[①] 在主体方面，日本《商法总则》第二条认为证券交易所的性质为中间法人（Nonprofit Mutual Benefit Corporation），既非公益法人也非营利法人，具体是指民法及公司法以外的单行法所认可的、以成员间的相互辅助及增进共同利益为目的而存在的特别法人。[②] 在商行为法方面，若买卖双方均是商人（双方商行为），也就是说企业间的交易适用民法的特别法则。而一方是商人，一方是消费者的交易（单方商行为），则要考虑到消费者保护的必要性。在日本保护消费者的法律主要有《分期付款销售法》《特定商事交易法》以及《消费者合同法》，另外还有有关金融商品的《金融商品销售法》。[③]

基于早期国内学界形成数个版本的《商法通则》建议稿，[④] 新一轮的立法讨论在原有版本上形成了突破，基本形成了“总则—商主体制度—商行为制度—商事责

---

①

日本商法		
刘成杰:《日本最新商法典译注》（2012）	总则	①通则；②商人；③商业登记；④商号；⑤商业账簿；⑥商业雇员；⑦商代理；⑧杂则
	商行为	①总则；②买卖；③往来账；④隐名合伙；⑤居间营业；⑥行纪营业；⑦货运行纪营业；⑧运输营业；⑨保管；⑩保险
[日]近藤光男:《日本商法总则·商行为法》，梁爽译（2016）	商法总则	①商法的概念与渊源；②商法的基本概念；③商业登记；④商号；⑤商业账簿；⑥商业使用人；⑦代理商；⑧营业
	商行为法	①商行为法总则；②买卖；③商事交互计算；④隐名合伙；⑤中介营业（居间、行纪）；⑥运输营业；⑦承揽运输业；⑧寄存；⑨仓储营业

② 刘成杰:《日本最新商法典译注》，中国政法大学出版社2012年版，第10页。

③ [日]近藤光男:《日本商法总则·商行为法》，梁爽译，法律出版社2016年版，第103页。

④ 王保树先生组织起草的《中华人民共和国商事通则》（建议稿）分十章共92条：第一章总则；第二章商人；第三章商事登记；第四章商号；第五章营业转让；第六章商业账簿；第七章经理权与其他商事代理权；第八章代理商；第九章商行为；第十章附则。参见王保树:《〈中华人民共和国商事通则〉建议稿》，载《商事法论集》2011年第1期。苗延波起草的《中华人民共和国商法通则》（建议稿）分七章共146条：第一章总则；第二章商主体；第三章商行为；第四章商业登记；第五章商业账簿；第六章商事责任；第七章附则。参见苗延波:《论中国“商法通则”的体系结构——附：中华人民共和国商法通则草案建议稿》，载《当代法学论坛》2008年第3期。樊涛起草的《中华人民共和国商法通则》（建议稿）分十一章共103条：第一章总则；第二章商人；第三章商事登记；第四章商号；第五章商事企业及营业转让、营业租赁；第六章商业账簿；第七章商业雇员；第八章代理商；第九章商行为；第十章商事法庭及商事诉讼；第十一章附则。参见樊涛:《商法通则：中国商事立法的应然选择（附:《中华人民共和国商法通则》建议稿）》，载《河南大学学报（社会科学版）》2008年第3期。

任制度—商事争议解决”的构建框架,[①] 在立法结构上仍坚守了商主体与商行为两大核心要素。因此,《商法通则》以主体、行为的框架回应金融组织法和金融交易法，具有体系上的合理性。

2. 被忽视的金融商法?

新一轮商法通则立法研究中对金融商法的探讨，不仅回应了近年来金融法最新发展，也是商事审判实践的迫切需求，这是与以往研究最大的不同之处。金融商法因缺少基本的规制逻辑，司法审判中大量援引民法规范，导致忽略商法的特殊性。[②] 此外，商法固有的组织法特征使得在规制主体责任时也出现了内外之别。例如，最高人民法院在《商事审判工作会议纪要》(草稿)(2016 年 10 月 18 日)中要求“加重金融机构责任”，以实现金融消费者保护之目的。[③] 这是一种在单方商行为[④] 中，加重商主体一方责任的表现形式。而金融法中的加重责任还有其他类型的表现形式。为实现金融安全之要求，有观点主张加重商业银行股东责任，要求股东承担对银行的注资和担保等义务，以此满足银行债权人的债权实现。[⑤] 这种加重责任，则是表现为组织法层面上的特殊加重责任，虽然目的仍是实现对前述单方商行为中非商主体一方的保护，但二者在法律关系上却遵循了完全不同的制度逻辑。前者的责任基础是金融机构的审查和信息披露义务，后者的责任基础则是股东的出资、担保等义务。因此，围绕商主体和商行为两大阵营，从组织法和交易法的角度

---

① 赵旭东教授主持的《商法通则》立法研究课题中提出的意见稿共十一章 147 条：第一章一般规定；第二章商事主体；第三章商事登记；第四章商业名称与字号；第五章商事公示与商事信用；第六章商事会计账簿与审计；第七章商事行为；第八章商事代理；第九章商事营业与转让；第十章一般商事权利与义务；第十一章商事争议解决。参见中国政法大学课题组(负责人：赵旭东):《商法通则》立法研究，2017 年 10 月。范健教授强调商事立法的体系性，在法律的制定过程中也应当遵循一定程度的体系性，以商主体和商行为为两大阵营，再抽象商主体和商行为的共同规则作为《商法通则》的总则，辅之以商事责任和商事诉讼的基本规定，形成总则—商主体—商行为—商事责任—商事诉讼五编。参见范健:《民法典编纂背景下商事立法体系与商法通则立法研究》，载《中国法律评论》2017 年第 1 期。蒋大兴教授提起编制的商法通则构建体系：第一编立法目的及原则；第二编商人及商号；第三编营业行为；第四编商事登记 / 备案；第五编不正当交易规制；第六编纠纷解决；第七编附则。参见蒋大兴:《〈商法通则〉/〈商法典〉的可能空间？——再论商法与民法规范内容的差异性》，载《比较法研究》2018 年第 5 期。

② 蒋大兴:《〈商法通则〉/〈商法典〉的可能空间？——再论商法与民法规范内容的差异性》，载《比较法研究》2018 年第 5 期。

③ 参见蒋大兴教授文脚注 45。蒋大兴:《〈商法通则〉/〈商法典〉的可能空间？——再论商法与民法规范内容的差异性》，载《比较法研究》2018 年第 5 期。

④ 单方商行为是指行为人一方是商主体而另一方不是商主体所从事的行为，学理上又称之为混合交易的行为。参见范健、王建文:《商法基础理论专题研究》，高等教育出版社 2005 年版，第 356 页。

⑤ 杨松、宋怡林:《商业银行股东加重责任及其制度建构》，载《中国社会科学》2017 年第 11 期。

探讨《商法通则》对金融商法的回应，不失为一条可行的解释路径。

二、商主体与金融组织法的规则

目前《商法通则》立法倾向于采用商事组织和商个人的二元结构来划分我国商主体类型，其中商事组织包括独资企业、合伙企业、公司企业等，商个人是指依法在商事登记机关登记的个体工商户。此外，立法将“工商登记获得商主体身份”作为获得商主体资格的标准，同时豁免了个体摊点和流动摊贩的工商登记要求，以彰显营业自由权。[①] 因此，上述立法逻辑表现出对于传统商事交易活动的规制逻辑，却忽略了金融组织的特殊性。

（一）超越公司、合伙形态存在的商主体——商事信托

在金融活动中，各类主体往往会采用传统商主体公司、合伙等法律组织形态（例如，私募股权基金采用合伙为基本法律架构），也创设了新型主体形态，其中典型的代表为商事信托。目前关于商事信托的法律定性有组织说、财产说以及投资方式说，但学者倾向于主张将商事信托界定为一种新型商主体。由于现代商业组织独立的核心是以“是否存在一笔独立的运作财产”为标准，因此商业信托具有组织层面的特性。我国台湾地区学者也认为，信托基金即为信托财产，非仅为权利客体，亦具有法律主体性。此外，美国共同基金虽采取“投资公司”之形式，但其公司型的共同基金与一般企业的法律架构并不相同，因此也被称为“公司变体”。[②]

采用商事信托设立的特殊目的载体（SPV，Special Purpose Vehicle），目前被广泛应用在资产证券化项目之中。SPV 通常作为通道，旨在以合规的方式将资金从借款方输送给贷款方。以往研究认为，SPV 仅仅能够从事资产证券化及相关业务。[③] 近年来，许多房地产开发项目，以及市政基础设计建设项目，都采用了 SPV 架构的项目公司。[④]SPV 与传统商主体在功能上有所差异。首先，SPV 是法律意义上的实体，但是实际上通常仅仅作为资金的通道，只拥有名义上的资产和权益，实际经营管理大都委托信托机构进行。因此，SPV 也被称为项目投资者和项目实际所有权人之间的法律中介。其次，SPV 核心目的是实现与发起人的破产隔离，这与传统概念上商主体实现营业、营利的功能目的有所区别。

由于缺少主体，我国信托只能通过商行为来纳入整个商法框架中。学者从营业

---

① 李建伟：《民法典编纂背景下商个人制度结构的立法表达》，载《政法论坛》2018 年第 6 期。

② 陈洁：《日本〈金融商品交易法〉中的集合投资计划》，载《法学》2012 年第 10 期。

③ 季奎明：《金融创新视野中的商事法变革》，中国法制出版社 2011 年版，第 44 页。

④ 王远胜：《突破 PPP 融资瓶颈：项目整体营业证券化试探》，载《证券市场导报》2016 年第 5 期。

范围和持续时间限制的角度考虑，探讨了将信托 SPV 归入商主体的可能。[①] 但目前我国对商主体的认定倾向于采取以登记为标准的主观主义认定模式，这也导致一个问题，即公司型 SPV、合伙型 SPV 可以获得合法商主体资格，而信托型 SPV 却无法归入现行主体框架之中。2006 年日本制定了新的信托法，《日本商法典》随之于第 502 条营业性商行为中，追加了第 13 项“信托行为”作为营业性商行为的新类型。[②] 因此，日本不拘泥于主观主义和客观主义的折中主义模式，有效地将这一诞生于英美法的信托制度纳入大陆法系商法典之中。德国法并没有关于信托的系统性规定，这也是德国抽象、系统立法传统的例外。[③] 因此，若采用日本折中主义模式，则可能需要在总则部分仿照日本商法构造“营业”和“商主体”的概念。

（二）金融消费者、投资者的商法定位——商个人？

以自己名义从事营利活动的个人被认为是商人，那么以营利为目的的投资者是否也是商人呢？不可否认，在金融民主化理念和互联网技术的推动下，普通人参与金融活动的机会和渠道愈加丰富，全民经商、全民持股已经成为一种常态。同时，区分商人与非商人的意义在于责任规制，商人往往需要比民事主体承担更为严苛的责任。因此，需要对参与金融活动自然人的商事属性进行区分。

1. 金融消费者应被归为普通民事主体

有学者将金融消费者定义为“金融消费者是为满足非营业性的个体金融需要而购买或使用金融商品或者享受金融服务的自然人”，该定义认为：（1）机构和法人投资者不属于金融消费者；（2）个人投资者中采取营业方式的专业投资者不属于金融消费者；（3）个人投资者购买股票时，对上市公司而言是投资者，但相对证券经纪机构或交易所而言则是金融消费者。[④] 保险领域也存在同样的问题，“保险已经由原来的商人之间的保险发展至商人之间保险与消费者之间保险并存的保费保险”。[⑤] 根据《日本公司法典》第 5 条规定，乙股份公司的借贷行为为商行为，但甲不是商人，其为生计借债的行为亦非商行为，即该借贷关系中，对乙为商行为，而对甲为非商行为。[⑥] 因此，可以初步确定金融消费者不属于商主体。但是，另外一个问题

---

① 楼建波：《金融商法的逻辑：现代金融交易对商法的冲击与改造》，中国法制出版社 2017 年版，第 149—155 页。

② 刘成杰：《日本最新商法典译注》，中国政法大学出版社 2012 年版，第 5 页。

③ 德国一部分信托法律形式，例如权利能力的财团、遗嘱执行、遗嘱负担、投资公司、股份公司股东投票权信托等在各法律法规中得到规定，但大量的信托法律形式缺乏相应的专门规定。参见孙静：《德国信托法探析》，载《比较法研究》2004 年第 1 期。

④ 陈洁：《投资者到金融消费者的角色嬗变》，载《法学研究》2011 年第 5 期。

⑤ 刘迎霜：《我国金融消费者权益保护路径探析——兼论对美国金融监管改革中金融消费者保护的借鉴》，载《现代法学》2011 年第 3 期。

⑥ 刘成杰：《日本最新商法典译注》，中国政法大学出版社 2012 年版，第 11 页。

是，目前大量存在的股民、基民投资者是否是商主体。

2. 对公司经营决策有实质影响的投资者应属于商人

持有公司股票的投资者和能够对公司决策产生实质影响的投资者与普通投资者完全不同。例如，在对商业银行股东科以加重责任时，“美国规定为控股公司，同时对达到何种持股比例可被视为控股公司作了具体规定，日本直接规定承担加重责任的股东持股标准”。[①] 类似规定实际上也反映了《日本商法典》中对商人的认定标准，日本商法的通说认为，“在判定营业属于何人时，应根据实际的支配状态进行判断，即应考虑经营中的最终决定权属于何人”[②]。因此，日本商法较早的判例认为，商人是指法律上成为商行为所生权利义务制主体，即实际经营者，并不拘泥于是否以营业者的名义在登记机关备案。

除此之外，证券法概念上的“一致行动人”也可以被纳入商人的范畴之中。一致行动人往往通过签署“一致行动人协议”，集中购买上市公司股票，以实现控制公司之目的。虽然一致行动人可能均为自然人，但这与普通的个人投资的投资目的大相径庭。巴黎法院在 1976 年 1 月 13 日的判决中解释了个人的证券（交易所）交易行为，是否会因下达指令的次数与交易量而具有商事性质。[③] 目前我国个人证券买卖都是与券商订立的行纪合同，由券商在证券交易所代为买卖。但是通过考察“下达指令的次数与交易量”来认定其具有商事性质的观点亦具有参考价值。

在不断泛化的互联网和全民经商时代，金融主体的组织形态和交易结构亦不断创新。《商法通则》不仅需要准确界定不同形态金融主体的商主体地位，还应重新从组织法层面考虑个体与组织的关系。

三、商行为与金融交易法的规则

我国金融实践要求实现金融在组织法、交易法和监管法三个层面的协调。金融交易是现代的商事交易，它依赖于特定的金融市场，投资者的公众性突出，较一般交易更注意安全属性。[④] 有学者认为，金融公平、金融安全和金融效率是金融法的三个基本价值。[⑤] 因此，金融交易规则在实现金融效率和金融安全方面具有突出的作用。

---

① 杨松、宋怡林:《商业银行股东加重责任及其制度建构》，载《中国社会科学》2017 年第 11 期。

② 刘成杰:《日本最新商法典译注》，中国政法大学出版社 2012 年版，第 14 页。

③ 《法国商法典》(上)，罗结珍译，北京大学出版社 2015 年版，第 7 页。

④ 王保树:《金融法二元规范结构的协调与发展趋势——完善金融法体系的一个视点》，载《广东社会科学》2009 年第 1 期。

⑤ 冯果:《金融法的“三足定理”及中国金融法制的变革》，载《法学》2011 年第 9 期。

（一）金融交易中的让与担保——融资融券

关于我国融资融券业务中的担保物法律性质存在“信托财产”“质押物（账户质押标的物）”以及“让与担保”三种观点。[①]学界关于让与担保的观点争论已久，相比于商事交易，金融交易中的让与担保制度需求更为强烈。《证券公司融资融券业务管理办法》（2015）等一系列规章中，采取信托关系来构架融资融券交易中的担保，这与行业内部更加推崇的让与担保模式并不一致。在融资融券交易中，出于对交易效率的考虑，融资融券担保物直接由融资购入的证券和融券卖出获得的资金来充当。以资金作为担保可以视为货币质押，而用证券进行的担保可以视为权利质押。

在民事担保中，担保关系产生于相对稳定的环境中，在对外效力上强调担保物转移占有以及登记的公示效力。担保关系成立之后，担保物不再流转，担保人和担保权人处置担保物的权利也受到限制。[②]但是在融资融券业务中，对担保物便捷处分的要求十分强烈。首先，融资融券交易模式中，主债权的标的物与主债权的担保物在证券与资金两种形态之间不断转换，担保权的设立与担保物的处分在交易期间不断变化，几乎无法满足《担保法》和《物权法》规定的登记公示要求。其次，融资融券业务中还需满足灵活处分担保物之权利。目前法律规定处置担保物必须经过“出质人与质权人协商同意”，而证券市场价格瞬息万变，当担保物为证券时，能够及时处置担保物才可以最大限度保障担保权人利益。

《证券公司融资融券业务管理办法》（2015）采用了信托架构，但信托在本质上并不是担保法律关系，信托人对信托财产负有积极管理责任。而在上述构造中，信托人却消极持有信托财产，这与信托法基本原理并不相符。我国现行《物权法》没有规定让与担保，2006年《物权法》起草过程中曾有学者提出，但最终未能写入

---

① 杨光:《融资融券业务担保物法律性质的界定——以账户体系为视角》，载《证券市场导报》2018年第6期。

② 《担保法》第78条【股权质权的设定及股权质权的效力】以依法可以转让的股票出质的，出质人与质权人应当订立书面合同，并向证券登记机构办理出质登记。质押合同自登记之日起生效。

股票出质后，不得转让，但经出质人与质权人协商同意的可以转让。出质人转让股票所得的价款应当向质权人提前清偿所担保的债权或者向与质权人约定的第三人提存。

以有限责任公司的股份出质的，适用公司法股份转让的有关规定。质押合同自股份出质记载于股东名册之日起生效。

《物权法》第226条【以基金份额、股权出质的权利质权设立和出质人处分基金份额、股权的限制】以基金份额、股权出质的，当事人应当订立书面合同。以基金份额、证券登记结算机构登记的股权出质的，质权自证券登记结算机构办理出质登记时设立；以其他股权出质的，质权自工商行政管理部门办理出质登记时设立。

基金份额、股权出质后，不得转让，但经出质人与质权人协商同意的除外。出质人转让基金份额、股权所得的价款，应当向质权人提前清偿债务或者提存。

物权法之中，当时其主要考虑到防止担保权人获得暴利，而在融资融券业务中以证券和货币作为担保物并不存在该问题。高圣平教授也认为，“在一些特定的交易中，如押租、融资融券等，在动产抵押制度之外，另行规定让与担保制度实有必要”。[①]由于《物权法》长期以来制度缺位，迫使融资融券业务实践中采用账户质押结构设计，[②]而承认让与担保制度的合法地位，无疑是最为直接的解决融资融券交易结构法律困境的方式。

让与担保经由德国、日本判例[③]及学说的长期发展，已经渐趋成熟，但是如何在既有法律框架体系内安排让与担保制度仍有待探讨。是否可以在《商法通则》中直接确立商事让与担保的条款，抑或是由《物权法》在担保物权部分统一立法，证券的出质登记问题如何得到回应，诸多问题有待探讨。

（二）金融交易中的债权让与——保付代理

保理，全称为保付代理，其是以应收账款转让为核心构建的交易行为，保理商、债权人、债务人三方构成了基本保理法律关系。实践中大量存在资产证券化、保理等形式进行的贷款融资活动，以规避贷款监管规定，进而形成金额庞大的影子银行体系。[④]不仅如此，实践中，保理业务中还在基本的债权让与原理基础上发展出有追索权的保理[⑤]，以及多种通知债务人的方式[⑥]。但这并非保理活动中的疑难点，保理业务目前主要面临如下几个问题：

1. 违反《合同法》第 79 条[⑦]，禁止转让债权的后果

目前最高人民法院承认了保理债权的善意取得，根据《最高人民法院关于审判当前商事审判工作中的若干具体问题（2015）》第 7 条之规定：“如果保理商明知

---

① 高圣平：《动产让与担保的立法论》，载《中外法学》2017 年第 5 期。

② 楼建波：《金融商法的逻辑：现代金融交易对商法的冲击与改造》，中国法制出版社 2017 年版，第 237 页；杨光：《融资融券业务担保物法律性质的界定——以账户体系为视角》，载《证券市场导报》2018 年第 6 期。

③ 让与担保制度规定在《德国物权法》以及《日本民法典》之中。高圣平：《动产让与担保的立法论》，载《中外法学》2017 年第 5 期；刘成杰：《日本最新商法典译注》，中国政法大学出版社 2012 年版，第 109—110 页。

④ 王乐兵：《金融创新中的隐性担保——兼论金融危机的私法根源》，载《法学评论》2016 年第 5 期。

⑤ 有追索权的保理是指在保理合同中设置回购条款，双方约定当债务人出现信用风险或合同约定其他回购情形生效时，保理商有权通知债权人回购该应收账款。

⑥ 债权人可以自己采用电文、电子签名等方式直接通知，也可以委托保理人代为通知。

⑦ 《合同法》第 79 条 【债权的转让】债权人可以将合同的权利全部或者部分转让给第三人，但有下列情形之一的除外：（一）根据合同性质不得转让；（二）按照当事人约定不得转让；（三）依照法律规定不得转让。

基础合同约定应收账款债权不得转让，但仍然受让债权的，应当注意：一方面，前述约定并不当然影响保理合同的效力；另一方面，保理商以保理合同为依据向基础合同债务人主张债权的，并不能以此约束债务人，债务人仍可以此抗辩。”但不可否认的是，商事交易的实践需求，尤其是保理业务的需求，已经影响学界的态度转向。《德国民法典》第 399 条第 2 支项规定了禁止债权转让的特别约定，这与我国目前《合同法》第 79 条基本一致。但是《德国商法典》为了顺应债权让与的发展，在 1994 年第 354a 条对禁止债权转让的特别约定做出了修正。《民法典合同编（草案）（征求意见稿）》第 85 条亦在延续《合同法》第 79 条的基础上增设了第 2 款，“当事人约定债权不得转让的，不得对抗善意第三人”。[①] 实际上，区分民事与商事金融领域中禁止债权转让的特别约定是有意义的。传统民法禁止债权让与的特别约定作为债务人保护手段的最强一环，体现了各国立法者对债务人保护的重视，而商事领域则完全是考虑到交易效率和权利状态的稳定。因此，《商法通则》可以在商行为部分，规定一般债权的让与制度，以区别于《合同法》第 79 条，保留民法对债务人的人文主义关怀。

2. 保理的资产证券化

实践中，保理公司也可能面临资金短缺的问题，而资产证券化（ABS）则为保理公司提供了新的融资渠道。自 2015 年 5 月市场发行首单保理 ABS 以来，2016 年、2017 年市场呈现快速发展趋势。[②]

保理 ABS 在本质上是应收账款的二次转让，但是由于基础资产本身便是复杂的应收账款，这可能导致后续融资过程面临更大的风险。目前应收账款还是以央行的《应收账款质押登记办法》为准，对应的也是基础保理合同。近年来，保理业务增长迅速，但基础薄弱，加之应收账款本身就具有不确定性，因此实践中往往会要求追加担保，但这也导致 ABS 的投资者更加关注追加担保而非产品本身。当我们重温因 CDS（信用违约互换，credit default swap）导致 2008 年金融危机的历史时，更应当谨慎对待保理 ABS 业务中潜在的信用风险。

四、《商法通则》回应金融私法面向的路径

从历史角度看，欧洲商法典的特殊规则，从民法中分离出来，形成了一套符合商事活动特殊性的规则体系。直至当下，德国、法国、日本等典型的大陆法系国家都在民法典之外另立商法典，以彰显民商区别。将商法规则写在民法典中，会造成民法的混乱，导致自然人商行为泛化，也可能导致民法背离其应有的人文主义关

---

① 冯洁语：《禁止债权让与特约：比较法的经验与启示》，载《法商研究》2018 年第 5 期。

② 恒丰金控：《商业保理的 ABS 业务及案例解析》，载搜狐网：https://www.sohu.com/a/210777308_753835，2018 年 12 月 27 日访问。

怀，商法的特殊规则也无法得到体现。域外立法的成功经验和失败教训，使我们更加笃定《商法通则》的必要性。

现代社会中的商与金融联系愈加紧密，故亦不可忽略《商法通则》的金融属性。《商法通则》作为统领商法部门法的基本法，应在主体规则方面考虑金融主体的特殊性，这既包括非传统意义上的金融商事组织，也包括参与金融活动的自然人。在行为方面，立法需要充分考虑金融交易的特殊性需求，在《商法通则》中确立民商事有别于基本物权与债权的制度。或许，诚如学者所言，后危机时代展开金融商法的研究，正是民商法学者参与对金融危机的反思与制度重建所能做出的独特贡献。①

（责任编辑：李欢）

① 楼建波：《金融商法的逻辑：现代金融交易对商法的冲击与改造》，中国法制出版社2017年版，第8页。

以严格责任为原则的《商法通则》责任立法

——民商事法律责任差异新阐释

丁凤玲[*][**]

摘　要：在现代信息社会下，照搬民事归责原则体系适用于商法，所生产的不是社会财富的稳健增长，而是制度风险的不定期爆发。不论从民事归责原则的立法缺陷出发，还是从平衡既有的商事减轻责任制度与商主体的超值获利保护特权需要入手，现代商法都应当构建独立于民法的，以严格责任为原则的归责原则体系。此外，现代商法强调营业责任、分配正义，需要考虑商主体私权力所对应的责任，这与传统民法关注肇事者过错，侧重矫正正义，只关心私权利相去甚远。因此，将严格责任确立为《商法通则》的归责原则具有立法基础与理论基础的双重支撑。至于严格责任原则在《商法通则》的具体设计，则在《商法通则》中规定严格责任原则应当将平衡作为立法精神，同时考虑严格责任原则的立法界限问题，如此一来，才能科学、准确地实现法律条文的规范表达。

关键词：严格责任;《商法通则》；法律责任

严格责任是商法的基本理念，但对于如何在商事立法中贯彻该理念的理论成果仍十分有限。当前的中国乃至整个世界都正在经受信息时代带来的法律冲击，一场由科技带来的法律革命正在悄然展开，[①] 制度竞争将成为大国角逐的重心。商事制

---

* 丁凤玲，南京大学法学院2017级商法博士研究生。

** 本文为国家社科基金重大项目“把社会主义核心价值观融入法治建设”（18VHJ002）、国家社科基金一般项目“民法典编纂后的商事立法研究”（17BFX008）的阶段性成果。

① Julie E. Cohen, “Law for the Platform Economy”, *U.C. Davis Law Review*, Vol.51, Issue 1 (November 2017), p.204.

度作为影响一国经济盛衰的舵手，是世界制度竞争的主要领域。因此，究竟是在接连爆发的制度性风险中衰退，还是在迎合时代的制度革新中领先，一国完善商事制度的态度与决心将是关键。由于“有组织的不负责”[①]问题在当前商业创新中表现尤甚，并且有向系统化典型商事制度风险发展的趋势，所以，反思商事责任制度，尤其是严格责任理念在信息时代商业发展中的作用及其立法安排刻不容缓。

一、商事严格责任的含义及其立法表现

（一）商事严格责任的理论含义

商事领域中的严格责任指的是“让交易行为当事人承担较为严格的责任”。[②]商事严格责任又被称为商事加重责任[③]，不同于民法中的严格责任原则[④]，商法中的严格责任只是对商主体设定更为严格的责任制度，不是简单的归责原则。[⑤]在归责原则上，由于民法强调“无过错即无责任”[⑥]的过错归责原则，所以不以过错为归责原则的无过错责任、过错推定责任作为民法的例外性规定，属于商事严格责任。在责任形式上，由于民法强调个人责任和补充责任并且采取连带关系不得推定的立场[⑦]，所以连带责任尤其是推定的连带责任也属于商事严格责任的范畴。在责任证明上，由于民法强调“谁主张，谁举证”的原则，所以举证责任倒置的规定也是商事严格责任的体现。在责任推定上，由于民法强调无偿性，所以将保证推定为连带保证责任，将借款推定为有利息等规则都是商事严格责任。

商事严格责任或被认为是商法特有的调整方法[⑧]，或被认为是商法的理念[⑨]，大多数学者认为商事严格责任是商事交易安全原则的基本内容之一[⑩]，属于立法原则范畴。因此，即便对于商事严格责任的具体表述或者说具体内容，商法学者亦存在不

---

① 社会学家贝克系统提出了风险社会理论，他指出风险社会正在出现追责的异化，其表现是有组织的不负责任现象。参见张道许：《风险社会的刑法危机及其应对》，知识产权出版社 2016 年版，第 17 页。

② 施天涛：《商事关系的重新发现与当今商法的使命》，载《清华法学》2017 年第 6 期。

③ 参见王建文：《中国商法的理论重构与立法构想》，中国人民大学出版社 2018 年版，第 169 页。

④ 民法上的严格责任属于归责原则，分为广义说和狭义说。广义说认为严格责任原则包括无过错责任和过错推定，狭义说认为严格责任原则只包括无过错责任。参见王军：《侵权法上严格责任的原理和实践》，法律出版社 2006 年版，第 12 页。

⑤ 参见范健、王建文：《商法的价值、源流及本体》，中国人民大学出版社 2007 年版，第 43 页。

⑥ 王卫国：《改革时代的法学探索》，法律出版社 2003 年版，第 166 页。

⑦ 参见樊涛：《我国商事责任制度的缺陷及重构》，载《法商研究》2009 年第 4 期。

⑧ 参见施天涛：《商事关系的重新发现与当今商法的使命》，载《清华法学》2017 年第 6 期。

⑨ 参见王建文：《中国商法的理论重构与立法构想》，中国人民大学出版社 2018 年版，第 283 页。

⑩ 参见李春：《商事责任研究》，吉林大学 2010 年博士学位论文，第 129 页。

同认识，但是将商事严格责任视为商法独特性之所在，并作为商法理念甚至是立法原则已成为理论上的基本共识。限于篇幅，本文对商事严格责任的讨论将只限于商事归责原则，即在无过错和过错推定含义上分析商事严格责任的立法问题，探讨将无过错和过错推定上升为商法归责基本原则地位的可能性。①

（二）商事严格责任的立法表现

当前中国商事立法中规定的严格责任较为零散，皆属于法律的例外规定。关于无过错责任的规定主要有:《侵权责任法》第 37 条规定的安全保障义务;《产品质量法》第 41 条规定的产品责任;《保险法》第 24 条规定的先行赔付责任;《公司法》第 147—149 条规定的董事、高级管理人员责任;《海商法》第 66 条规定的托运人责任;《票据法》第 61、68、70 条分别规定的汇票到期无过错连带责任;《产品质量法》第 43 条规定的销售者无过错连带责任;《食品安全法》第 122、123、130、131、138、139 条规定的各类违反食品安全的无过错连带责任等。过错推定责任主要有《证券法》第 26、69 条规定的保荐人、发行人、上市公司董事、监事等主体的过错推定连带责任;《公司法》第 207 条规定的资产评估、验资机构责任等。

从制定法层面来看，虽然从《公司法》《证券法》到《保险法》《海商法》等都有商事严格责任的规定，但严格责任尚未受到重视，不是商事法律的主要调整手段，更不能认为是商事归责的基本原则。当前立法的商事归责制度遵循民事责任制度的基本思路，即以过错责任为原则，无过错和过错推定为例外。在商事归责制度中确定过错责任的原则性地位值得肯定，每个肇事者都应当为自己的行为负责。但在现代化发展使社会步入风险社会后，仍在商事领域对严格责任作“边缘化”处理，除法律的公平与正义难以维系外，社会所要负担的成本也将比想象更高昂。事实上，民法也意识到了其自身理论在应对社会变迁上的局限，尽管作出了许多突破，但也只是在民法大厦的根基上添砖补瓦，应对商业发展所引发的制度风险需要回归到商法制度本身寻找根源。当前的商法归责制度应当在承认过错归责为基本原则的基础上，将严格责任上升为商事责任的一般性规定，使受害人在没有法律特别规定的情况下，也可以依据商事一般法，要求商主体承担无过错或过错推定责任。该做法既有立法基础，也有理论支撑。

二、商事严格责任原则的立法基础

商事严格责任原则的立法基础包括两方面：一个是解决民事归责原则体系在现代商业社会中调整商事关系的失灵；另一个是平衡既有商事法律制度依据减轻责任理念所创设的商主体特权，以及商主体所享有的超值获利保护特权。

---

① 如无特别说明，本文的商事严格责任指的都是无过错责任和过错推定责任。

（一）民事法律责任的立法缺陷与制度风险

当前多数商法学者认为商事法律责任制度不存在独立性，理由主要有三：第一，当前中国法律奉行民商合一，商事责任只是民事责任的一类；[①]第二，商事责任只不过是其他法律部门的全盘照抄；[②]第三，商事责任的承担方式并未超出民事责任的方式。[③]因此，不需要在总纲性商法规范中规定商事责任。[④]从实然的制定法来看，通说观点具有较强的说服力。但是从应然的层面来看，照搬民事法律责任制度处理商事责任的方式值得商榷，更何况当前的民事法律责任制度本身也存在立法缺陷与制度风险。

民法责任的归责原则体系，在我国已取得共识，其中过错责任原则为基本归责原则，无过错责任和过错推定原则是辅助性的特殊归责原则。[⑤]该归责原则体系最早可以追溯到古罗马的阿奎利亚法律责任，由以法国和德国为代表的近代民法典所确立，近代民法确立以过错为原则的归责体系主要是源于“经济辅助理论”和“公共政策理论”，两大理论都从道德的角度分析认为不能以严格责任打击人们创造的积极性进而危害社会公共利益。[⑥]该理论的形成深受启蒙运动和工业革命的影响，体现的是个人自由主义观。商主体在该理论下与民事主体并没有显著的区别，都是平等的私法主体，商主体和民事主体具有互换性。从道德伦理来看，由近代民法继承而来的现代过错责任归责体系具有天然的正当性[⑦]，然而该体系对商主体所作出的假设已被实践所证伪，且在该体系下，商业的发展系统地伴随着过度投机和冒险行为。

民法对商主体的认识停留在自然人的派生人格，但现代经营主体以组织为基本形态，且大量的商事交易以非人格化交易进行，[⑧]“讨价还价”的充分协商基本被商事交易所抛弃，[⑨]组织与个人之间的平等性和互换性，在信息时代已基本丧失。此时，坚持民法的过错归责原则，无非就是直接宣告受害人无法证明商主体存在过错

---

① 参见赵万一：《商法学》，中国法制出版社2002年版，第456页。

② 参见高在敏等：《商法》，法律出版社2006年版，第50页。转引自邹海林、张辉：《商法基础理论研究的新发展》，中国社会科学出版社2013年版，第214页。

③ 参见宁金成：《〈商事通则〉的立法体系与基本原则》，载《国家检察官学院学报》2008年1期。

④ 参见王建文：《中国商法的理论重构与立法构想》，中国人民大学出版社2018年版，第283页。

⑤ 参见杨立新：《〈民法总则〉民事责任规定之得失与调整》，载《比较法研究》2018年第5期。

⑥ 参见张民安：《过错侵权责任制度研究》，中国社会科学院2002年博士学位论文，第5页。

⑦ 参见张辉、叶林：《论商法的体系化》，载《国家检察官学院学报》2004年第5期。

⑧ 参见施天涛：《商事关系的重新发现与当今商法的使命》，载《清华法学》2017年第6期。

⑨ 参见童列春：《商事责任的法理分析》，载《理论与改革》2017年第5期。

进而驳回诉讼请求。与其相对应的是商主体在大规模的履行差错[①]中获益。这就意味着，虽然法律规定了商主体的责任，但是事实上，商主体能够基于其在经济交易过程中享有的优势地位承担较少的，甚至是不承担责任。如此一来，民法所规定的归责制度注定是缺乏效率的。商主体能够获得利润最大化，预期责任又只限于较少的赔偿金，商主体就会选择低水平的质量管理，[②]最终结果就是过度投机和冒险行为充斥整个市场，损害公共利益。有分析认为美国次级贷款危机的爆发就是法律责任制度不合理安排所导致的。[③]

因此，民法为了辅助经济以及公共利益而设计的归责原则，虽然保护了企业的积极性，使具有风险因素的企业更具有吸引力。但以过错为原则，严格责任为例外的规定并不适应商业发展的需要，反而会成为商主体外化风险、内化收益的保护伞，背离其辅助经济与公共利益保护的初衷。如今证券虚假陈述民事案件，受科学技术发展的影响，投资者几乎无法证明因果关系、损失数额等都是民事归责制度在商事领域失灵的直接表现。[④]虽然，也有民法学者主张“严格责任的适用范围有逐渐扩大的趋势”[⑤]“过错责任和无过错责任逐渐形成侵权法上的双轨体系”[⑥]，以及民事归责原则应当采取“过错责任、危险责任和组织责任并存的三元模式”[⑦]等，但是上述观点并没有被《民法总则》所采纳，短期内《民法总则》也没有修订的可能性。因此，在民事归责制度以过错为原则的体系无法适应现代商法调整需求的背景下，依据严格责任理念设计商事严格责任归责体系是当前控制商业风险的较优选择。对于以民法归责体系调整商事关系的弊端，下文在关于民商事责任理论差异的部分将重点论证。

（二）商事减轻责任制度与超值获利保护的平衡机制

除了从民法归责体系失灵角度去认识商事严格责任原则的必要性外，从商法既有的减轻责任制度以及超值获利保护制度出发，商事严格责任原则的确立也具有正

---

① 履行差错是经济学的概念，指的是一种现象，即受害人获得的赔偿不完全，加害人未完全承担应尽的赔偿责任。引起该现象的原因包括受害人未提起赔偿，或者提出赔偿无法在民法体系中证明过错，以及受害人胜诉但司法赔偿计算方式存在差错等。参见韩孟：《从法经济学角度谈侵权损害赔偿制度》，载《东南大学学报（哲学社会科学版）》2008 年第 2 期。

② 参见［美］罗伯特 · D. 考特、托马斯 · S. 尤伦：《法和经济学》，施少华、姜建强等译，上海财经大学出版社 2002 年版，第 301 页。

③ 参见岳彩申、楚建会：《论金融创新领域法律责任制度的改革与完善——美国次级贷款危机的教训与启示》，载《法学论坛》2009 年第 3 期。

④ 参见施天涛：《商事关系的重新发现与当今商法的使命》，载《清华法学》2017 年第 6 期。

⑤ 王利明：《侵权行为法归责原则研究》，中国政法大学出版社 2004 年版，第 102 页。

⑥ 王泽鉴：《侵权行为》，北京大学出版社 2009 年版，第 542 页。

⑦ 朱岩：《风险社会与现代侵权责任法体系》，载《法学研究》2009 年第 5 期。

当性基础。严格责任是商法的基本理念，减轻责任也是商法的立法精神，为了维护公平，两者在指导商法规则制定上理应达成动态平衡。然而，长久以来受法律家长主义以及谨慎态度的影响，法学理论在商事制度的构建上都只关注了减轻责任制度的构建，对于严格责任则一贯是“如临大敌”的架势，完全忽视了严格责任与减轻责任之间的平衡，保护了商业却也增加了社会风险与负担。至于超值获利保护，由于利润是“承担者承担风险和责任的收入”①，所以超值获利以风险与责任的共存为前提，从这个角度出发，超值获利对应的也应是严格责任。

1. 商事减轻责任制度的平衡

与严格责任一样，减轻责任也不是一种归责原则，而是让商主体承担较轻的责任，典型的商事减轻责任制度包括公司有限责任制度和破产制度等。有限责任制度突破了“自己行为自己负责”的基本法理，意味着投资者让收益持续性地最大化以及损失可预见性地最小化，使收益与损失呈反比例关系的目标得到了法律的保护。破产制度是有限责任制度的应然结果，该制度为商主体从失败的营业中解脱提供了途径，属于一种营业退出机制，让投资者得以在有限的责任财产范围内大胆进行商业冒险与投机。

尽管商事减轻责任制度具有减少商业风险、促进商业发展的积极作用，但是减轻责任制度的确使商主体因为营业行为获得了收益最大、责任有限，经营失败、全身退出的特殊权利，背离了私法主体权利平等的基本原则。如果从这个角度理解严格责任原则立法的必要性，则严格责任原则属于平衡商主体特权，控制减轻责任制度负功能的法律存在。在严格责任原则下，尽管存在有限责任制度和破产制度等减轻责任制度，但商主体出于避免承担责任的动机也会自发、主动并且创新式地寻找将法律风险降到最低的方法，进而以制度激励的方式实现营业外部风险内部化。严格责任一方面为商事主体施加了法律压力，迫使其更好地经营营业，避免滥用法律特权制造社会风险；另一方面通过较重的责任负担，来平衡商主体因责任减轻制度所享有的特权，维护法律正义。

2. 超值获利保护制度的平衡

超值获利保护制度根植于商法的经营自由和保护营利理念②。该制度保护商主体在合法冒险性营业中所取得的收益，主要体现在投资制度、佣金请求权与高额利息等制度上。投资制度主要是证券交易制度，证券交易制度公开允许股票掮客利用优势倒买倒卖，并且实行“买者自负”原则。该制度设计使买空卖空的行为合法化，从投机倒把被视为犯罪到现在证券交易合法化来看，该制度的存在使超值获利取得

---

① [美]弗兰克·H. 奈特:《风险、不确定性与利润》，商务印书馆2010年版，第40—43页。

② 经营自由与保护营利理念参见王建文:《中国商法的理论重构与立法构想》，中国人民大学出版社2018年版，第165—167页。

了法律的保护。佣金请求权以及高额利息制度同样是超值获利保护制度。以高额利息制度为例，2015 年 8 月 6 日最高人民法院发布的《关于审理民间借贷案件适用法律若干问题的规定》第 26 条突破了 1991 年司法解释关于“不超过银行同期贷款利率四倍”的规定，设置了 24% 与 36% 两条高利息线，该司法解释容忍了高利存在，其实质就是允许商业获得超值利润。

超值获利保护制度的超值获利源于商主体经受的巨大风险，如果说商事主体对风险的追求都能以成本内化来实现，那么关于超值获利保护制度的平衡就是一个假命题。然而，现实是商主体追求风险所获得的超值获利往往系统地伴随着成本的外部化，这是商人理性的自然结果。所以对于超值获利的合法保护，除了对商主体冒风险进行保护，还应当包括责任的安排。风险与责任两者共同构成超值获利保护的正当性基础。如果只有风险与利润，那么法律会成为鼓励所有人冒险的制度，只有将责任确定下来，以严格责任作为超值获利的平衡，才能实现公平的维护。

总之，不论是从当前民事归责制度出发，还是从既有的商事责任减轻制度与超值获利保护制度角度入手，在商事立法中确立商事严格责任原则都具有正当性。前者是因为在商事领域适用民事归责制度非但无法实现制度目的，还会引发主体责任逃脱的风险；后者是因为商事责任减轻制度与超值获利保护制度属于法律为商主体创造的特权，从权利平等角度出发，需要商事严格责任作为平衡机制予以限制。除了立法基础，民事责任和商事责任的理论基础其实也并不一致，商事严格责任原则的确立在民商事法律责任理论基础的差异上也能得到证成。

三、民商事法律责任理论基础之差异

由于主流观点认为商事责任不存在区别于民事责任的特殊性，只是对民事、行政、刑事责任的照搬，所以对于民商事法律责任理论基础的探索鲜有理论深入阐述。肯定商事责任存在特殊性的代表性理由主要有五点：第一，商主体人格是由法律创制的营业人格，与民法伦理人格存在差异[①]，前者无法获得精神赔偿；第二，商法规范的逻辑起点是整体主义，商法规范要求商主体有更高的注意义务；[②]第三，民事责任是以资能抵债为前提的事后问责制度，商事责任包括事前预防和事后处理两种制度，其中资不能抵债的责任制度是商法特有的，另外，除了侵权和违约责任，商法还有决议责任；[③]第四，商事责任制度追求的是与民法不同的价值——交易安全

---

① 参见王延川：《商事严格责任的法理探析》，载《黄河水利职业技术学院学报》2007 年第 3 期。

② 参见刘道远：《商事责任法律制度的反思与重构》，载《北京工商大学学报（社会科学版）》2010 年第 5 期。

③ 参见陈醇：《商法原理重述》，法律出版社 2010 年版，第 240—257 页。

保护和便捷等；[①]第五，民法排除妨碍、消除危险和赔礼道歉三种方式被排除在商事责任之外。[②]

肯定说虽然对商事责任的特殊性进行了较多的列举，但是系统比较民商事责任理论差异的成果甚是罕见。当前关于商事责任讨论的成果也都在2010年以前，未能揭示现代商业发展，尤其是信息时代所带来的商事责任理论变化。因此，分析民商事责任理论差异，对于证成商事严格责任原则，乃至现代商事责任制度的具体设计都具有重要意义。具体而言，现代民商事责任理论基础有三大差别：一是“谁过错，谁负责”与“谁受益，谁担险”；二是矫正错误与合理分配损失；三是权利与权力的差异。

（一）民事肇事者理论与商事营业理论

民法依托于市民社会。依据黑格尔的现代市民社会理论，市民是“以自己为目的，以他人为手段的人”。[③]受该理论的影响，近代民法带上了浓厚的个人主义色彩，秉持的是市民生活中的自然人。而自资产阶级工业革命开始，市民道德由公民人文主义转向商业人文主义[④]，民法所假设的市民也从“道德人”转型为“经济理性人”。[⑤]在该假设下，每个人都是完全理性和自由的个人，为了“惩恶扬善、扶正祛邪”[⑥]，使每个人在参与社会生活的时候免受损害。[⑦]在民事责任制度上，民法强调有过错的人需要对自己的行为负责，也就是所谓的肇事者理论，即过错是加害人承担民事责任的基础。[⑧]德国民法学家耶林就指出“使人负损害赔偿的，不是因为有损害，而是因为有过失”。[⑨]

与民法关注个人，在个人主义、理性主义与自由主义的基础上主张“谁做错，谁负责”不同，商法更关注营业，如何平衡风险与收益，实现外部风险的内部化是商法的重心。由商主体所控制的营业是社会财富增加的主要来源，同时也是社会风险加剧的重要因素。虽然商法所假定的运行环境是营业自由与营利保护，但是公平与效率也是商法追求的价值，所以与营利保护并存的还有成本内部化与分担，在该理论的要求下，商法所关注的是营业责任。每个营业行业都有与其营业行为密切相

① 参见曾大鹏:《从法理到法条的转换：评苗延波先生的〈商法通则〉草案建议稿》，载《河北法学》2010年第7期。

② 参见苗延波:《商法通则立法研究》，知识产权出版社2008年版，第197页。

③ 徐国栋:《论市民——兼论公民》，载《政治与法律》2002年第4期。

④ 参见谢鸿飞:《民法典与人的美德》，载《中国法律评论》2015年第4期。

⑤ 刘云生:《民法与人性》，人民检察出版社2005年版，第159—160页。

⑥ 周永坤:《论严格责任原则的合理性基础》，载《安徽行政学院学报》2012年第2期。

⑦ 参见朱岩:《风险社会与现代侵权责任法体系》，载《法学研究》2009年第5期。

⑧ 参见张新宝:《侵权责任法原理》，中国人民大学出版社2005年版，第31页。

⑨ 转引自张民安:《过错侵权责任制度研究》，中国社会科学院2002年博士学位论文，第7页。

关，且无法完全避免或者避免成本高于收益的事故，例如工业产品可能无法完全避免致人损害，食品可能致人中毒，爆破作业可能伤及邻人。[①]对于营业事故，商主体一方面是营业的直接控制人，同时也是营业的受益者；另一方面也能通过提价、保险等方式实现风险转移。所以，商主体是减少营业事故最优秀的专家，他们既有能力也有动力减少营业事故。[②]因此，让营业行为难以避免的损失由受益人承担能够实现最佳的公平与效率平衡。

商法营业责任理论导向的是严格责任原则，该理论是美国20世纪中叶最有影响力的侵权法理论，起源于19世纪中叶人们对竞争和市场信任的危机。在该理论下，“营业行为应该为其对他人造成的损害承担赔偿责任，不管造成损害的营业行为是否存在过错”。[③]营业责任理论强调市场的作用，同时也关注政府对市场的适当干预，与民法所追求的自由有较大的差距。在信息时代下，继续沿用民法责任理论下的过错责任制度，在某种程度上将反向激励商主体忽视甚至制造营业事故。滴滴打车软件的出现，开通了私人从事公共运输行业的通道，对于滴滴平台而言，营利大于安全，在过错责任制度下，其只需要履行合同约定的注意义务，于是作为公共运输行业本应承担的责任被弱化，营业事故的风险被忽视，果不其然，乘客被害事件接连爆发。因此，面对商主体利用创新实现的责任“逃脱”，民法肇事者理论导向的可能是无责任。只有营业责任理论能够防止商主体实现的风险与收益脱钩，民事责任和商事责任在理论基础上的差距对应的是截然不同的社会风险。

（二）民事矫正正义与商事分配正义

博登海默强调：“一个法律制度若不能满足正义的要求，那么从长远的角度来看，它就无力为政治实体提供秩序与和平。”[④]除了肇事者责任和营业责任的不同，民事责任和商事责任都关注正义，不过，两者所追求的正义并不完全一样。亚里士多德将正义分为矫正正义和分配正义，民法责任制度所追求的是矫正正义，商法责任制度追求的是分配正义。

矫正正义认为的正义是伤害者必须补偿受害者，该正义涉及对被侵害的财富和权利的恢复和补偿，[⑤]旨在恢复权利和财富圆满的状态。矫正正义下的责任理论主张每个人都是平等的，主观上有过错的人在道德上具有可谴责性，行为人主观上

① 参见周中举：《美国侵权法严格责任的历史演变》，西南政法大学2011年博士学位论文，第126—127页。

② See: Guido Calabresi and Jon T. Hirschoff, “Toward a Test for Strict Liability in Torts”, *Yale Law Journal*, Vol.81, Issue 6 (May 1972).

③ 周中举：《美国侵权法严格责任的历史演变》，西南政法大学2011年博士学位论文，第126页。

④ [美]博登海默：《法律哲学和法律方法》，邓正来译，中国政法大学出版社2004年版，第330页。

⑤ 参见周永坤：《论严格责任原则的合理性基础》，载《安徽行政学院学报》2012年第2期。

的过错是对他人权利和财富利益的漠视。分配正义关注的是在两个及其以上的个人或群体之间合理地分配利益或负担。[①]分配正义强调的是损害的合理分配，需要综合考虑行为人的地位、能力等因素。[②]在信息时代下，商事责任为了实现正义，由矫正正义走向了分配正义。信息时代使科技成为商业利润的增长点，商主体可以区分为大商人、小商人，商事法律关系主体也有商主体与民事主体之分，正如前文所述，交易主体地位的互换性在现代商业社会已经难以保证。于是在传统商事违约与侵权领域，在主体地位失衡的情况下遵循过错归责的矫正正义，其理想结果虽然是能够让受害人的权利和财富恢复到圆满的状态。但现实往往是主体地位的悬殊，使民事主体或因为损害过于轻微、诉讼成本与收益不成正比而放弃追诉；或因为无法收集、没有能力收集算法错误等加害证据而无法获得救济。以个人信息侵害为例，个人信息未经告知同意即被滥用被认为是"大规模的微型侵害"，虽然受害人众多，但由于受害人被侵害的是知情权，损害后果轻微，赔偿极其有限所以寻求司法救济的动力不足，该现象使得企业通过大量的信息收集可以在几乎没有违法成本的情况下牟取利润。[③]

因此，以过错分配责任实现正义的矫正正义在商事领域只是一种理想的正义追求。只有承认主体地位不平等并以此为逻辑起点，强调"谁受益，谁担险"的严格责任原则能够实现矫正正义的理想结果，改变为了追求公平而造成的社会利益分配不公现象，在商业领域实现公平的分配，减少主体因地位不平等所遭受的社会落差。严格责任原则是分配正义下商法责任的构建基础。

（三）民事私权利与商事私权力

民商事责任理论的分野还重点体现在民商事私主体权利构造的区别上。传统理论认为，私法主体享有权利，公法主体享有权力，然而，在现代社会中，商业模式的创新以及主体地位的不平等，使商主体逐渐在商事关系中发展出控制和管理他人的能力。[④]这类私权力突破了民法的整个理论体系，属于私主体通过协议自我创设的权力，以意思自治为依托实现权利衍生权力。

商主体的私权力以网络平台的自律监管权为典型代表，Facebook、Google、微信等平台都有自律监管机制，中国的新浪微博通过《微博社区公约》《微博社区委员会制度》更是发展了从"微博法庭"、微博社区委员会到新浪人民调解委员会的

---

① 参见谢鹏程：《基本法律价值》，山东人民出版社2000年版，第88页。

② 参见周永坤：《论严格责任原则的合理性基础》，载《安徽行政学院学报》2012年第2期。

③ 参见杜换涛：《论大数据时代的强制告知义务》，载《法治研究》2018年第6期。

④ 有关私权力的理论参见Robert L. Hale，Law Making by Unofficial Minorities，*Columbia Law Review*，20，1920. 转引自许可：《网络平台规制的双重逻辑及其反思》，载《网络信息法学研究》2018年第1期。

自律纠纷解决机制。[①]在当前的法律框架下，网络平台的自律监管虽然有一定的规范性文件赋权，但该规范性文件基本上都违反了法律保留或者行政保留原则。所以，网络平台自律监管并不能解释为行政性义务，而只是平台依据协议为自己创设的权力，并且还具有强制执行力。因为只要用户不遵守，平台就可以采取删除、驱逐用户等措施。网络平台作为私权力主体有准立法权、执法权和司法权。[②]代码成为网络平台自律监管事实上的法律。[③]

对于这类主体民法可能的归责空间就是合同法，依据通说，我国《合同法》采取的是严格责任原则[④]，也就是违约就必须承担责任，不考虑是否存在过错。如此似乎能够体现对网络用户弱势地位的保护。然而，让网络平台就自己的自律监管承担违约责任基本上就是个假命题。从合同规则来看，平台拥有"警察权"来自平台协议，而平台协议属于平台提供的格式合同，虽然用户有选择不使用该平台的权利从而拥有拒绝该平台协议的自由，但是在平台垄断地位以及规模效应日渐形成的当下，用户并不享有真正意义上的自由选择权。[⑤]该现实使平台具有恣意为自己创设权利的能力，使服务于私人目的的执行标准上升为用户的行为准则，甚至出现丛林法则之治[⑥]。因此，要使平台因为该协议而承担违约的概率微乎其微。

应对商事领域出现的私权力，传统的民事肇事者理论与矫正正义都无法实现损害的合理分配。要在私权力中保证规则正义、程序正义和结果正义，防止平台规则恣意创设，程序执行无透明[⑦]，执法结果无救济，应当遵循营业责任理论与分配正义，使私法主体在权利之上获得权力的同时，承担过错之上的严格责任。

因此，民事责任制度与商事责任制度从逻辑起点到具体理论都存在差异，忽视

---

① 参见夏燕：《网络社区自治规则探究——以"新浪微博"规则考察为基础》，载《重庆邮电大学学报（社会科学版）》2017年第4期。

② 参见许可：《网络平台规制的双重逻辑及其反思》，载《网络信息法学研究》2018年第1期。

③ 参见周辉：《变革与选择——私权力视角下的网络治理》，北京大学出版社2016年版，第55—65页。

④ 参见崔建远：《合同法》，法律出版社2011年版，第296—297页。

⑤ 例如，现在人们的交友基本以交换微信名片为主流，用户选择不接受微信协议的结果就是在某种程度上成为"失联"或者说"非主流"人士，可能会对日常生活产生诸多影响。因此，尽管微信在人类历史长河中也有被替代的可能性，但在其称霸的时期里，用户既没有协商空间也无实际上的选择空间，平台协议就是一种"单方面"提供的规则，其规则正义难以保障。

⑥ 参见周汉华：《探索激励相容的个人数据治理之道》，载《法学研究》2018年2期。

⑦ 依靠信息过滤发觉违法信息的过程意味着正当程序和权利保护由算法执行，但平台往往不会提供过滤技术的细节，也就是程序执行无透明度。参见 Giancarlo F. Frosio, "Reforming Intermediary Liability in the Platform Economy: A European Digital Single Market Strategy", *Northwestern University Law Review Online*, Vol.112, (2017—2018), p.45.

民事归责体系在现代商法中的不适应性将导致制度风险的扩大，区分民事归责体系与商事归责体系，构建以严格责任为原则的商事责任制度顺应时代发展的需求，也有商法理论的支撑。当前商法制度仅将严格责任作为例外制度的做法不适合商业发展需求，作为原则，应当以一般法的方式明确严格责任的商事法律地位。

四、商事严格责任原则的《商法通则》立法

尽管《民法总则》被认为是秉持了中国民商合一的立法传统，[①] 具有革命性的创新意义[②]，但是分别从不同的角度切入认为《民法总则》是“民商合一的失败尝试”的批判声音也广泛存在。[③] 由于民商事责任从理论基础到归责原则都存在差异，所以企图在《民法总则》上发现商事责任规则，或者安排商事责任原则注定只能徒劳无功。对商事严格责任的一般性立法只能通过《商法通则》或《商法典》的总纲性立法实现。鉴于当前理论通说都是制定《商法通则》，所以本文对商事严格责任的一般性立法，将通过《商法通则》立法展开。

（一）商事严格责任原则的立法精神

将商事严格责任确定为《商法通则》的规定，首先需要讨论的是商事严格责任的立法精神。由于商事严格责任是平衡商事减轻责任的产物，所以尽管表述为商事严格责任，但是商事严格责任的立法精神最重要的应当是“平衡”。

第一，商主体与非商主体平衡。将商事严格责任确定为商事归责体系的基本原则，必须平衡商主体与非商主体的利益，虽然商事严格责任从结果来看是对商主体责任的加重，但该加重并不以忽视商主体利益为代价，法律规则的设计，尤其是关于商事严格责任的具体条文必须以商主体和非商主体动态平衡为限度，在营业责任理论下，该限度应当是商主体受益的范围内加重。第二，商主体特权与限权的平衡。该平衡要求对商主体的责任加重不能超过其减轻责任的范畴，进而使减轻责任的规则设计失去意义，例如不得随意突破法律设置的有限责任制度以及破产制度等。作为减轻责任的同生物，严格责任原则的设计不可夺取减轻制度的空间使商主体的特权失去实际意义。第三，商业创新与市场秩序平衡。严格责任以实现分配正义，维持市场秩序，矫正社会利益分配不公为理论逻辑起点。然而，从与民法的比

---

① 参见全国人大常委会《关于〈中华人民共和国民法总则（草案）〉的说明》，http://www.npc.gov.cn/npc/xinwen/2017-03/09/content_2013899.htm，访问时间 2018 年 12 月 15 日。

② 参见许中缘：《我国〈民法总则〉对民商合一体例的立法创新》，载《法学》2017 年第 7 期。

③ 参见施天涛：《商事关系的重新发现与当今商法的使命》，载《清华法学》2017 年第 6 期；李建伟：《民法典编纂背景下商个人制度结构的立法表达》，载《政法论坛》2018 年第 6 期；蒋大兴：《〈商法通则〉/〈商法典〉的可能空间？——再论商法与民法规范内容的差异性》，载《比较法研究》2018 年第 5 期；范健：《民法体例中商法规则的编内与编外安排》，载《环球法律评论》2016 年第 6 期等。

较来看，严格责任与民法主张增强风险企业的吸引力，辅助弱小企业发展所诞生的过错责任体系存在冲突，可能抑制商业创新与吸引力。因此，某种程度上基于国家干预主义而强化的严格责任原则需要平衡商业创新与市场秩序维持之间的关系。以牺牲商业活力为代价的严格责任设计虽然实现了社会公正的维持，但其破坏社会财富增加的结果也是不可接受的。所以，除非基于营业理论，超出商主体受益范围的严格责任并不可取。

（二）商事严格责任原则的立法界限

将商事严格责任原则确定为《商法通则》的规定，还需要分析的是商事严格责任的立法界限。也就是如何实现商事严格责任原则的平衡问题，以防止过度加重商事主体责任，导致商主体与非商主体的利益失去平衡，抑制商业创新的反向立法运动出现。诚如前文所述，商事严格责任包括无过错责任和过错推定责任，对于商事严格责任原则的立法界限需要区分两者进行讨论。

首先是无过错责任。无过错责任完全不考虑过错，也就是从要件来看，无过错责任的构成是“行为—损害—因果关系”。因此，无过错责任是最重的归责，美国的营业责任理论主要就是用于证成无过错责任。从营业责任理论出发，无过错责任应当适用于行业事故，也就是采取了一切合理的预防措施，企业在长期实践中仍然无法避免的事故。虽然无过错责任的理论基础是“谁受益，谁担险”，但是作为对私法一般法也就是民法肇事者原理的突破，在商主体不具有道德可谴责性的情况下，要求其承担责任，满足了分配正义却加重了其负担。所以无过错责任应当严格依照行业事故进行判断，必须是某种行业无法完全避免的事故，例如爆破、采矿等作业，以及雇主责任等现代企业提升营业效率发展的科学管理制度产物，才能要求商主体承担该类责任。至于何为行业事故，可以交给行业协会以及专家进行认定，法院将其作为证据采信。

其次是过错推定责任。由于过错推定的构成要件还是“行为—过错—损害—因果关系”，只是将过错的举证责任交给商主体，因此虽然是严格责任，但是该严格责任并不会对商主体造成太大的影响。商主体仍然可以通过证明不存在过错的方式免除责任的承担。所以过错推定既可以避免新型商事交易以非面对面方式进行，使得受害人无法举证进而无法获得赔偿的情形出现，同时还能为商主体提供一定的保护，直接将其上升为归责原则更符合平衡的立法精神。

（三）商事严格责任原则的立法条文

在《商法通则》中规定商事严格责任原则的最终落脚点是条文建议，就此，有两个问题需要展开分析。第一个是商事严格责任原则在《商法通则》中的章节安排；第二个才是商事严格责任原则在《商法通则》中的具体表达。

1. 章节建议

尽管认同商事责任具有独立性的学者并不少，但是真正在立法上给出具体建议的只有一位学者。当前理论界存在的商法通则建议稿总共有五稿[①]，只有苗延波学者提出的建议稿明确规定了商事责任，并将其作为单独一章。[②]将商事严格责任原则安置在《商法通则》的总则部分，还是专门设置商事责任一编对其进行系统规定，涉及商事责任除了在归责原则体系上与民法存在区别，在责任形式、责任证明以及与责任制度相关的其他问题上是否也存在特殊性。鉴于本文并没有对上述问题展开讨论，所以对于商事严格责任原则的章节建议笔者给出的是几种可能的选择。

其一，如果商事责任除了归责原则，与民法的责任形式、责任证明等制度也都存在差异，则对商事严格责任原则的规定可以放在商事责任一章。其二，如果商事责任原则与民法的责任制度相比不存在根本的差异，则对商事严格责任原则的安排需要在《商法通则》的其他章节进行设置。可能的选择是在《商法通则》总则部分设置，不过该设置并不合适。因为，首先，商事严格责任原则并非所有商事活动的基本原则，除了严格责任商事活动还有减轻责任，将商事严格责任原则设置在《商法通则》总论部分，就还需要考虑如何对减轻责任进行法条表述。然而，减轻责任通常直接以具体的制度展现，该做法存在一定的立法障碍。其次，将商事严格责任规定在《商法通则》的总论部分，容易让人形成商法以重责抑制商业创新的抵触情感，从心理学的角度来说，也不是一个较优的选项。那么还可以如何安排商事严格责任原则的位置呢?

或许，在商主体一章安排商事严格责任原则是一个不错的选择。因为，从主体来看，商事严格责任是商事主体的责任；从行为来看，商事严格责任是商主体营业产生的责任。所以将商事严格责任安排在商主体一章，可以明确地显示出该归责原则的适用主体，防止该责任被不当地扩充到所有商行为之中，同时也符合严格责任加重商主体责任之目的，值得考虑。

2. 具体规范表达

在具体条文的表达上，借鉴民法的规定，本文建议表达为：

第 X 条（归责原则）

商主体因违反义务造成他人损害，推定行为人有过错，行为人不能证明自己没有过错的，应当承担责任。

商主体在由行会或专家所认定的营业事故中，损害他人权益，不论行为人有无过错，都应当承担责任。法律规定商主体应当承担无过错责任的，依照其规定。

（责任编辑：杨硕）

---

① 分别是《深圳经济特区商事条例》、王保树、樊涛、苗延波、赵旭东课题组提出的五大《商法通则》草案建议稿。

② 参见苗延波：《商法通则立法研究》，知识产权出版社 2008 年版，第 258—260 页。

《商法通则》立法中的民商伦理区分

李 欢[*][**]

摘 要： 伦理因素是法律规范制定中必须考量的因素，任何法律的制定都受到特定时期社会伦理观念的影响，一部法律的出台也毫无疑问会对未来的社会伦理产生作用。在过去制度设定中，由于未能区分民、商法背后不同的伦理内容，已经在事实层面引发了一些问题。以《商法通则》立法为契机，明确商法伦理与民法伦理内容的差异，改变商业伦理侵蚀市民伦理、市民伦理妨碍商业经营的混同做法，不仅是《商法通则》制定的正当性之所在，也是《商法通则》立法中应追求的制度目标。

关键词： 商法通则；民商区分；伦理

在汉语中，伦理是指处理人们相互关系所应遵循的道理和准则，通常作为道德的同义词。① 作为一种价值型的存在，伦理或者说是道德不仅在价值层面为法律提供了基本的规范依据和目标准则，更通过法律规范的实施将其精神理念传递到社会成员的普遍观念之中，正如美国学者富勒所言，"道德使法律成为可能"②。但是，不同法律部门的伦理价值表现却不尽相同。调整"市民生活"、以市民伦理为主导的民法伦理与调整"商品经济"、以商业伦理为核心的商法伦理就呈现出较大的区别，并由此形成了二者差异性的法律文化。我国过去的制度设计忽视了二者背后伦理内容的差异，一方面导致了一些市民伦理限制商业经营的情形；而另一方面，商业伦

* 李欢，南京大学法学院博士生，主要从事商法研究。

** 本文是国家社科基金一般项目"民法典编纂后的商事立法研究"（17BFX008）、国家社科基金重大研究专项"把社会主义核心价值观融入社会主义市场经济法律制度研究"（18VHJ002）的阶段性成果。

① 参见《辞海》，上海辞书出版社2000年版，第266页。

② 参见[美]富勒：《法律的道德性》，郑戈译，商务印书馆2005年版，第33页。

理中的“以利为先”也对市民伦理产生了侵蚀，有引发社会伦理水平倒退的风险。在编纂“民商合一”体例的《民法典》背景下，通过制定《商法通则》以明确民法与商法伦理的差异，防范可能的道德风险，是一种比较理想的思路。

一、民法与商法差异化的伦理内容

（一）以市民伦理为基础的民法伦理

民法是市民社会的基本法，民法的伦理基础是以人为本、平等、正义等市民社会的核心伦理观。从语源的角度来看，民法（civil law）一词是从罗马法中市民法概念（ius civile）沿袭而来，[①] 当时罗马存在市民法与万民法之分，市民法仅适用于罗马市民。法国大革命后，“市民”被理解为“公民”，民法成为适用于全体人的法，体现的是一种无等级、平等的社会思想。[②] 汉语中“民法”一词来源于日本学者津田真道翻译，在清末修律时传入我国。[③] 但由于这一词在翻译上存在疏漏，切断了民法与市民社会的关系，使我们在今天理解民法时也常常忽略了民法的市民社会属性。

市民社会是主体的社会，调整市民社会的民法秉持的亦是一种人文主义伦理，将人而不是物放到一个更高的价值位阶之上。[④] 这一点我国民法理论发展中就有所体现，早期我国民法学界曾将民法界定为调整平等主体财产关系和人身关系的法律，在一些民法典的建议稿中，也是将权利客体（物）等放置在权利主体之前。但随着民法理论研究的深入，民法调整对象中的财产关系和人身关系顺序就发生了调换，法律主体的地位也开始逐渐上升。这一变化也从侧面反映出民法上的规范重心，民法虽然主要是调整财产关系的，但就其产生和演变来说，对人自身的价值、人的法律地位、人的权利的关注远胜于对财产的关注。[⑤]

市民伦理的核心是对个体独立和个体自由意志的尊重，从世界范围内具有广泛影响的民法典来看，平等、自由、私法自治始终是民法所倡导的伦理精神。1804年，法国颁布了以自由、平等、博爱为价值追求的《法国民法典》，该法典承认了所有法国人享有平等的民事权利，并通过财产权神圣原则和契约自由原则确立了民事主体私法自治的权限，体现出鲜明的个体解放色彩。[⑥] 一百年后，德国民法在制定之时，资本主义正在由自由主义走向垄断资本主义，诞生于此背景下的《德国民

---

① 参见［德］梅迪库斯:《德国民法总论》，邵建东等译，法律出版社2000年版，第15页。

② 参见江平主编:《民法学》，中国政法大学出版社2011年版，第1页。

③ 参见梁慧星:《民法总论》，法律出版社2011年版，第1页。

④ 参见徐国栋:《民法的人文精神》，法律出版社2009年版，第22—25页。

⑤ 参见赵万一:《论民法的伦理性价值》，载《法商研究》2003年第6期。

⑥ 参见谢怀栻:《外国民商法精要》，法律出版社2014年版，第58页。

法典》选择将财产放到了重要的位置，并通过物权理论和债权理论的构建推动了私有财产保护的发展。虽然相比《法国民法典》,《德国民法典》在独立、自由等精神方面要弱化一些，甚至被认为是“物文主义”的代表,[①] 但其本身也依然强调对个体自由和私法自治的尊重。《德国民法典》所开创的法律行为理论始终以意思表示为核心，为保障个体独立意思的表达，德国民法还发展出了“错误制度”为意思表示不真实、瑕疵等情形提供制度上的修正路径。作为市民社会的基本法，民法的伦理更多是自由、平等、正义等市民社会的伦理，这不仅影响了各国民法规范的制定，更成为具体民法规范中所渗透和体现的精神特质。

（二）以商业伦理为核心的商法伦理

调整商品经济的商法奉行的伦理是商业的伦理。在商业伦理的逻辑下，商法选择将“财产”而不是“人”放到了更为重要的位置，商事法律的制度设计也始终围绕财产增值和获得利润展开，营利性是商法最得到公认的一项基本特征。[②] 商法不仅肯定营利、追求营利，还在制度设定上为营利活动的展开提供了特殊规则，这与民法的人文主义伦理精神呈现出较大的区别。从主体来看，一个人即使身无分文，他也仍然构成民法上的主体，但在商事领域，缺乏财产支撑的人却很难成为商法上的主体。商法人、商合伙以及商个人虽然在组织形式上存在差异，但其均需要一定的财产作为经营资本展开商业活动，这是商事主体从事商事活动的物质基础。[③] 资金上的准入门槛直接决定了一个主体是否有能力参与商业活动，进而成为商法上享有权利和承担义务的主体。但这种“以财产定资格”的伦理导向在追求个体平等和天赋人权的民法中是不可想象的。从行为上来看，民法侧重于维护个体意志的自由表达，主张探求个体内心的真实意图，但这种价值追求在商法就显得有点“不合时宜”了。在规模庞大且高度专业化的商事交易面前，如果完全遵照个体的真实意思表达，不仅众多交易将陷入不确定性之中，更会衍生巨额的时间成本。因此，商法在保障个体独立意志与商事交易进行之间选择了后者，通过“外观主义”“要式主义”“短期时效”等制度内容形成了商法自身的制度特色，以商业的逻辑而非市民社会的逻辑展开制度设定，这正是民法伦理与商法伦理的不同之处。

商业伦理在维护商事主体营利的同时还强调维护商业秩序，对营利活动进行规范,[④] 民法以“赋权”为起点，商法则以“限权”为精神内核。这点从现代商法的诞生中就可以看到，按照通说观点，近代商法起源于中世纪地中海沿岸的商人法，当

① 参见徐国栋:《民法的人文精神》，法律出版社 2009 年版，第 26 页。

② 参见任尔昕、石旭雯:《商法理论探索与制度创新》，法律出版社 2005 年版，第 7 页。

③ 参见赵万一主编:《商法》，中国人民大学出版社 2017 年版，第 19 页。

④ 参见郑曙光、胡新建:《现代商法：理论基点与规范体系》，中国人民大学出版社 2013 年版，第 19 页。

时的商法是商人之间通用的一种自治规则。[①] 十七八世纪以后，随着民族国家的逐步发展，原有的商人自治规范开始得到国家承认，逐步转变为国家规范。1673 年，法国出台了最早的国家商事立法——《海事条例》，而该法出台的主要目的就是加强国家对海上贸易活动的控制，排除奥勒伦法、康苏拉度海法等商事习惯法的适用。[②] 可见，近代商法从制定之初，就体现出一种“限权”的色彩，正是出于对商业活动的规范和限制，近代各国才纷纷制定商法，将原有的商人习惯法纳入国家制定法的层面。而民法则是资产阶级革命胜利后，确立自由平等理念，保障个体权利的产物，二者之间“限权”与“赋权”的伦理导向差异从一开始就是客观存在的，今天的商法中存在大量加重责任条款也正是对以往“限权”逻辑的遵循。

此外，商业伦理的属性也与市民伦理有所不同。在制度经济学看来，商业伦理是经营者在反复博弈之后达成均衡的行为模式，体现的是一种“实践理性”。[③] 而市民伦理则是人类对于公平、正义等至高价值的追求，是一种“愿望上的道德”。[④] 以民法中最具代表性的诚实信用原则为例，尽管普遍认为这一原则是民法和商法共通的原则，但在内涵上二者却有不少差异。民法上的诚实信用是作为对形式主义的纠偏发展起来的，是形式正义与实质正义的平衡器，经常作为弥补法律漏洞的原则和依据，彰显着善良与正义之光。[⑤] 商法的诚实信用则是商业交易的客观需求催生的，不仅限定在商业活动范畴之内，在表现形式上也往往体现为具有可操性的规范内容。如在《公司法》上，虚报注册资本、提交虚假证明文件，情节严重的撤销公司登记;《票据法》上规定，以欺诈、盗窃、胁迫等方式取得票据的，不享有票据权利;《保险法》上规定，保险金额超过保险价值标的的合同，如因一方当事人的欺诈而订立者，他方得解除合同。[⑥] 基于“实践理性”与“愿望道德”的差异，即便是公平、诚信等市民伦理和商业伦理中均存在的伦理规范，在民法上与商法上也呈现出不同的内容。

二、我国民商不分制度设定下的伦理冲突

正如一个人不能从他的房间中排除重要的空气一样，法律不能将伦理上的考量

---

① 参见范健、王建文:《商法基础理论专题研究》，高等教育出版社 2005 年版，第 35 页。

② 参见顾功耘、吴弘主编:《商法学概论》，上海人民出版社 2013 年版，第 21 页。

③ 参见王磊:《法律未列举的竞争行为的正当性如何评定——一种利益衡量的新进路》，载《法学论坛》2018 年第 5 期。

④ 参见[美]富勒:《法律的道德性》，郑戈译，商务印书馆 2005 年版，第 8 页。

⑤ 参见江平主编:《民法学》，中国政法大学出版社 2011 年版，第 28 页。

⑥ 参见施天涛:《商法学》，法律出版社 2016 年版，第 27 页。

排除在外，这是所有法律的终极目的。[①]但在市场经济条件下，民法所规范的“社会人”与商法所调整的“经济人”之间是存在一定矛盾的。将“社会人”的道德追求施加于商业领域，会对商业活动产生不必要的限制；而当“经济人”的营利要求无限扩大，甚至成为全体社会成员的价值准则时，就会引发全社会的伦理倒退。

（一）市民伦理扩张阻碍商业经营

将“人”放在第一位还是将“物”放在第一位是市民伦理与商业伦理冲突的根源。将“人”放在第一位，必然要求将社会稳定和社会一般秩序的维护放在首位，而商业这种充斥着“冒险”和“逐利”的行为却是有损这种稳定的，这也是早期社会伦理普遍限制和打压商业的原因之一。在早期的社会伦理中，不管是中国还是西方都采取了一种歧视商人的态度。希腊著名的哲学家柏拉图认为商业是一种卑贱的行业，因而建议由奴隶或外国人来经商，反对本国公民从事本行业，他说：“如果有公民在任何情况下从事卑贱的商业，那么他要为玷污高贵的血统而受到审判。”[②]中世纪的教会伦理同样反对和禁止经商牟利的行为，为克服这种伦理上的限制，商人群体发展出了“商人习惯法”，并逐步形成了崇尚营利的伦理观——商业伦理观。[③]近代，随着资本主义的发展，社会对商业的看法也开始产生变化。17、18世纪的英美两国，积极制定法规，依靠社会权利对商业优容吸纳，使欧洲商人建立了自己的社会机器，成为全球资本主义的王牌。[④]

在中国同样如此，延续自秦汉时期的“重农抑商”思想在历代均得到了奉行，并衍生出了“商人不得着丝绸”“不得参加科举”等一系列规范内容，直到清末变法后，实业救国思潮兴起，这种观念和做法才有所改变。在自强、求富因素的作用下，社会上形成了具有强烈民族精神的兴商、重商伦理观。[⑤]但在1927年后，受当时兴起的社会本位思潮影响，在民商分立、民商合一的大辩论中，立法采纳了“民商合一”的主张。[⑥]当时的立法者胡汉民认为，道德没有绝对性和神秘性，而只有社会性。个人的生命财产与利益，为社会生命财产与利益之一部分，自不能由个人

---

① See: Henry Cheeseman, *Business Law: Legal Environment, Online Commerce, Business Ethics, and International Issues*, Pearson，2016，p.721.

② 参见丁涛、夏春玉：《西方轻商思想的历史演变及其与中国的比较》，载《商业经济与管理》2013年第7期。

③ 参见范健、丁凤玲：《中国商人制度与民事主体立法——写在〈民法总则〉创立时的思考》，载《南京大学学报》2017年第3期。

④ 参见刘云生：《中西民法精神文化本源刍论》，载《现代法学》2002年第6期。

⑤ 参见周晖国：《商法本位论：商法作为独立法律部门的内在依据》，法律出版社2010年版，第152页。

⑥ 参见任先行：《商法原论》，知识产权出版社2015年版，第485—488页。

任便处置。[①] 事实上，南京国民政府推崇“民商合一”体例，除了受社会本位思潮影响外，其本身所推崇的“国家主义”“统制经济”等理念也起到了非常重要的作用。作为“一党专政”并对异己力量进行军事镇压的政权，[②] 其对商业以及商人群体的力量天生是畏惧的。

现阶段，虽然市民社会的伦理内涵在很多方面已经发生了变化，对商人群体的歧视已经基本消失，但二者中“人文主义”与“物文主义”的根本差异却是仍然存在的。比如在担保法领域，出于对弱势方的保护，法律往往禁止“流质条款”，规定出质人和质权人不得在合同中约定质权人未受清偿时，质物的所有权转为质权人所有。但在商法领域，允许流质则是一种更为普遍的做法。此外，一般民事留置权的行使必须具有牵连关系，而商事留置权则对牵连关系没有特别要求；一般民事保证保证人享有先诉抗辩权，而商事保证则往往剥夺了保证人的这一权利，这些均是商法追求效益价值的体现。在民法的慈母般的眼里，每一个个人就是整个国家，但这种“家父主义”思想如果放至商事领域，就显得非常僵化了。在瞬息万变、时不我待的商业战场，可能很少有人负担得起这背后的时间成本。民法是调整“市民社会”的法律，强调社会本位是无可厚非的，但将民事领域的伦理道德无限扩张，试图推广至现实中每一个领域，就会成为商业发展的桎梏。商事交易的价值需求如不能得到彰显，商业发展的保障也就无从谈起。

（二）商业伦理膨胀侵蚀市民伦理

200 多年前，法国著名思想家孟德斯鸠在其经典著作《论法的精神》中提出了这样的诘问：“高尚之人不经商，经商之人不高尚，经商之人工于算计，整天追逐私利，他们的品德怎么能高尚呢？”[③] 尽管这一表述存在偏激的成分，但其也从侧面说明了以营利为核心的商业伦理可能对一般社会道德所带来的冲击。在社会大众消除了对商业的误解之后，随之而来的全民经商以及因“以利为先”而引发的伦理衰退将成为新的问题。

中世纪的商业贸易主要集中在地中海沿岸的小范围内，但在今天，全球化的统一市场已经形成，互联网电商平台的发展也让更多的人有了从事商业经营的可能。这意味着随着商业在时间和空间上的扩展，当下的社会大众也将更容易受到商业伦理的影响，而一旦这种“逐利”的伦理深入民法所调整的亲属、继承、物权、债权

---

① 参见赵金康;《胡汉民立法思想述论》，载《史学月刊》2002 年第 12 期。

② 参见徐建生:《民国北京、南京政府经济政策的思想基础》，载《中国经济史研究》2003 年第 3 期。

③ 参见 [法] 孟德斯鸠:《论法的精神》，申林编译，北京出版社 2007 年版，第 24 页。

等[①]一般市民生活领域后，其引发的后果也可能是灾难性的。由于我国并未有真正意义上的商事一般法，社会大众甚至法学理论界都缺乏一种民商区分的理念，理论界对商业伦理侵入市民生活领域可能产生的危害也未产生足够的警惕。最高人民法院关于婚姻法的若干司法解释，就呈现出“商法化”的特征。2003 年发布的《婚姻法司法解释（二）》关于夫妻财产分割的条款，基本贯彻了“市场竞价”的理念，甚至在房屋这类直接关系家庭个体生存状况的财产上也秉持了这一分割思路。在我国“家”不仅是一种血缘伦理关系，而且是一种对房屋开辟的物理空间的占有关系，房产往往与“家”联系在一起，在生活中占据了特别重要的地位。[②]但这种完全按照市场经济处理的立法理念，不仅抹杀了婚姻法上保护弱者的理念，更将婚姻中的伦理追求大幅度消解。同样，在 2011 年发布的《婚姻法司法解释（三）》中，这种向商业伦理靠拢的立法理念也进一步强化。为更好推进房屋的流转，该司法解释第 11 条通过牺牲婚姻关系中另一方的权利，肯定了善意第三人对房屋的产权，以此实现对交易安全的维护。但这种做法却将房屋背后的家庭稳定、互相扶助等伦理价值弃之不顾，将商事活动的逻辑贯彻到了最具有人伦色彩的婚姻法领域，吹响了中国家庭资本主义化的号角。[③]而商业伦理侵蚀婚姻伦理的后果，则是离婚率的大幅度上升以及“物质主义”思潮的兴起。当这个社会最小的单元“家庭”开始摇晃的时候，社会的稳定性可能也就无从谈起了。

从市民社会的角度来看，商业伦理中的很多标准是偏低的。在星巴克诉沃尔夫小镇咖啡公司一案中，原告星巴克公司认为被告使用“Charbucks”标识侵犯了其对“Starbucks”享有的商标权，造成了其原有商标的淡化。但在地区法院和上诉法院两极法院的审理中，法院却认为，“Starbucks”标识在咖啡领域具有很高的区分度，星巴克公司缺乏有效证据证明其商标受到了稀释，因此并未支持星巴克公司的诉求。[④]在一般的市民伦理看来，沃夫小镇公司使用“Charbucks”这一与“Starbucks”非常相近的商标，很明显存在一种搭便车的不诚信行为，但在商业法的价值中，由于这一标识很难淡化星巴克既有的商标，也不会对交易秩序产生危害，而法律也就没有进行规范的必要，这里体现的就是一种商业的伦理。同样，市民社会中一个人“欠债不还”会被认为是“低劣的”“不道德”的，商法上破产制度却选择了在资不抵债时将这种“不还债”制度化，而不必背负道德上的罪恶感。

---

① 参见徐国栋：《民法调整对象理论比较研究——兼论〈民法通则〉第 2 条的理论坐标和修改方向》，载《福建法学》2008 年第 4 期。

② 参见强世功：《司法能动下的中国家——从最高法院关于〈婚姻法〉的司法解释谈起》，载《文化纵横》2011 年第 1 期。

③ 参见赵晓力：《中国家庭资本主义化的号角》，载《文化纵横》2011 年第 1 期。

④ See: Starbucks Corp. v. Wolfe’s Borough Coffee，Inc，588 F.3d 97（Second Cir. 2009）.

商业领域的伦理是营利的伦理，也往往有着较低的市民伦理标准，但这种标准的降低应只限于商业领域，扩张到市民社会之中，带来的只会是大幅度的伦理倒退。

三、《商法通则》立法与商事伦理的法律表达

（一）民法典编纂中可能被忽视的伦理内容

法典是我们了解人类法律制度文明最权威的典籍，也是我们能够得以近距离观察某种法乃至某种法律制度文明的主要钥匙。① 新一轮民法典的编纂让中国的私法立法迎来了新的发展阶段。根据立法机关的安排，此次民法典的编纂秉持民商合一的传统，通过编纂民法典，完善我国民商事领域的基本规则，为民商事活动提供基本遵循。② 尽管在立法形式上存在民商合一、民商分立的不同做法，但是，从实质意义上来看，民法和商法却总是分立的。③ 这就使得民法典的编纂面临一个非常现实的问题，即“存在差异的民法与商法如何合一”的问题。是将商法的内容完全加入民法，还是选择对商法的特殊性视而不见，沉醉于民法严密逻辑形式的自我满足？我国民法典编纂在效仿德国潘德克顿立法体例的同时又是否考虑到了与之并行的《德国商法典》的存在？商法学界提出，应在民法典之外制定一部《商法通则》，通过抽象商法的共同规则，改变当下商事部门法各自为政的局面，从而形成科学的民商关系。

但在一些民法学者看来，现代社会每个人都可能参与市场交易，这就使得区分商人和非商人变得越来越困难，单独制定《商法典》或《商事通则》的必要性并不存在。④ 从最新的立法规划来看，立法机关似乎更为倾向这一观点，并未将商法学界所提议的《商法通则》立法纳入。⑤ 然而随之而来的问题是，今天的社会已经在高度商事化的同时，呈现出道德沦丧的一面。⑥ 一部满足市场经济建设和运行法治需求的民法典⑦ 是否充分考虑到了“以利为先”的商业伦理可能对市民伦理的冲击？

---

① 参见周叶旺：《法典在制度文明中的位置》，载《法学论坛》2002 年第 4 期。

② 参见李建国：《关于〈中华人民共和国民法总则（草案）〉的说明》，载中国人大网：http://www.npc.gov.cn/npc/xinwen/2017-03/09/content_2013899.htm，2018 年 12 月 12 日访问。

③ 参见刘凯湘：《剪不断，理还乱：民法典制定中民法与商法关系的再思考》，载《环球法律评论》2016 年第 6 期。

④ 参见王利明：《民商合一体例下我国民法典总则的制定》，载《法商研究》2015 年第 4 期。

⑤ 2018 年 9 月公布的《十三届全国人大常委会立法规划》，纳入了条件比较成熟、任期内拟提请审议的法律草案 69 件；需要抓紧工作、条件成熟时提请审议的法律草案 47 件以及立法条件尚不完全具备、需要继续研究论证的立法项目，《商法通则》尚未纳入。

⑥ 参见蒋大兴：《论民法典（民法总则）对商行为之调整——透视法观念、法技术与商行为之特殊性》，载《比较法研究》2015 年第 4 期。

⑦ 参见王利明：《民法典的时代特征和编纂步骤》，载《清华法学》2014 年第 6 期。

一部好的民法典应当成为善良风俗和道德秩序的维护者，而非人文精神的消解者。在《民法总则》制定之时，有学者提议应将“营业自由”写入民法的基本原则，而反对的学者则以“营业自由”与民法的平等、诚信等价值追求不契合为由否认了该做法的正当性。[①]尽管最后出台的《民法总则》并未写入“营业自由”“效率原则”“鼓励交易”等原则，但从《民法总则》中对法人的规定大量借鉴《公司法》条文，以及将充满营利色彩的个体工商户定位为“自然人”等内容来看，对于商法化的民法可能引发的道德风险，立法者的考量显然是不足的。立法层面提出，民法典的编纂应坚持依法治国和以德治国相结合，大力弘扬社会公德、家庭美德，贯彻和体现新发展理念。[②]要想实现这一目标，远离市场经济与商业伦理，回归民法本源的市民伦理对于民法典的编纂来说可能更为重要。

（二）《商法通则》立法中的伦理规范

我国民法典的编纂采取了“民商合一”的立法体例，但民商合一的立法体例并不意味民商不分的制度设定。采用民商合一立法模式的《意大利民法典》《瑞士民法典》以及《荷兰民法典》，并没有采用德国潘得克顿式的总则模式。[③]英美法系国家，虽未在立法层面区分民法与商法，但可运用灵活的衡平法原则，通过判例法实现商法调整的特殊需要。[④]而当下正在编纂的《民法典》借鉴了《德国民法典》的体例，由民法总则以及物权编、合同编、人格权编、婚姻家庭编、继承编、侵权责任编六个分编构成。单纯从结构来看，这种“总则—分则”型结构并未体现商法一般规范的特殊性，试图以单一的民法理念涵盖整个私法范畴，在“民商合一”的外衣下，呈现出的却是一种“有民无商”的现实。对于普通的民众而言，法律层面的混同将会引发社会层面商业伦理与市民伦理边界的模糊，其背后的风险也是不言而喻的。民商合一都是相对的，世界上没有一个国家实现了完全意义的民商合一。[⑤]民法典不能，也不可能成为一部包罗万象的法律，有一些“可以”放入民法典，但如果把“商的世界”的所有内容都放入膨胀的民法典，却是有问题的。[⑥]因此，在

---

① 参见刘凯湘：《剪不断，理还乱：民法典制定中民法与商法关系的再思考》，载《环球法律评论》2016 年第 6 期。

② 参见王博勋：《新时代保护人民民事权利的权利法典——访全国人大常委会法工委主任沈春耀》，载《中国人大》2018 年第 19 期。

③ 参见许中缘、颜克云：《商法的独特性与民法典总则编纂》，载《中国社会科学》2016 年第 12 期。

④ 参见王建文：《我国商法体系缺陷的补救：民商区分》，载《环球法律评论》2016 年第 6 期。

⑤ 参见徐国栋：《罗马商法及其与“民法”的合一——以优士丁尼〈法学阶梯〉为考察对象》，载《法制与社会发展》2017 年第 5 期。

⑥ 参见［日］尾崎安央：《日本商法典的“解构”与日本民法的“商法化”现象》，张杨译，载《中国政法大学学报》2018 年第 1 期。

我国民法典基本架构缺乏对商事法律一般性规范总结的背景下，制定《商法通则》，明确民商法的区分，进而彰显民商法不同属性的伦理内容就显得非常重要。

通过制定《商法通则》对伦理秩序进行法律安排主要包括两个方面：一是明确商主体、商行为的基本概念和范围，防止商业伦理与一般市民社会伦理的混同；二是发掘商法上被忽视的“限权内容”，通过强化商主体的责任来维持必要的商业伦理标准。具体而言，首先需要以营利性为标准，确定商主体、商行为等商法中的基本概念，将以营利为目的的商事活动与一般民事活动区别开来，通过法律上的区分为伦理观念的区分提供基础性的制度支撑。总结商事法律的一般规则，建立商法的基本概念体系，这也是《商法通则》立法中一以贯之的问题。其次，在商法基本原则中确立“交易便捷”“交易安全”“营业自由”等体现商事活动特征的基本原则，而不再交由民法规定，通过两种法律精神价值上的区分，促进社会大众形成有区分的市民伦理观和商业伦理观，在避免社会一般的道德观念阻碍商业活动进行的同时，也避免“逐利观”过度扩大，造成社会一般道德水准的下降。

最后，《商法通则》立法应当强化“限权”色彩，通过贯彻“公平竞争”“商业信用”“加重责任”等内容，形成良好的商业环境。商业活动不是在封闭的容器中进行的，总是不可避免地与他人甚至社会相联系，商法也总是会关注到商业活动对社会的影响，商法上的“外观主义”“主体法定”以及企业的社会责任内容均是商法“限权”的体现。但在民法“赋权”的价值追求下，商法的“限权”理念缺乏有效的表达途径，单行法中的规定又难以统辖整个商事活动领域，一定程度助长了我国当下商业活动中虚假盛行、责任缺失的问题。《商法通则》立法为强化商主体责任，形成良好的商业道德提供了契机。已有的《商法通则》建议稿和商事规则立法中，也传递出了这种“限权”倾向，[①] 在基本原则中规定商主体应当遵守商业伦理，承担社会责任；在商事责任中强化消费者保护和外观主义等规则内容，均是《商法通则》可以着眼的内容。

四、结语

民法仁慈而商法严苛，法律的仁慈化损害了商事活动的效率和精确，为求自保，中世纪强势的商人阶级打造了独立的商人法。[②] 今天，当我们高呼民法是市场

① 例如，王保树教授主持的《商事通则》(建议稿)，第7条规定：商人从事商事活动应当遵守商业道德，承担社会责任，不得损害公共利益，不得侵害其他商人和消费者的合法权益。已经废止的《深圳经济特区商事条例》第三条规定，商人在特区从事商行为，必须遵循公平和诚实信用的原则，不得侵害其他商人和消费者的合法权益，不得损害社会公共利益。

② 参见徐国栋:《罗马商法及其与“民法”的合一——以优士丁尼〈法学阶梯〉为考察对象》，载《法制与社会发展》2017年第5期。

经济基本法的时候，是否应该反思商法化的民法已经偏离了民法的伦理轨迹？

人类文明发展至今，已经完成了由弱肉强食的丛林社会向追求自由、平等、博爱的市民社会的转变，但当商业领域所信奉的物竞天择、利润至上再次成为全社会的道德选择时，这算不算一种倒退呢？

（责任编辑：丁凤玲）

第三方物流的《商法通则》调整

韩 伟*

摘 要： 第三方物流是依据合同要求为客户提供一体化、系统化、个性化的物流服务。现阶段中国对第三方物流的立法呈现为立法层级低，立法欠缺系统性与针对性等缺陷。由于第三方物流的主体是商事主体，行为是新型复合商行为，责任也主要表现为区别于民法的加重责任，所以对第三方物流的法律完善应当着重在商法框架内完成。就第三方物流的商法完善而言，不论是制定“第三方物流法”的商事单行法方案，还是完善既有商事单行法的做法，都不如在《商法通则》中规定第三方物流的含义、主体的义务与责任、行为的特殊规则可取。

关键词： 第三方物流；商法；《商法通则》

一、第三方物流的含义及其法律保护现状

（一）第三方物流的含义

1. 官方文件中的第三方物流含义

对于第三方物流，中国官方给出的解释发生过变化。2001 年国家质量技术监督局发布的《国家标准物流术语》第三大点的第二十五小点指出，第三方物流是“由供方与需方以外的物流企业提供物流服务的业务模式”，2006 年修订的《国家标准物流术语》将第三方物流定义为“接受客户委托为其提供专项或全面的物流系统设计以及系统运营的物流服务模式”。

2. 理论研究中的第三方物流含义

理论研究关于第三方物流的概念有三种观点。第一种是第三方提供物流说。在概念的阐释上该说强调第三方，认为第三方物流是偏正短语，是第三方的物流，是

---

* 韩伟，宿迁学院法政学院讲师，南京大学法学院博士生，研究方向：商法学。

供方与需方之外的物流企业提供的物流服务。该说就是2001年《国家标准物流术语》的立场，具体还可以细分为广义第三方提供物流说和狭义第三方提供物流说。广义第三方提供物流说认为第三方物流是买卖双方之外的第三方。[①]广义说的界定十分宽泛，在该概念下几乎所有物流企业都可以称为第三方物流，不足取。狭义第三方提供物流说认为第三方物流的供方与需方是物流服务的供方与需方，主张“第三方物流是整合社会专业性资源，为客户提供物流外部服务的模式”。[②]与广义说相比狭义说认识到了第三方物流是以合同为基础提供资源整合服务的企业，限缩了第三方物流的范围，同时与第三方物流作为社会化物流与物流专业化的产物的定位相契合，较之于广义说更具有说服力。但是狭义说在第三方物流的认识还存在不足。狭义说虽然认识到了第三方物流的资源整合功能，但其将第三方物流限制在拥有专业性物流资源以外的企业，极大地缩小了第三方物流企业的范围，尤其是在中国大量的第三方物流企业都转型于传统仓储与运输企业的背景下，该定义可能使中国陷入几乎没有第三方物流企业的尴尬境地中。

第二种观点是合同物流说。该说又称为契约物流说、物流联盟说，主张第三方物流以长期稳定的合同关系为基础，是“物流服务提供者在一定时期内按照一定的价格向物流需求者提供的建立在现代电子信息技术基础上的一系列个性化的物流服务”[③]。该观点主要从第三方物流达成的形式角度定义第三方物流，也就是合同。该定义契合了第三方物流诞生于非核心业务外包的历史，体现了第三方物流是专业化分工的结果，同时强调了第三方物流的个性化服务，也就是针对不同的服务对象提供不同的物流服务，与国家质量技术监督局2006年版的第三方物流定义较为接近。

第三种观点是一站式物流说，又称为一体化物流说。该说主张第三方物流是“一体化物流服务或系统化物流服务”。[④]一站式物流说的定义出发点是第三方物流服务的功能范围，强调第三方物流是“一揽子物流职能的外包，提供的是综合性一体化的物流服务”。第二种观点和第三种观点对第三方物流的定义不存在根本性区别，只是定义的角度存在差异而已。两种观点都符合第三方物流在现代物流体系中的含义，同时也契合域外国家对第三方物流的理解。

---

① 参见李松庆：《第三方物流定义探讨》，载《当代财经》2004年第5期；孟于群：《第三方物流法律实务及案例》，中国商务出版社2010年版，第7页；彭建安：《第三方物流法律体系构建刍议》，载《中共中央党校学报》2013年第2期。

② 邢顺福、常永胜：《第三方物流定义的比较研究》，载《商业时代》2007年第20期。

③ 叶谷松：《浅议第三方物流》，载《机械工程学报》2002年第1期；王芸主编：《物流法律法规与实务（第三版）》，电子工业出版社2017年版，第4页。

④ 翁心刚：《对第三方物流（3PL）特征及术语使用上的几点思考》，载《中国流通经济》2013年第12期。

3. 域外国家的第三方物流含义

（1）美国

美国的第三方物流服务者（Third Party Logistics Carrier），有美国学者直接将其称为运输行纪人（Transportation broker），指专门从事行纪运输服务的公司。①也有其他美国学者在论述第三方物流服务者时直接以 Transportation broker 替代。②美国州际商务法（The Interstate Commerce Act, ICA）将运输行纪人界定为作为委托人或代理人销售、提供销售、通过招标、广告进行谈判，或者通过汽车运输者（motor carrier）以其他方式销售、提供或安排运输以获得回报（compensation）的人，而不是汽车制造商或汽车承运人的雇员或代理人。③美国联邦法规第 49 章第 371 条第 2 款规定运输行纪人是经过汽车运输者的授权（authorized）安排或自主安排财产运输（the transportation of property）以获得回报者。④不过，美国联邦法规第 48 章第 247 条第 301 款第 70 项同时对第三方物流下了定义，规定第三方物流又可以说是综合物流经理（Integrated logistics managers）指的是多种物流服务的提供者，包括运输管理、需求预测、信息管理、库存维护、仓储和配送等多种服务。⑤因此，美国联邦法规层面来说，第三方物流并不完全等同于运输行纪，从范围来看，运输行纪只是第三方物流的一部分。

也有学者从物流过程的角度出发界定第三方物流，主张第三方物流是整体接收、持有或运输消费品，但不取得商品所有权的人。同时认为第三方物流服务商可以是快递公司、货运服务商以及其他提供分包物流和运输服务的公司。⑥该定义只认识到了第三方物流的中介属性，没有指出第三方物流在现代物流体系中扮演的地位，或者说第三方物流区别于第一方、第二方物流的属性即一体化服务。美国学者鲍尔索克斯对第三方物流的定义比较接近中国目前的官方定义，他将第三方物流提供商称为一体化物流服务提供商。他指出，第三方物流是因为物流对运输和仓储以

---

① See: Mullenbach, Jennifer, "Third Party Logistics Companies and Legal Liability for Personal Injuries: Where does the Injured Motorists' Road to Recovery Lead", *Transportation Law Journal*, Vol. 33, Issues 1—2 (2005/2006), pp. 145—162.

② See: Jean M. Gardner, "Navigating the Rogue Waters of Inland Marine Transportation and the Impact of the Use of Third-Party Logistics Providers on Recovery for Cargo Loss and Damage", 87 Tul. L. Rev. 1025 (2013).

③ 49 U.S.C. § 13102.

④ 49 C.F.R. § 371.2.

⑤ 48 C.F.R. § 247.301-70.

⑥ See: Hexa Research, "Third Party Logistics (3PL) Market Size, Industry Outlook Report, Regional Analysis, Application Potential, Price Trends, Competitive Market Share and Forecast, 2016 to 2024", https://www.hexaresearch.com/research-report/third-party-logistics-3pl, (2018-10-17).

及配送等一揽子服务外包需求的出现而产生的一体化物流。①

（2）欧盟

欧盟的第三方物流十分发达，2000 年欧盟国家的第三方物流规模就达到了 260 亿欧元，2002 年的时候德国 99% 的运输业务和 50% 以上的仓储业务就全部由第三方物流完成。在欧盟国家，第三方物流被界定为“在物流渠道中由中间商提供的服务，中间商以合同的性质在一定期限内，提供企业所需的全部或部分物流服务，第三方物流提供者是一个外部客户管理、控制和提供物流服务作业的公司”②。欧盟国家的定义指出了第三方物流服务提供者以中间商和合同为特征。

4. 本文对第三方物流的界定

不论是国内学者提出的第三方提供物流说、合同物流说还是一站式物流说，以及域外国家对第三方物流的定义都不存在本质上的区别，只是定义的侧重点不同。第三方提供物流说侧重于主体身份是不是第三方，合同物流说侧重于第三方物流是战略联盟，一站式物流说侧重于第三方物流在现代物流体系的演变历程。

综合上述观点，本文认为国家质量技术监督局 2006 年修正的第三方物流定义较为可取，第三方物流应当是依据合同要求为客户提供一体化、系统化、个性化的物流服务。如果按照偏正短语理解第三方物流，那么这里的第三方应当采取狭义第三方提供物流说的主张，即第三方中的供方是拥有专业性物流资源的企业，需方是商品发货人与收货人。供方相当于第二方物流，需方相当于第一方物流。不能以广义说主张的供方是商品发货人，需方是商品收货人来理解第三方物流，否则第三方物流将被推演为自营物流以外的物流服务，进而使第二方物流不复存在。

（二）第三方物流的法律保护现状

截至目前，我国仍没有统一的物流法，涉及第三方物流的规则仍散见于各种法律法规、规章以及政府的规范性文件之中。法律层面的有：第一，主体法，《公司法》《个人独资企业法》《外商独资企业法》《合资经营企业法》《合伙企业法》等规范第三方物流企业的设立、运营、管理、解散等；第二，行为法，《民法总则》《民法通则》《合同法》《保险法》《海关法》《海商法》《航空法》《铁路法》《公路法》《邮政法》《电子商务法》《中小企业促进法》《海洋环境保护法》等。行政法规层面的有：《海港管理暂行条例》《有关发展联合运输若干问题的暂行规定》《公路管理条例》《航道管理条例》《国际海运条例》《公路、水路、铁路、航空货物运输合同实施细则》等。规章层面比较有代表性的有《关于商品包装的暂行规定》《国内水路货物运输规则》《水路危险货物运输规则》《国际货物运输代理业管理规定及

---

① 参见唐纳德·J. 鲍尔索克斯：《供应链物流管理》，马士华等译，机械工业出版社 2007 年版，第 6—9 页。

② 张余华：《欧盟物流管理》，高等教育出版社 2010 年版，第 250 页。

实施细则》《汽车货物运输规则》《铁路货物运输管理规则》《商业运输管理办法》《中国民用航空货物国内运输规则》《港口货物作业规则》等。此外，地方性法规、国际条约、技术标准也都有关于第三方物流的规定。

虽然从法律法规到国际条约乃至技术标准，中国目前都有相应的涉及第三方物流的规则，但是我国的第三方物流法律规则仍然存在几大较为严重的问题。第一，立法层级较低。我国目前既没有专门的第三方物流法，也没有物流法，关于物流的调整规则大多由各部委和地方制定的法规、规章构成，这些规则效力层级不如法律，尤其是地方性法规规章的适用范围还存在地域限制，第三方物流立法的层级有待进一步提高。第二，欠缺系统性。系统性与体系性缺失是中国第三方物流立法最显著的问题。第三方物流提供的是一体化、一站式物流服务，因为涉及诸多物流行为，中国又没有统一的规范指引，所以调整第三方物流的规则只能从不同的法律法规以及规章中寻找，这导致了第三方物流的规则极其分散。不同的法律法规、规章又都由不同的法律部门制定，进一步衍生了第三方物流规则或有冲突的问题，极大地增加了法律适用成本。第三，针对性不足是中国第三方物流当下面临的最严峻的问题。所谓针对性不足指的是在中国目前所有的法律法规以及规章中，几乎没有关于第三方物流的特殊规则，前文总结的所谓的第三方物流立法现状，替换成物流立法现状更为合适。不是本文故意以物流混淆第三方物流，而是截至目前为止，中国完全没有考虑第三方物流的特殊性并为其设置特殊规则，而第三方物流又牵涉多种物流行为，所以目前物流方面的立法也都被第三方物流所需要，只不过无法完全满足第三方物流的需求。

二、第三方物流的商法调整需求

（一）第三方物流的主体是商主体

这里的主体指的是第三方物流经营者。第三方物流是物流现代化发展的结果，其所提供的一体化、系统化、个性化物流服务，需要由具有专业技术、营业执照以及硬件设施的服务组织体来完成，所以第三方物流经营者通常都是专业化的商主体。此外，由于第三方物流的业务来自长期合作合同，既包括与第一方物流签订的物流业务外包合同，也包括与第二方物流服务商（例如传统的仓储与运输企业）签订的基础物流承运合同、物流战略合作合同。所以，第三方物流的经营者除了是专业化的商主体，还是以营利为目的，从事专门性、计划性、反复性活动的商主体。而商主体的规则例如商主体法定原则、外观主义原则[①]等都与民事主体的规则不一致，因此，第三方物流应当由商法调整。

---

① 参见范健、王建文：《商法基础理论专题研究》，高等教育出版社2005年版，第71页。

（二）第三方物流的行为是新型复合商行为

第三方物流最显著的特点就是物流服务关系复合化。涉及第三方物流服务关系的主要有运输合同、保管合同、仓储合同、委托合同、承揽合同等。具体而言，第三方物流涉及的法律关系主要有：第一，运输、仓储、加工等一般物流服务法律关系。当第三方物流企业接受客户的委托，自己进行运输、仓储、装卸、搬运等物流作业活动，自己完成物流合同所约定的内容时，这种经营模式与传统运输业、仓储业等区别不大，当事人双方形成相应的法律关系，如运输法律关系、仓储法律关系等。第二，委托代理法律关系。物流企业不可能拥有履行物流合同的所有资源，因此不可避免地在第三方物流合同中约定物流经营者在一定权限内可以物流需求者的名义委托他人完成物流业务，这时物流合同的当事人之间就形成了委托代理关系，即第三方物流经营者以物流需求者的名义同他人签订分合同，履行物流合同的部分内容，对该分合同的权利、义务物流需求者也应享有和承担，此他人又被称为第二方物流，限于篇幅本书对此不予讨论。第三，居间或行纪法律关系。在实际业务操作中，物流经营者可能提供与运输有关的信息、机会等服务，促成物流需求方与物流提供方（如货主与承运人、港口经营者等）之间的交易，从中收取一定的费用和报酬，并协调有关当事方的利益，而自己并没有同任何一方签订委托代理合同或向任何一方提供实体物流服务。此时，第三方物流经营者处于居间人的法律地位。实践中，也有第三方物流经营者在为货主提供运输代办服务时，由于没有运输工具，就以自己的名义与第三方签订运输合同或者租用第三方的运输工具；由于没有仓库，就以自己的名义与第三方签订仓储合同或者租用第三方的仓库，此时，第三方物流经营者处于行纪人的法律地位。

仓储、运输、代理、居间、行纪都是商法领域中的重要商事行为，因此第三方物流是涉及不同类型的、复合型的商事行为，属于特别的具体商事行为，是新型的复合型商事行为。作为复合型商事行为，第三方物流的商法调整不是商事仓储、商事代理等商事法律规则的简单拼凑，而是商法规则的有机结合。突破传统保险理论的第三方物流保险规则是第三方物流作为新型商事行为的特殊性规则，第三方物流经营者基于物流服务所获得的委托代理权以及居间、行纪身份也是新型商事行为的特有规则。因此，应当将第三方物流法律关系定位为新型特殊商事行为，并结合该法律关系的复合性特点在商事立法体系中作出特别的规则设计。

（三）第三方物流的主体责任是加重责任

第三方物流需要由商法调整的另一原因在于第三方物流主体责任的特殊性。在民法理论中，主体责任以过错为原则，无过错和过错推定为例外。第三方物流的主体责任则主要呈现为加重责任样态，以无过错和过错推定责任为主要内容。根据我国法律法规的既有规定，如果第三方物流经营者提供的是物流方案设计，那么第三方物流经营者需要遵循严格责任原则[①]；如果第三方物流经营者提供的是商事代理服务，那么第三方物流经营者承担的是过错责任原则[②]；如果第三方物流经营者提供的是商事运输服务，于公路、汽车、铁路、水路运输时第三方物流经营者承担严格责任[③]，于海运时，第三方物流经营者承担不完全过失责任，即存在过失免责的情况[④]，于空运时，第三方物流经营者承担过错推定责任[⑤]。因此，虽然第三方物流主体也有承担过错责任的情形，但从整体来看，如果要对第三方物流主体的责任作抽象性规定，那么第三方物流主体的责任将主要表现为加重责任，该责任内容与民事责任以过错为主要内容相区别，所以需要将第三方物流纳入商法调整，否则关于第三方物流的责任规定将与民法本身的法律规则体系冲突。

三、第三方物流的《商法通则》调整

将第三方物流纳入商法调整，可行的方案有：第一，制定商事单行法；第二，在《商法通则》中规范；第三，既不独立立法，也不制定《商法通则》，直接完善既有的商法规则即可完成第三方物流的商法调整需要。相比较而言，制定《商法通则》并在其中规定第三方物流的规则是较为可取的方案。

首先是制定商事单行法。制定"第三方物流法"是承认并认可第三方物流发展的最高形式，然而该立法在当前尚不具备必要性与可行性。因为，虽然中国当前没有关于第三方物流的专门法律，但是已有大量的规则散见于各民商事单行法之中。此时，如果制定"第三方物流法"可能会出现法律衔接问题，导致该法与其他法律法规存在较多的重复和重叠，浪费立法资源。更何况，目前对第三方物流而言最为紧缺的是一般性、总纲性规范，最需要的是明确第三方物流的法律含义以及主体的义务与责任，所以与商事单行法相比，将第三方物流规定在《商法通则》中更符合第三方物流的立法需求。其次是完善既有商法规则。该方案不具有可操作性的原因在于，尽管当前的商事单行法有较多的第三方物流规则，但诚如前文所述，该类规则都缺乏针对性，其主要原因也是第三方物流法律概念的模糊，导致法律适用缺乏指引。在该背景下，选择完善商事单行法并不能从根本上改变第三方物流法律适用

---

① 《合同法》第362条关于技术服务合同的规定采取的就是严格责任。

② 《合同法》第406条规定的有偿委托合同适用过错责任原则。

③ 《公路货物运输合同实施细则》《汽车货物运输规则》《铁路法》《水路货物运输合同实施细则》均规定承运人就货物的毁损、灭失承担严格责任。

④ 我国《海商法》第51条规定了十二种承运人免责的情形。

⑤ 《民用航空法》第126条规定承运人对货物的延迟交付造成的损失承担过错推定责任，即当受害人受到侵害时，由法律推定加害人有过错并承担民事责任，免除了原告的举证责任，从而实现了举证责任的倒置，由加害人证明自己没有过错。

的难题。更何况不同的商事单行法有不同的立法机关，要对商事单行法进行分别完善，不仅工程浩大，还无法确保法律的修订遵循一致的思路。因此，与制定《商法通则》相比，分别完善商事单行法的做法也不是最优的选择。

至于《商法通则》对第三方物流的规定，则在章节体例上，《商法通则》可以将第三方物流安排在“商行为”一章，作为特殊的具体商行为进行规定。具体包括：第一，明确第三方物流的法律含义：第三方物流是依据合同要求为客户提供一体化、系统化、个性化的物流服务。第二，规定第三方物流经营者的义务与责任，例如区分第三方物流经营者的内部责任和外部责任，以及区分提供不同第三方物流服务内容的第三方物流经营者的责任。第三方物流经营者提供物流服务通常涉及两大合同，一个是与货主企业签订的物流服务合同，约定物流服务的内容和实施的标准以及物流经营者和货主企业之间的权利义务。另一个合同是分包合同，第三方物流经营者常常将物流具体作业的一部分或全部分包给其他物流企业运作。第一个合同毫无疑问由第三方物流经营者承担责任，不过，第二个合同尽管涉及其他主体，一般情况下第三方物流经营者仍然是直接责任人。货物损失发生之后，物流经营者应根据物流合同的约定对货主企业承担全部责任，再根据与分包方订立的分包合同向分包方追偿。货主企业与分包方之间一般不存在合同关系，只有在物流经营者充当货主企业商事代理人的情况下，货主企业才直接与分包方存在合同关系。而在物流经营者以自己名义实施行为并自己承担行为后果的情况下，货主企业与分包方中受损的一方不能以违约提出诉讼或直接要求对方赔偿，只能由受损方先向第三方物流经营者提出赔偿要求，物流经营者赔偿后再根据与责任方的合同进一步提出追偿要求。对此，《商法通则》在设计第三方物流经营者的责任时应当予以区分。最后，《商法通则》还应针对第三方物流行为的复合性特点设计第三方物流行为的特殊规则。

（责任编辑：丁凤玲）

征文精选
前沿探讨

从民法典合同编相关内容演变展望商事合同制度研究

李后龙*

自民法典编纂工作启动以来，关于在法律规范中如何体现商法的内容以更好适应商事活动要求的讨论，十分热烈且众说纷纭。有人主张应当在民法典中嵌入商法规范，更多的人主张另行制定《商法通则》，抽取商事单行法的共同规则。现在《民法总则》已尘埃落定，民法典分则如何解决与商法的关系问题，商法界需要尽快有相对统一、明确的态度。目前，合同编已进入二审，对于合同编如何体现和反映商事合同的特殊要求，是我们当前应当予以高度关注的问题。合同编目前共有三稿面世，即征求意见稿、草案一审稿、草案二审稿。涉及商事合同的规定主要出现在借款合同、租赁合同、保证合同、委托合同中的六个条文中，以及是否将商业特许经营合同与商业保理合同作为专章纳入有名合同类型。从合同编前后几稿的规定来看，起草者虽然试图反映民事合同和商事合同的一些差异，但由于缺乏清晰的思路和合理的逻辑，以致越往后越有力不从心之感，迫切需要商法界加强对商事合同区别于民事合同的特殊规则的研究，积极推动合同编更好地反映商事活动对合同规范的要求，为《商法通则》抽取商事合同最大公约数提供依据。

一、两个规定渐行渐远

（一）关于对支付利息约定不明时确定利息是否区分金融借款合同和民间借贷合同

民法典合同编（征求意见稿）第226条：金融机构以外的其他组织贷款的借款合同约定支付利息的，贷款的利率不得违反国家有关贷款利率的规定；对支付利息

* 李后龙，江苏省人大法制委员会副主任委员、常委会法工委副主任，法学博士。

没有约定或约定不明确的，按照中国人民银行公布的同期贷款基准利率支付利息。

自然人之间的借款合同约定支付利息的，借款的利率不得违反国家有关借款利率的规定；对支付利息没有约定或约定不明确的，视为不支付利息。

民法典合同编（草案一审稿）第470条：借款合同约定支付利息的，借款的利率不得违反国家的有关规定；对支付利息没有约定或约定不明确的，根据当地或者当事人的交易方式、交易习惯、市场利率等因素确定利息。

自然人之间的借款合同约定支付利息的，借款的利率不得违反国家有关借款利率的规定；对支付利息没有约定或约定不明确的，视为不支付利息。

民法典合同编（草案二审稿）第470条：借款合同约定支付利息的，借款的利率不得违反国家的有关规定。借款合同对支付利息没有约定的，视为没有利息。借款合同对支付利息约定不明确的，按照当地或者当事人的交易方式、交易习惯、市场利率等因素确定利息；自然人之间借款的，视为没有利息。

征求意见稿的规定，一是明确了两种借款合同类型，即金融机构以外的其他组织贷款的借款合同和自然人之间的借款合同；二是明确了合同对支付利息没有约定或约定不明确确定是否支付利息时两种借款合同适用不同规则，前者推定支付利息，后者推定不支付利息；三是明确对金融机构以外的其他组织贷款的借款合同推定支付利息时应按照的标准，即中国人民银行公布的同期贷款基准利率。这一规定显然有别于《合同法》第211条。《合同法》仅在第211条对自然人之间借款合同对支付利息没有约定或约定不明时，视为无息借款作为特殊规则加以规定，对金融机构以外的其他组织贷款的借款合同未涉及。征求意见稿将金融机构以外的其他组织贷款的借款合同与自然人之间借款合同区分开来，并适用不同的规则解决利息约定不明的问题，体现了商法中的保护营利理念，即民事活动若无特别规定应作无偿推定，而商主体和商行为都以追逐利润为目的，商事合同中当事人对有偿还是无偿没有约定的，一般应推定为有偿。而草案一审稿回避了两种类型借款合同的明确区分，仅就自然人之间的借款合同对支付利息没有约定或约定不明视为不支付利息作了规定，对除自然人之间借贷外的其他借款合同，在对支付利息没有约定或约定不明时是否推定为有利息态度不明。草案二审稿则在规定自然人之间的借款合同对利息约定不明时视为没有利息的同时，直接明确借款合同对支付利息没有约定的视为没有利息。[①] 可见，草案二审稿进一步限制了自然人之间的借贷与其他借款合同适用不同规则的范围，从根本上忽视了商事合同的有偿性特点。针对社会各界关于草

---

① 上述规定在一定程度上是吸收了《民间借贷司法解释》第25条第2款的规定："自然人之间借贷对利息约定不明，出借人主张支付利息的，人民法院不予支持。除借贷双方对借贷利息约定不明，出借人主张利息的，人民法院应当结合民间借贷合同的内容，并根据当地或者当事人的交易方式、交易习惯、市场利率等因素确定利息。"

案将借款合同区分为金融借款合同和民间借贷合同，分别进行有针对性的规定的建议，全国人大宪法和法律委员会经研究认为，民间借贷是一个较为复杂的问题，涉及我国金融监管体制、社会信用体系和经济政策等诸多问题。对借款合同是否区分、如何规定，需作进一步调研论证。[①]因此，从区分商事合同与民事合同的角度而言，合同编草案的规定还不如《合同法》的规定更进步，因为该规定明确所有借款合同只要对支付利息没有约定，就视为没有利息，严重忽视商主体的营利性特点。

（二）关于推定保证责任方式是否考虑保证人是商主体还是民事主体

民法典合同编（征求意见稿）第232条：当事人在保证合同中对保证方式没有约定或者约定不明确的，按照连带责任保证承担保证责任，但自然人之间的保证合同除外。

民法典合同编（草案一审稿）第476条：当事人在保证合同中对保证方式没有约定或者约定不明确的，按照连带责任保证承担保证责任，但自然人之间的保证合同除外。

民法典合同编（草案二审稿）第476条：当事人在保证合同中对保证方式没有约定或者约定不明确的，按照一般保证承担保证责任。

征求意见稿针对保证合同中对保证方式没有约定或者约定不明确的情况下如何确定保证人的保证方式，区分自然人之间保证合同与非自然人之间的保证合同适用不同的认定规则。这一规定也是对过去两极化的规定的一次很好的纠偏。1986年的《民法通则》第89条规定：依照法律的规定或者按照当事人的约定，可以采用下列方式担保债务的履行：（一）保证人向债权人保证债务人履行债务，债务人不履行债务的，按照约定由保证人履行或者承担连带责任；保证人履行债务后，有权向债务人追偿。实践中对该规定的总体把握是，保证人除非有明确约定，否则只承担补充责任，有先诉抗辩之利益；1995年《担保法》第19条规定：当事人对保证方式没有约定或者约定不明确的，按照连带责任保证承担保证责任。该规定则十分明确地宣示，对保证方式没有明确约定时，保证人承担连带责任，即保证人丧失先诉抗辩权。结合当年《担保法》制定的背景以及《担保法》内容偏商的状况，这一规定也体现了对商主体不享有先诉抗辩权的商法理论的吸收。在德国、日本、韩国等国家，民法上的保证人有法定的先诉抗辩权，商法上的保证人无法定的先诉抗辩权。

而草案二审稿不再区分是否是自然人之间的保证合同，一概认定保证人在保证方式没有约定或者约定不明确时，享有先诉抗辩权，重拾《民法通则》时代的法律

---

① 朱宁宁：《民法典合同编草案再次提请全国人大常委会审议：调整体例结构设分编回应“霸座”等社会关切》，载《法制日报》2018年12月25日。

规定。全国人大宪法和法律委员会的理由是：有的部门、法学教学研究机构和社会公众提出，连带责任保证是一种加重保证人责任的保证方式，原则上宜由当事人明确约定；没有约定或约定不明的，一概推定为连带责任保证，会加重实践中因互相担保或者连环担保导致资不抵债或者破产的问题，影响正常的生活和经营秩序。考虑到将当事人对保证方式没有约定或者约定不明确的推定为一般保证，有利于防止债务风险的扩散，维护经济社会稳定，二审稿作出修改。① 上述解释丝毫没有考虑到商主体不享有先诉抗辩权这一商法重要制度，也没有充分认识到担保主体多元、担保已成为经营活动的现实。

二、两个规定意义深远

（一）关于规定房屋租赁合同承租人优先承租权的商法意义

民法典合同编（征求意见稿）第 282 条第 2 款：租赁期限届满，房屋承租人享有以同等条件优先承租的权利。

民法典合同编（草案一审稿、二审稿）第 525 条第 2 款规定：租赁期限届满，房屋承租人享有以同等条件优先承租的权利。

上述规定弥补了《合同法》仅规定房屋租赁合同的承租人享有优先购买权，而没有优先承租权的问题。虽然上述规定未区分商事承租与民事承租，经营场所承租与居所承租，但对于解决商事承租人或经营场所承租人的利益保护问题，确保商主体的持续经营利益免受损害具有重要意义。如广州市和平西路 8 号西关竹园竹升面老铺经营的是广州传统的食品竹升面，该面铺在原址已经经营了 8 年，因为中央电视台的纪录片《舌尖上的中国》播出后，生意比以前更加红火，恰好该铺位的租赁合同又到期了，出租人要求由原来的月租金 9000 元涨至 18000 元，承租人觉得难以承受，双方各执一词，难以调和，知名老店面临搬迁的命运。该事件被报道后，老店的命运受到广泛的关注，政府相关部门也积极介入，组织双方进行调解，最终达成调解协议，老店以月租金 13500 元继续承租下去，得以在原址继续经营，而出租人的权益也得到了保障，实现了业主与租客利益的双赢。

我国《合同法》的租赁合同条款未区分房屋的民事租赁和商事租赁、居所租赁与营业场所租赁，当租赁期限届满，则视为不定期租赁合同，出租人可以行使任意解除权解除合同。由于没有规定商事承租人的法定续租权或同等条件下的优先承租权，而是将其留给当事人自身约定，导致商事经营场所承租人营业资产保护难。出现纠纷时，由于租赁合同期限已满，法院往往适用《合同法》第 235 条判决承租人于一定期限内腾房并支付使用费，没有考虑商事承租人经过长时间的经营所得的成

---

① 朱宁宁:《民法典合同编草案再次提请全国人大常委会审议：调整体例结构设分编回应“霸座”等社会关切》，载《法制日报》2018 年 12 月 25 日。

果：良好的商誉、稳定的顾客群以及未来经营的收益面临可能的减少等问题。

在英国、爱尔兰、法国、比利时、荷兰、意大利等欧洲国家，为了保护商人因既有业务关系和客户群而拥有的商业上的权益，法律赋予了商事租赁的承租人在租赁期届满时，请求续展租约的权利。法国《商法典》还对形成商事租赁关系的租约期限、租约续展权做了强制性规定，对迁出租赁场所的承租人，出租人负有赔偿由于出租人拒绝租约续展而给承租人造成的损害。承租人的此种赔偿请求权和续租权，合称为商业所有权。此外法国商法强调商人租赁权和顾客群的重要性，将其列为商事营业资产的无形构成部分。在我国没有法定优先承租权的情形下，如果承租人不与出租人对优先承租权进行约定，一旦出租人不同意再签订续租合同，其必然会遭受营业资产的损失，甚至可能是巨大的损失。在商铺租赁案例中，因为不能续租而导致营业资产大量损失的案例比比皆是。法官往往面对的是一家已经积累了大量客户资源口碑的店铺，如果不能续租，对其商业经营的影响是难以衡量的。经营者的持续营利行为所带来的特殊性，如果仅有对于居住房屋同样重要的优先购买权的规定，不足以保护商主体的持续经营利益，导致社会总成本增加。可以说，我国的立法在一定程度上忽视了经营场所承租权中特殊的营业资产价值。在商事租赁合同中，应当赋予商事承租人法定的续租权或同等条件下的优先承租权，在商事租赁合同租期届满后，应限制商事合同出租人行使合同解除权。

因此，民法典合同编（草案一审稿、二审稿）第 525 条的规定，不仅有利于妥善解决经营场所租赁合同纠纷处理中存在的争议，而且体现了对商事主体和商事行为的营利性特别是营业性特点的考量。商事主体是反复地、不间断地、有计划地进行某种特定的营利性活动，以持续性的营利行为为主业。合同编增加上述规定，有利于我们从更加广阔的范畴，进一步认识和研究商主体的持续经营利益问题，并充分保护商主体的持续性经营利益。

（二）委托人行使委托合同任意解除权时是否赔偿受托人的可得利益

民法典合同编（征求意见稿）第 489 条：委托人或者受托人可以随时解除委托合同。因解除合同给对方造成损失的，除不可归责于该当事人的事由以外，无偿委托合同的解除方应当赔偿因解除时间不当造成的直接损失，有偿委托合同的解除方应当赔偿对方的直接损失和可以获得的利益。

民法典合同编（草案一审稿、二审稿）第 716 条：委托人或者受托人可以随时解除委托合同。因解除合同给对方造成损失的，除不可归责于该当事人的事由以外，无偿委托合同的解除方应当赔偿因解除时间不当造成的直接损失，有偿委托合同的解除方应当赔偿对方的直接损失和可以获得的利益。

上述规定对委托合同当事人行使任意解除权给对方造成损失的，根据委托合同是否有偿明确赔偿损失的不同范围，基本可以解决司法实践中由于对《合同法》第 410 条的不同解释所带来的争议。《合同法》第 410 条规定，委托人或者受托人可以随时解除委托合同。因解除合同给对方造成损失的，除不可归责于该当事人的事由以外，应当赔偿损失。如对于商品房委托代理销售合同解除后赔偿损失的范围，是以实际损失为限，还是包含可得利益损失，实践中争论较大。一种观点认为，委托合同系基于信赖关系订立的合同，与其他合同在解除问题上存在明显不同，委托合同任意解除权场合的赔偿范围应当限于实际损失，不包含可得利益。另一种观点认为，商品房委托代理销售合同系商事委托，与传统的民事委托不同，合同解除导致受托人得利机会丧失或者营业利益受损，仅仅赔偿实际损失对于守约方不公平，应当赔偿可得利益。在司法实践中，对于赔偿损失的范围，既有将其限定为直接损失或实际损失的案件，也有肯定违约可得利益赔偿的案件，还有以将来得以获得的报酬请求权为中心计算损害赔偿的；有认为在特别约定排除任意解除权时，任意解除委托合同属于违约，应当根据《合同法》第 113 条承担包括可得利益在内的损害赔偿责任；或者是认为在定有合同期限的委托合同中，任意解除权的行使应当受到限制，单方解除合同构成违约，进而可以要求相应的损害赔偿。也有法院判决明确指出“损失赔偿额的范围不应超出合同履行后可获得的利益”，以合同履行后得以获得的报酬作为损害赔偿的对象。① 最高法院（2005）民二终字第 143 号上海盘起贸易有限公司与盘起工业（大连）有限公司委托合同纠纷案的判决认为，虽当事人行使法定解除权亦应承担民事责任，但这种责任的性质、程度和后果不能等同于当事人故意违约应承担的违约责任。《合同法》第 410 条规定，当事人一方因解除委托合同给对方造成损失的，应当承担赔偿损失的民事责任。根据本案法律关系的性质和本案的实际情况，不宜对“赔偿损失”作扩大解释。原审判决驳回上海盘起要求大连盘起承担可得利益损失民事责任的诉请，并无不当。显然，该判决结果实际上无法覆盖商事委托受托人的上海盘起原本可以期待的报酬利益，但其对《合同法》第 410 条的解释也并不存在错误。实践中通常认为，对于当事人基于解除委托合同而应承担的民事赔偿责任，不同于基于故意违约而应承担的民事责任，前者的责任范围仅限于给对方造成的直接损失，② 不包括对方的预期利益。倘若扩张解释第 410 条的损害范围，虽然较为便利，但也会遭遇问题：委托人将来会利用受托人的工作成果，在解除之时，这仅仅是一种可能，而不是一种事实；至于委托人确实想过河拆桥、卸磨杀驴，还是想收拾屋子、另起炉灶，对此，法律实在无从预先妄加推断。因此，立法必须明确受托人在什么条件下或在什么程度上享有与报酬和损害

---

① 周江洪：《委托合同任意解除的损害赔偿 | 民商辛说》，载搜狐网：https://www.sohu.com/a/148541292_159412，2019 年 1 月 16 日访问。

② 参见最高人民法院（2005）民二终字第 143 号民事判决书，载《中华人民共和国最高人民法院公报》2006 年第 4 期。西门子楼宇科技（香港 / 中国）有限公司诉江西洪都消防工程有限公司等委托合同纠纷案，参见江西省高级人民法院（2003）赣民四终字第 02 号民事判决书。

赔偿不同的补偿请求权。这对于商事审判中处理委托销售商品房合同纠纷具有十分重要的意义。

我国《合同法》第410条规定的委托人任意解除权，其设置基础在于民事受托人与委托人之间的相互信赖，一旦信赖基础发生动摇，委托人当然享有合同解除权。然而，在商事代理合同中，代理商作为营利主体，它以追逐营业利润为目标。代理合同的解除意味着商事代理人营业利润可能灭失，尤其是对于那些专为委托事务而成立的公司，其从事经营活动或是为完成委托事务而改变了自己的经营方向、经营领域，或是为了被委托事务的顺利完成要投入大量的人力和物力来拓展市场、发展客户，若法律规则允许委托人随意解除代理合同，则会使这些代理商的自身利益受到极大损失，显失公平。如在万宝龙单方终止代理协议案中，因为国瑞信公司对万宝龙公司前景的看好以及信誉的信任，其在为万宝龙公司作前期市场开拓时投入了大笔成本，然而万宝龙突然单方终止代理关系，使国瑞信公司前期投入的成本付诸流水。国瑞信受偿无门，商事代理中商业信誉损害赔偿请求权也无法实现。因此，为体现商事代理的营利性特征，在商事委托合同中，若支持委托人行使任意解除权，给予受托人的损害赔偿应当包括可得利益，而不能与无偿的民事委托的赔偿范围一样。合同编草案第716条的修改，不仅对于保护商事代理关系的稳定性，防止违约、毁约的出现具有重要意义，对于其他兼有民事和商事性质的合同类型，细化相关规范以更好适应实践需求也有重要的借鉴意义。

三、合同类型喜忧参半

民法典合同编（征求意见稿）将商业特许经营合同纳入合同编的有名合同。

民法典合同编（草案一审稿）将商业特许经营合同一章删除。

民法典合同编（草案二审稿）将保理合同纳入有名合同之中。

对于哪些类型合同应当纳入合同编的有名合同，合同编草案显然是非常节制的。商业特许经营合同是特许人将其拥有的专利、专有技术、商号或者商标，整体营业形象、商业模式等经营资源许可被特许人使用，被特许人按照合同约定在统一的经营模式下，为自己的利益独立开展经营，并向特许人支付特许经营费用的合同。商业特许经营合同是商事合同，关键是该种合同涉及商法上营业资产、营业转让等理论和实践问题。我国法律目前尚未对营业资产做统一规定，在《公司法》《证券法》以及相关部门规章、司法解释中，一般使用重大资产转让、企业产权转让、企业出售之类的表述，仅在《破产法》第69条第1款第3项（全部库存或者营业的转让）、《反垄断法》第48条（限制转让营业）等极少的规定中，使用了营业转让的表述。可以想见，商业特许经营合同一旦作为法定合同种类，将会极大地推动商法学界对营业资产、营业转让的研究。但草案一审稿没见商业特许经营合同的踪影，原因不明，令人遗憾！

保理合同，又称商业保理合同，是指应收账款的债权人将应收账款转让给保理人，保理人提供资金支持以及应收账款管理、催收等服务的合同。作为一种重要的融资工具，保理业务可以为实体企业提供综合性金融服务，特别是可以为中小型企业拓宽融资渠道，对于解决中小企业的融资难、融资贵问题，促进实体店发展很有意义。商业保理合同与保兑仓协议都是作为独立的民事案由，这两种合同也是商事合同。对于商业保理合同是债权质押合同、委托代理合同还是债权转让合同，实践中一直争议不断。保兑仓协议则包含买卖、融资、担保、仓储、票据、资金监管类金融服务等多种法律关系。当前我国保理业务发展迅猛、体量庞大，同时也存在一些问题，时常发生纠纷，亟须立法加以规范。且保理业务作为企业融资的一种手段，在权利义务设置、对外效力等方面具有典型性。对保理合同作出明确规定，有利于促进保理业务健康发展，缓解中小企业融资难、融资贵问题，进而促进我国实体经济发展。据此，二审稿设专章规定保理合同。① 将保理合同作为一种独立的有名合同，无论是对于相关行为的规范以及纠纷解决，还是对于集多种法律关系于一体的商事合同的研究，都是利好！

四、启示与思考

（一）对商事合同的研究有待深入

从合同编涉及商事合同的几个条文来看，起草者虽然有了区别适用的意识，但其思路上不清晰、逻辑上不合理。合同编区别适用的标准很不一致，在借款合同中是区分自然人之间的合同与金融机构以外的其他组织贷款的合同；在保证合同中是区分自然人之间的合同与其他合同；在委托合同中是区分有偿合同与无偿合同；在留置权中是区分企业之间的行为与其他主体之间的行为。② 就借款合同而言，目前至少可以分为四类：一是金融机构贷款的借款合同，二是准金融机构贷款的借款合同，三是企业之间的拆借合同，四是自然人之间、自然人与企业之间的民间借贷。上述借款合同中，就贷款方而言，前两种都是营利性行为，后两种既可能是营利性行为，也可能是非营利性行为；就借款方而言既有借款用于经营活动的，也有借款用于生活消费的。而且以前我国对企业之间的拆借是禁止的，现在虽然司法解释明确不作无效认定了，但对于其中贷款方以贷款为业的拆借合同，司法实践中越来越多地判决合同无效了。那么，这些借款合同中哪些是商事借款合同，哪些是民事借款合同，可能也难以区分。从征求意见稿将自然人之间的借款合同与金融机构以外

---

① 朱宁宁：《民法典合同编草案再次提请全国人大常委会审议：调整体例结构设分编回应“霸座”等社会关切》，载《法制日报》2018 年 12 月 25 日第 9 版。

② 《物权法》第 231 条规定，债权人留置的动产应当与债权属于同一法律关系，但企业之间留置的除外。

的其他组织贷款进行区分，到草案二审稿对自然人之间借款合同与其他借款合同区分，到全国人大宪法和法律委员会提出对借款合同是否区分、如何规定，需作进一步调研论证，其焦点就集中在目前我们尚难以区分出民事借款合同与商事借款合同。即使自然人之间的民间借贷合同中，出借方是营利性的甚至是以放贷为业，借款方是用于经营活动的情况也是大量存在的。这样的借款合同难道不是商事合同？

就保证合同而言，征求意见稿和草案均以是否是自然人之间的保证合同为标准来区分认定保证方式的规则的逻辑在哪。我们在谈论商法上的保证人无法定的先诉抗辩权问题时，要不要考虑主合同是不是商事合同，要不要考虑保证行为是不是经营行为？草案规定保证合同对保证方式约定不明时一概推定为一般保证，有无考虑到当前存在着大量的以担保为业的担保公司的担保？[①] 引出的问题是：商主体不享有先诉抗辩权，在保证合同中如何区分商主体与民事主体？

就委托合同而言，根据委托合同是有偿还是无偿，来区分法律适用规则能否解决丰富多彩的商事代理实践中商事委托合同面临的特殊问题。

综上，商法与民法的真正的规范交集主要体现在契约和动产法律领域，对于民事合同和商事合同的区分，对于《合同法》总则中应有的针对商事合同的特殊规定，对于有名合同中哪些属于商事合同，哪些是民事合同，对于兼有民事与商事性质的合同有哪些区别适用的规定等，这些在合同编起草中可能面临的问题，正是商法理论界和实务界需要进行深入研究的问题。

（二）完善保证方式的推定规则

从某种意义上说，获得了市场准入的商事主体拥有普通民事主体所没有的特权。进入20世纪后，随着生产力水平的提高，社会经济生活发生了巨大的变化，传统民商法中的平等原则，也因这种变化而出现了失衡现象。其表现为商事主体与一般民事主体在资源占有上的分极，商事主体与民事主体相比具有明显的优势地位，在这种状况下的平等、意思自治等原则，必然造成了经济上的强者对经济上的弱者在实质上的支配。同时，现代公司这种形式的出现，使商事主体在一个国家经济生活中的地位发生了重大变化。巨型的大公司、跨国公司，凭借其资源占有上的优势地位，会影响着一个国家正常的、良性的经济运行秩序，甚至这些巨无霸公司可能会控制和支配着整个国家的国民经济。在这种状况下，商事主体已不是传统的民事主体，用传统的民法手段去调整商事主体的行为很显然无法达到平等交换、公平交换的目的，同时也无法建立一个公平、自由竞争的市场经济秩序。鉴于这种状况，各国立法者都通过强行法的规定对商事主体进行特别控制，来维护现代商人在

---

① 我国商事留置权制度的适用对象，除企业外，是否还应当包括农村承包经营户、个体工商户，以及电视台、出版社等从事经营性活动的事业单位？对物权法第231条中的企业及适用主体做扩大解释。（民法典物权编规定未变）

其经营活动中对安全、效率、秩序的价值追求，以及实现对与商人发生交易关系的弱势群体予以特别保护的目的。为了规制商事主体的行为，为了体现责权利相一致原则，许多国家的商法在对商人及商行为的规范上更为严格，都在民法之外对商事主体对自己行为和承诺应承担的比普通民事主体更严格的责任作了特别规定。立法者认为，商人更富有经验，应当具有更强的判断、承担风险的能力，因此，对商人在保护力度上可弱于普通的自然人。[①] 在我国当前民商合一的立法体制下，对商事主体在商事交易中的特殊责任，除了《消费者权益保护法》和《产品质量法》从保护消费者权益的角度有所涉及外，在很多方面都没有相应的明确规定。

大陆法系国家商法通常规定商事保证人不享有先诉抗辩权，与主债务人承担连带责任。德国民法上的先诉抗辩权是指，债权人对债务人的债务未实行强制执行，或已实行强制执行但未收到效果之前，保证人可以拒绝债权人所提出的，由担保人为债务人履行清偿债务的要求。但是在商法上若被保证债务是因商行为而产生的，或保证行为本身为商行为，则保证人不享有先诉抗辩权。而在日本民法中保证人享有的是催告抗辩权或检索抗辩权。所谓催告抗辩权，指保证之债的债权人请求保证人履行义务时，保证人有权要求债权人先向主债务人进行催告；所谓检索抗辩权，指债权人先向主债务人进行催告，如果保证人证明主债务人有清偿能力并且易于执行的，债权人应当先执行主债务人的财产。但在商事保证之债中，根据《日本商法典》第511条第2款规定，如果债务是由主债务人的商行为产生的，或者保证为商行为的，则保证人丧失催告抗辩权或检索抗辩权，与主债务人承担连带责任。

依《民法通则》第89条第1项的规定，保证人除非有明确约定，否则只承担补充责任，有先诉抗辩之利益；依《担保法》第17条规定，一般保证的保证人在主合同纠纷未经审判或仲裁，并就债务人财产依法强制执行仍不能履行债务前，对债权人可以拒绝承担保证责任，即享有先诉抗辩权；但《担保法》第19条规定对保证方式没有明确约定时，保证人原则上承担连带责任，即保证人丧失先诉抗辩权。如果该规定限为九种经济合同（其具有商事性质）作保证，从商法角度看，加重保证人责任，自无不当。但《担保法》的司法解释为了和《合同法》对于《经济合同法》的取代相匹配（见解释第1条），却将连带责任推广到一切民事债务的保证人，彻底取消了保证人的先诉抗辩利益，从根本上篡改了《民法通则》的一般性规定。民法上的保证人有法定的先诉抗辩权，商法上的保证人无法定的先诉抗辩权，《民法通则》规定从民事上看是正确的。《担保法》司法解释片面强调了商事保证的特征，未虑及民事担保的要求，可能与《担保法》司法解释是最高人民法院民二庭起草的有关，而从根本上分析，还是由于习惯于立法上的一刀切，对民商两种保证人的权利未作区分所致。完善保证方式的推定规则，关键是把握一点，即之所

---

① 参见赵红英:《德国的商事法律制度》，载《人民司法》2004年第8期。

以商主体不享有先诉抗辩权，是因为在商事交易中商事主体要承担比民事主体更重的特殊法律责任。因此只要该保证行为为商行为或主债务是因商行为而引起，保证人均丧失先诉抗辩权。

（三）完善委托合同章的建议

商事代理和民事代理的存在，必然提出商事委托合同与民事委托合同的不同概念问题。对于我国《合同法》第21章规定的委托合同是商事委托合同还是民事委托合同，学界和实务界看法不一。[①] 为了力图体现民商合一的立法宗旨，我国《合同法》一方面规定委托合同原则上为有偿的；另一方面却又无视商事委托之有偿性，并未正确反映商事合同的规则。委托的无偿性是区别于雇佣的有偿性的重要原则，若欲兼顾商事委托，只要规定可以依交易习惯或当事人约定，得为有偿委托即可。但《合同法》第405条却规定：受托人完成委托事务的，委托人应当向其支付报酬。当事人另有约定的，按照其约定。这可能会成为民事受托人滥用诉权的诱因。更麻烦的是，民事委托不像商事委托那样有价目表或交易惯例可循，法官决定受托人的报酬可能缺乏依据。显然，由于偏于商事委托合同，《合同法》第405条的规定对于民事委托合同而言是无法执行的条款。我国《合同法》在委托合同的消灭事由上一味坚持无偿委托之成例，于第410条作出了委托人或者受托人可以随时解除委托合同的简单化的规定，既不考虑解除方是否出于正当之理由，也不考虑受托人的弱势地位；既不考虑是否需要提前通知，也不考虑解除发生之时期，对相对方有利还是不利；既不考虑委托的一般性地位，也不考虑商事委托对于委托合同一般性规定是否准用以及准用的程度。我国审判实践中常见的委托理财合同、商品房委托销售合同等就是典型的商事委托合同。在委托理财类合同纠纷案件中，就经常涉及委托人解除委托合同的正当性问题。2001年4月2日，双赢公司、某投资公司和某证券公司签订委托合同一份，约定：双赢公司在证券公司营业部开立两个证券账户，并打入资金400万元，委托投资公司进行证券买卖；投资公司保证每年给双赢公司基数为20%的回报，超出部分，双赢公司、投资公司和证券公司按5∶4∶1进行分配；如期满未完成20%的基数，投资公司负责弥补差额部分；证券公司作为担保方，在投资公司不能弥补20%基数差额的情况下，承担弥补差额部分的责任；如一方违约，由违约方负责赔偿守约方由此产生的经济损失；协议有效期二年；协议期满时，投资公司必须确保归还双赢公司至少480万元。合同签订后，双赢公司在证券营业部以其自身名义及其职工张包明的名义开立两个账户，分别投入资金200万元，供投资公司操作。但投资公司操作期间，两个账户一起处于

---

① 认为是商事委托合同的观点参见赵中孚主编：《商法总论（第二版）》，中国人民大学出版社2003年版，第49页；相反的观点参见王轶：《合同法分则中的一般问题（二）》，载中国民商法律网：weizhang/default.asp?id=12201，2019年1月16日访问。

亏损状态，截止到 2002 年 7 月 10 日为止，两个账户资产市值合计 1674852.66 元。双赢公司于 2002 年 7 月 29 日以投资公司为被告提起诉讼，请求判令解除委托合同，由投资公司赔偿全部资金损失、支付回报 45 万元，并承担诉讼费用。诉讼中，投资公司虽承认至协议履行期满亦不能完成约定目标，但要求继续履行，以弥补损失。双赢公司则坚持要求解除合同，并申请法院先予执行。一审法院于 2002 年 11 月 19 日裁定解除三方的委托合同。当日两账户资产市值为 1317522.88 元。一审法院认为，委托合同中对各自的权利义务约定清楚明确，各方均应知晓并理解其含义，且合同内容不违反法律的禁止性规定，故委托合同及其补充协议合法有效，双方应按约履行。被告在协议期内未能完成预定目标，且造成严重亏损，其亦认可至协议期满已不能弥补全部损失，故其行为已构成根本违约，合同目的已无法实现。合同虽未约定解除的条件，但双赢公司为防止损失进一步扩大，要求解除合同，符合合同目的和法律精神，应予支持。遂判决本案合同自裁定之日起解除，投资公司应赔偿截至合同解除之日双赢公司的资金损失 2682477.12 元，并赔偿可得利益损失 42 万元。投资公司不服一审判决，提起上诉称：上诉人从未认可至协议期满不能弥补全部损失，相反，由于股市变化莫测，虽然上诉人在前期的操作中亏损很大，但上诉人认为在余下的七个月之内有足够的时间来达到合同目的。因此，上诉人的行为并未构成违约，被上诉人不能据此解除合同。根据《合同法》第 410 条规定，被上诉人有权解除本案所涉委托合同及其补充协议，但应当承担因此造成的损失。被上诉人于 2002 年 7 月份起诉要求解除合同，一审法院于 2002 年 11 月裁定解除合同，使上诉人在合同期满前无法操盘，由于股市的特点，上诉人的损失无法计算。因此，一审判决上诉人赔偿损失、可得利益损失以及承担诉讼费用是没有法律依据的。双赢公司辩称：我方行使合同解除权是合法的，上诉人对股票账户的操作已经使我方受到巨大损失，既没有按期给付约定的回报，也不可能按约履行合同，合同目的已经无法实现。二审以与一审基本相同的理由驳回上诉，维持原判。应当说，由于本案中投资公司在协议履行期间一直处于亏损状态，特别是在双赢公司要求解除合同时投资公司的账户市值已损失大半，对于双赢公司行使合同解除权，相信大多数人会支持，诉讼中账户市值进一步减少也印证了法院先予执行的正确性。但是股票市场行情变化的严重不可预测性决定了委托理财合同的履行存在许多不确定性因素，假如本案中投资公司前期曾有较多盈利，后期略有亏损时，作为委托人的双赢公司能否任意解除合同呢？若双赢公司可以解除合同，是否要承担投资公司的损失？因损失的可能性以及大小又涉及许多不确定因素，损失范围如何确定、数额如何计算，都是审判实践中的难题。这些难题正好从反面说明：商事合同的受托人追求利润的特性决定了商事委托人的合同解除权应当受到限制。有的当事人也会在委托代理合同中对约定作出限制，如城建公司与时轮公司商品房销售代理合同纠纷一案中，2011 年 5 月 3 日，城建公司（甲方）与时轮公司（乙方）签订

“如意国际花园A区”营销策划及销售代理合同一份。合同约定：在合同约定的期限内，如乙方未履行或未完全履行本合同约定的任何一项义务的，甲方有权解除本合同，另行委托第三方履行本合同约定的义务。非乙方原因，甲方单方解除本合同，甲方需支付乙方已完成销售额的佣金，并给予乙方必要的补偿金，具体额度根据已服务时间和工作深度，双方另行协商约定。审理中，对于甲方有无任意解除权或者法定解除权特别是双方可否约定放弃任意解除权产生了很大争议。

商事委托合同的有偿性与民事委托合同的无偿性是两者在重要特征上的差别，体现到法律规则上的差别主要是在委托人法定解除权行使及其法律后果上。委托合同以双方信赖为基础，当信赖丧失时，应当允许解除合同。多数国家民法均允许委托人或者受托人可以单方意思表示消灭委托合同。[①]但委托合同以信赖关系为重，并非上述随时解除原则的唯一基础，立法上以无偿委托作为委托合同的一般形式是上述随时解除原则的又一前提条件。因为，上述原则一旦涉及有偿的商事合同——有偿委托系为双方利益之委托，则不能无条件地适用。因此，虽然委托人或者受托人于信赖丧失时，可以单方的意思表示消灭委托合同，但一般还根据委托合同有偿无偿、有无确定期限，以及以委托为基础的商事营业的特殊性，在解除的原因、时期、方法和后果等方面作不同的规定。依据《德国商法典》第89（b）条的规定，代理人在代理合同终止后争取到的为业主利益的交易，有权要求得到适当的补偿。具体情形包括：企业主在代理合同关系终止后，仍与代理商争取到的新客户有交易关系并获得显著利益；代理商虽因代理合同终止而丧失佣金请求权，但其在同一关系继续时基于已经成立的或在将来成立的、与由其争取到的客户的交易将享有此种请求权，且补偿符合公平原则的。补偿至多为根据代理商活动的最后5年的平均数计算的年度佣金或其他年度报酬；如果合同关系存续期间较短的，依活动期间的平均数确定。民商合一的瑞士债务法、意大利民法都已经仿效德国商法，对于代理商契约的单方废止及代理商的报酬请求权另外做出了安排。[②]法国也不例外，法国学者甚至认为共同利益的委托——包括代理商委托、不动产推销契约以及那些领取报酬的受托人对于受托事务之实现与有利益并且委托人丧失一般委托中的自由撤回权的委托——更接近旨在开发客户的合伙契约。法院创制和发展一套体制，是为了保护商事代理商不受《拿破仑民法典》中苛刻规定[③]的约束。在1857年，法国最高民法法院确立了一个减损原则，在本人单方面解除合同的情况下，代理商可

① 参见《德国民法典》第671条，《法国民法典》第2003、2004、2007条，《日本民法典》第651条，《“中华民国”民法典》第549条，《瑞士债法典》第404条，《意大利民法典》第1723—1726条。

② 参见《德国商法典》第89—89b条，《瑞士债法典》第418Q—418V条，《意大利民法典》第1750—1751条。

③ 本人为了其利益可以在其期望的时候任意解除该代理合同且不向代理商承担赔偿责任。

以获得赔偿。最近三十年，法院采用了“一般利益委托”的概念，即如果该合同是为当事人的一般利益而缔结的，该合同则只能在他方同意的情况下才能解除，且是因法院认为合法的原因或者是依照合同的约定。任何其他不正当的解除都将给受损的一方带来请求赔偿的权利。这个“一般利益概念”，现在已经被有效地扩大化了。因为1991年6月26日的新法规，已对代理关系作了规定。在法国，代理关系被视为一种“准合伙”，因为双方当事人有一个共同的奋斗目标：为委托人的创业和发展（一般利益委托）。这种代理商代表了一定的市场份额，当合同终结时，本人仍接受了市场份额的利益，而代理商的所有利益却都被剥夺，其平衡亦当然被打破。因此，赔偿金的支付就是法律机制惯用的以补偿代理商因丧失市场份额而遭受的损失，来重构当事人间的利益均衡。① 此外，日本和我国台湾地区的学者也已经察觉到委托合同消灭事由所带来的问题。②

因此，合同编委托合同章的内容要在抽取民事委托合同和商事委托合同的最大公约数基础上，兼顾民事委托与商事委托的差异，作出相应的规定。特别是为了保护商事代理关系的稳定性，防止违约、毁约的出现，对于合同直接或间接地约定当事人放弃任意解除权的，除涉及人身权以外，应当认定有效。建议对合同编草案委托合同章相关内容作如下修改：

修改为：受托人完成委托事务的，委托人应当按照约定向其支付报酬。委托合同对支付报酬有约定的，因不可归责于受托人的事由，委托合同解除或者委托事务不能完成，委托人应当向受托人支付相应的报酬。

第716条修改为：委托人或者受托人可以随时解除委托合同，但当事人约定放弃任意解除权的除外。因解除合同给对方造成损失的，除不可归责于该当事人的事由以外，无偿委托合同的解除方应当赔偿因解除时间不当造成的直接损失，有偿委托合同的解除方应当赔偿对方的直接损失和可得利益。

（责任编辑：丁凤玲）

---

① 参见[英]F.M.B.Reynolds、吴春燕：《英国商事代理法的新发展》，载《法学评论》1999年第2期。

② 参见张谷：《商法，这只寄居蟹——兼论商法的独立性及其特点》，载《清华法治论衡》2005年第2期。

商法基本原则判断标准之探讨

李建伟　王魏阳*

摘　要：商法的基本原则是《商法通则》立法过程中需首要关注的问题。目前，学界关于商法基本原则应该具体包含哪些内容争议较大，难以形成统一的意见，究其原因，首要的莫过于没有形成科学统一的判断标准。本文通过对“商法基本原则”以及相关概念的分析，并以商法基本原则概念的内涵为依据，辅之以价值分析和比较法分析的方法，对既往各主要标准进行不完全梳理，提炼出五项主要的判断标准，以期通过该标准指导商法基本原则的提炼和总结。

关键词：商法基本原则；商法理念；概念厘定；判断标准

一、问题的提出

随着社会经济的发展，加快商事立法的呼声日益强烈，但是我国商事立法活动混乱，各单行立法之间的冲突较多，此时一部统一的《商法通则》就显得尤为重要，这也是为商业界、实务界、商法学界翘首以盼的。《商法通则》的订立需要解决的一个重要的问题是：我国商事法律的基本原则为何？如何总结和提炼出我国商法特有的基本原则恰是《商法通则》立法首要的立法任务。[①] 关于商法的基本原则的讨论由来已久，主要包括两个方面的问题：一个是《商法通则》中是否需要写入商法的基本原则，对于这一问题的意见已经基本上达成了统一，即普遍认可需要写入，大家都认可商法具有共同的且真正的价值；另一个是商法的基本原则应有哪些，对于这一问题，学术界百花齐放百家争鸣，难以达成统一的意见。从现有的文

---

* 李建伟，中国政法大学民商经济法学院教授；王魏阳，中国政法大学民商经济法学院研究生。

① 赵旭东：《我国〈商法通则〉体系的设计与构建》，载《国家检察官学院学报》2018 年第 3 期。

献梳理情况来看，有一原则说[①]、二原则说[②]、三原则说[③]、四原则说[④]、五原则说[⑤]、六原则说[⑥]、七原则说[⑦]、八原则说[⑧]，甚至九原则说[⑨]，其“乱象”也可见一斑，各学说之间虽然有一定的重合，但还是以区别为主，这也一直是为其他部门法学术界所诟病之处。正所谓“不幸的家庭各有各自的不幸”，各位学者对于研究中的“商法的基本原则”所存在的问题也各执己见，如未能充分反映商事关系的特点和商法制度的特殊要求，有的商事特点十分突出的法律原则未能得到提炼和确立；商法基本原则与民法基本原则未能清晰地区分，有些原则相互重合；对商法基本原则的总结和归纳众说纷纭，非常不统一。[⑩] 又如商法的基本原则未能得到法律层面的确认，商事单行法对各自基本原则的规定因局限于各自的领域而很难统一，且矛盾和冲突较

---

① 如宁金成在《〈商事通则〉的立法体系与基本原则》(2008）中所提出的“营利性原则”的一项基本原则。

② 如李玉泉、何绍军在其主编的《中国商事法》(1996）提出“保障交易简捷原则”“维护交易安全原则”两项基本原则；又如傅鼎生在《论商法的基本原则》(1997）提出“商人自治原则”“营利性原则”两项基本原则。

③ 如徐学鹿在《论现代商法的基本原则》(2007）提出“交易自由原则”“交易诚信原则”“交易公平原则”三项基本原则，张保红《商法新论》(2014）也在其《商法思维下商法基本原则的确立》(2013）的“规范原则”和“外观原则”的基础上新增了“加重责任”，成为三原则说。

④ 如张辉、叶林在其《论商法的体系化》(2004）提出的“外观规则”“自治性规则”“营利性规则”“加重责任规则”的四项基本原则，施天涛也是四原则说的代表人物。

⑤ 如范健、王建文在其编著的《商法学》(2015）提出了“企业法定原则”“企业维持原则”“保障交易简便、迅捷原则”“维护交易安全原则”；又如赵旭东在其主编的《商法学》(2015）中确定“商事主体法定原则”“确认和保护营利原则”“促进交易便捷原则”“维护交易公平原则”“保护交易安全原则”。

⑥ 如赵万一在《商法的基本问题研究》(2013）中确定了“效益原则”“维护交易公平原则”“强化商事组织原则”“维持交易安全原则”“交易诚信原则”“充分尊重交易习惯和交易规则原则”六项商法的基本原则。

⑦ 如李玉泉、何绍军在其《中国商事法》(1996）中提出的“依法自由行使权利原则”“意思自治原则”“诚实信用原则”“公共利益原则”“公序良俗原则”“保障交易简捷原则”“维护交易安全原则”七项基本原则。

⑧ 如赵中孚、邢海宝在其所著的《商法导论》(2009）中提出“依法自由行使权利原则”“商事主体意思自治原则”“诚实信用原则”“合法原则”“尊重公共利益、公序良俗原则”“鼓励交易原则”“保障交易便捷原则”“维护交易安全原则”八项基本原则。

⑨ 如周林彬、任先行在《比较商法导论》(2000）中提出的“利润最大化原则”“诚实信用原则”“磋商调节原则”“互惠原则”“简便敏捷原则”“安全原则”“经营自主原则”“强化企业组织原则”“社会责任原则”的九项基本原则。

⑩ 参见赵旭东:《我国〈商法通则〉体系的设计与构建》，载《国家检察官学院学报》2018 年第 3 期。

大，[①]等等。以上种种，究其原因，其中不乏各商法学者对于"商法的基本原则"本身的概念理解不同、对于"商法基本原则的内容"理解不同、对于这一领域缺乏统一的范式等，但是其中最重要的原因莫过于各学者判定"商法的基本原则"的判断标准不明确，各自从不同的角度出发，各自为政。这也正是本文想要探讨的问题，商法的基本原则的确立必须要求科学的统一的标准，唯有如此，才能发挥其应有的功能，为我国的商事立法和商法实践提供一定的指引作用，这也是我国商事法律制度发展的一大成就。

二、相关概念之厘定

想要为商法基本原则的总结和提炼提供一套科学的标准，首先要准确地理解商法基本原则的内涵，为便于后文的展开，在此将常与之一并提及的几个概念一并进行界定，常与之一并提及的概念有"基本原则""法的基本原则""民法基本原则""商法理念"以及"商法基本规则"，对于原则与规则具体区分的论述颇丰，在此不再赘述。

（一）基本原则

所谓基本原则是指观察问题和处理问题的准绳，是被接受或认可的行为准则，是根本的和一般的真理，是某种行为的根本规则或普通规则。[②]基本原则是一个哲学概念，其实质是一般真理，何为真理？真理即客观事物及其规律在人的意识中的正确反映，是主客观相一致的真理的范畴，是对既往经验和规律的总结。由此判断，基本原则应是一个事实判断的问题而非价值判断的问题，这也符合自休谟以来事实和价值的二分。我们应该当然地明确：商法基本原则本身是一种事实判断。

（二）法的基本原则

法的基本原则是指人们观察法律问题和处理法律问题的准绳，是立法、司法和守法在从事法律活动或者为法律行为时所必须遵行的行为准则，[③]是法律原则的下位概念，法的具体原则的上位概念，根据《布莱克法律辞典》，法律原则（principle of law）是指"法律的基础性真理或原理，为其他规则提供基础性或本源性的综合性规则或原理，是法律行为、法律程序、法律决定的决定性规则"。我国的法理学学者也有与此相似的概念界定：法律的基础性真理、原理，或是为其他法律要素提供基础或者本源的综合性原理或出发点。[④]由此可见，其所强调的均是真理，区别

---

① 参见范健：《论我国商事立法的体系化——制定〈商法通则〉之理论思考》，载《清华法学》2008年第4期。

② 傅静坤主编：《民法总论》，中山大学出版社2002年版，第15页。

③ 张民安：《商法总则制度研究》，法律出版社2009年版，第40页。

④ 张文显主编：《法理学》，高等教育出版社1999年版，第80页。

仅仅在于适用范围的大小，下位概念的适用范围是被蕴含在上位概念之内的，也即在判断下位概念内涵时，不必再考虑已被纳入上位概念之中的内容。这也是各上下位原则之间构成的“内在阶层秩序”①和“内在体系”②。又如，一般认为“公平正义原则”是一项基本的法律原则，其就不应在界定商法基本原则时再被重复界定；同理，作为私法基本原则的“意思自治（或者意思自由）原则”“诚实信用原则”，也应如此。

（三）民法基本原则

近现代以来，民法和商法的联系最为亲密，对于二者关系的争论也是由来已久，两种意见此消彼长，笔者认为可取的是“民法是私法的一般法，商法是私法的特别法”。由于二者的关系之紧密，更应将二者的基本原则进行区分。

对于民法的基本原则定义有着不同的表述，有的学者认为：顾名思义，所谓民法的基本原则应当是普遍适用于所有民法制度并能体现民法独特价值的那些原则。③其有着从未有学者言说的非规范性、不确定性、衡平性、强行性、强制补充性等问题。④有的学者认为：民法的基本原则是表述民法的基本属性和基本价值，为民法所固有并对民事立法与司法活动具有最高指导意义的标准。民法的基本原则是全部民事规范的价值主线和灵魂所在。⑤也就是说，民法的基本原则是民法基本精神及基本价值的体现。⑥不管采何种表述，我们可以看出，在民法的基本原则的内涵中被普遍认可的要素有：普遍适用于民法制度，能体现民法独特价值，体现民法的特殊性，是民事立法司法活动的标准。

根据我国《民法总则》的规定，⑦所谓的民法基本原则有“私法自治原则”“平等原则”“公平原则”“诚实信用原则”“公序良俗原则”“绿色原则”，但是其是否能够成为民法基本原则，这是有待再商榷的。

（四）商法理念

根据《辞海》的解释，理念是一种理想的、永恒的、精神性的普遍范型，是理

---

① ［德］拉伦茨：《法学方法论》，陈爱娥译，商务印书馆2003年版，第349页。转引自于飞：《民法基本原则：理论反思与法典表达》，载《法学研究》2016年第3期。

② 典型的表述见［德］卡尔·拉伦茨：《德国民法通论》（上册），王晓晔等译，法律出版社2003年版，第1页。转引自于飞：《公序良俗原则与诚实信用原则的区分》，载《中国社会科学》2015年第11期。其原文表述的是民法的内在体系。

③ 赵万一：《中国民法典争鸣：赵万一卷》，厦门大学出版社2018年版，第32页。

④ 参见徐国栋：《民法基本原则解释：诚信原则的历史、实务、法理研究》，北京大学出版社2013年版，第6页。

⑤ 张俊浩主编：《民法学原理》（上），中国政法大学出版社2001年版，第37页。

⑥ 江平主编：《民法学》，中国政法大学出版社2017年版，第18页。

⑦ 《民法总则》第2条至第8条内容。

性观念。而理性是指能够鉴别、判断、评价、认识真理以及能使人的行为适合于特殊目的的能力，[①]其是和作为真理相区别的。最早将理念一词从哲学引入法律领域的是康德，而真正提出“法理念”并将法与理念结合起来并加以深入分析的则是黑格尔，法理念是法的最高应然状态。[②]这是一个自然法的范畴，一般包括以下三个层次的内容：作为平等原则的正义、法的合目的性、法的安定性。[③]

商法理念是商法学者将法理念具体化到商法中的探索，其是关于商法内在本质与客观规律的理性认识、总体看法和根本观念，是有关商法在调整商事生活实践中所应达到的终极目标及其实践途径的一种理想、信念和追求。[④]其所回答的是商法是什么以及商法应如何的问题，应是商法大厦架构中最基础性的概念。不仅是统筹商法精神和商法基本原则的灵魂和中枢神经，而且是构建商法价值体系的基石；它支配着商法精神，又通过商法价值体系和商法基本原则，始终贯穿于商法调整商事关系的全过程。[⑤]由此也可以看出，商法理念与商法基本原则之间关系十分紧密，但是又有着根本的不同。

笔者认为，二者之间的关系可以表述为：在商法的本质和基本范畴内，商法理念是比商法基本原则更高层次的存在，是对商法基本原则的抽象和总结；而商法基本原则是商法理念和商法价值的承担者，相对于商法理念的抽象性而言，商法基本原则更具有明确性、具体性和实然性的特点，并成为商法理念与商法规则沟通和承接的桥梁。

（五）商法基本原则

最后，我们来对商法基本原则本身的概念进行界定，关于商法基本原则的概念，学界也是版本各异，但是庆幸的是差异较小。傅鼎生老师认为：商法基本原则是指商法所确认的商事主体在商事活动过程中所必须遵循的根本准则，是商法理念和商法价值在具体商事法律规范中的集中体现。[⑥]赵旭东老师认为：商法的基本原则，是商法调整商事关系的基本准则，是商事立法的基本理念和指导思想，也是商事法律制度设计的立法目标和价值取向；商法的基本原则应是贯穿和渗透在商法各个领域的核心思想，应充分反映商事法律制度的实质和特点，既不应将其泛化为一般的法律原则，也不应将真正的商法基本原则忽略或遗漏。[⑦]叶林老师认为：商法

---

① 《牛津法律大辞典》，光明日报出版社1988年版，第750页。转引自陈淑华：《论我国商法的基本理念》，载《中国商法年刊》2002年版。

② 雷兴虎、李长兵：《商法理念的基本内涵与实现机制》，载《中国商法年刊》2012年版。

③ 参见［德］古斯塔夫·拉德布鲁赫：《法哲学》，王朴译，法律出版社2005年版，第73—76页。

④ 雷兴虎、李长兵：《商法理念的基本内涵与实现机制》，载《中国商法年刊》2012年版。

⑤ 陈淑华：《论我国商法的基本理念》，载《中国商法年刊》2002年版。

⑥ 雷兴虎、李长兵：《商法理念的基本内涵与实现机制》，载《中国商法年刊》2012年版。

⑦ 赵旭东：《我国〈商法通则〉体系的设计与构建》，载《国家检察官学院学报》2018年第3期。

的基本原则是指反映商法基本宗旨，对各类商事关系具有普遍意义，对于统一的商法规则体系具有统领作用的基本法律准则。[①] 林敏认为：商法的基本原则是商法基本精神的体现，是可以集中反映商事关系本质特征，贯穿于全部商法规范，对商法各项制度起统帅作用的根本准则。[②] 赵中孚老师认为：商法的基本原则是商法的主旨和基本准则，是对于各类商事关系具有普遍性适用意义或司法指导意义的规则。其他学者的定义也莫不出于以上几种表述。[③]

从所列举的学者的不同版本的定义中，不难看出，学界较为统一的意见是：商法基本原则应该是调整商事关系的基本准则，是所有商事活动的准则；应适用于整个商事法律制度，具有贯穿性；可以体现商法的理念、主旨以及价值；反映商事关系的本质，也就是其应该和其他的部门法原则相区分。

根据以上分析，笔者试对何为商法基本原则进行界定：商法基本原则是能够反映商法特殊理念、体现商法基本内容、指导商事活动、贯穿于整个商事法律制度的根本的真理性准则，其是商事法律制度构建的基石。

商法基本原则产生和发挥作用的过程是一个从商法现象到商法本质或者是价值再到商法实践的过程，是针对解决社会发展中所出现的难以克服的“疑难杂症”所提出的需求。商法基本原则是从既有的规范中被发现的，也是一个自下而上的逻辑路径。

三、判断标准从何处来

商法的基本原则应在现实能够确定的商法规范的范围内进行总结和提炼，[④] 这也是商法基本原则能被遵守的原因之一，其蕴含着法律实践中的正义。这种提炼和总结需要一定的方法，也需要一些确定商法基本原则的标准。在确定商法基本原则之前，需要解决一个问题：以何种方式、通过何种方法来选定这些标准。

（一）一般性认识

笔者认为，选定商法基本原则的过程其实就是将各项具体的商法基本原则涵摄进商法基本原则这一概念范围内的过程。这就需要通过哲学解释学的方法。哲学解释学大师伽达默尔认为解释学有“历史性”“语言性”“实践性”三大特点，其中最重要的是其“实践性”，而理解之所以没有因为先前理解、语言规则、历史条件而

---

① 叶林主编:《商法卞原理与案例教程》，中国人民大学出版社 2006 年版，第 14 页。

② 林敏:《商法基本原则研究》，载《中国人民法学学报》2000 年第 4 期。

③ 如张秀全老师的定义：商法的基本原则是指反映商事关系的本质特性，体现商法的基本内容，统辖商法的具体制度，并贯穿于商法规范的共同准则。张秀全:《商法基本原则研究》，载《现代法学》1999 年第 5 期。

④ 何勤华、魏琼主编:《西方商法史》，北京大学出版社 2007 年版，第 595 页。

走向封闭，也正是因为“实践性”的特点。[①] 换言之，对于商法基本原则的理解应该在商事活动和商法活动的时间过程中去寻找，这也是对商法基本原则进行理解的最终方法，而对于商法基本原则内涵的解释和理解恰恰就应该成为确定标准的最终的方式。语言表达有内涵和外延之分，内涵涉及运用语言表达的标准或辨识出外延之成员的方法，外延涉及应用这一标准或方法被辨识出的成员。[②] 在商法基本原则这一特定语境下，那些具体的商法基本原则就是这一语言概念的外延，而这一语言概念的内涵正是如何确定标准的最终方式。

（二）辅助性认识

是不是所有的商法基本原则的标准都能够从其概念的内涵中直接得出，这是存疑的，因此，在进行判断标准时还应该辅之以其他的方法。

首先是价值论的方法，区别于其他的科学，法学所具有的一个典型的特征就是其进行了大量的价值判断，多是需要对其目的进行考量，“目的与事实是相容的，目的虽然未必是事物本身的状态，却是一个事物所以有意义的必然的‘存在之势’”。[③] 商法基本原则由于其真理性，应是一种事实存在。关联之，则对目的和价值的判断对于商法基本原则的选定标准具有一定的意义。

其次是比较法方法。根据大木雅夫先生的界定：“比较法是这样一种法学部门或方法：在最一般的意义上，它在各种法律秩序的精神与样式的联系上，揭示各种法律秩序的形态学上的特征以及它们之间在类型上的亲缘性；作为特殊性，比较法主要研究各种法律秩序中可比较的各种法律制度和解决的方法，以认识和完善法制为课题。”[④] 对于比较法的运用其实主要是上述内容中的“特殊性”，从国外的实践来看，极少有国家的立法例上将“法律基本原则”以实定法的方式确定，基本为法学家和法官总结而来，我们可以通过对域外相关商法基本原则和基本原则识别标准进行考察，以作为我们商法基本原则判断标准的一种借鉴和补充。除了对于域外法的考察，我们不能忽略的是国内其他部门法对基本原则的判定标准的考察，其较之域外法具有更大的优势。

四、判断标准的梳理和重塑

理论界对于商法的基本原则的讨论由来已久，但是对商法基本原则的判断标准认识不足，难以形成统一的范式。

① 参见陈骏业：《行政法基本原则原论》，知识产权出版社 2009 年版，第 26 页。

② 雷磊：《法律概念重要吗》，载《法学研究》2017 年第 4 期。

③ 赵汀阳：《论可能的生活——一种关于幸福与公正的理论》，中国人民法学出版社 2004 年版，第 105 页。

④ [日]大木雅夫：《比较法》，范愉译，法律出版社 1999 年版，第 67 页。

（一）学说梳理

商法学界虽然没有对商法基本原则的判断标准的专门著述，但是对此的讨论颇多，有二标准说、三标准说、四标准说等，笔者将以表格的形式呈现对既有的、主要的不同学说的不完全梳理情况。

学说名称	内容	学者
二标准说	贯穿和渗透在商法各个领域；应充分反映商事法律制度的实质和特点①	赵旭东
三标准说	有明确的调整对象；明确区分是现代商法还是近代商法；严格区分是商法的一般原则还是基本原则②	徐学鹿
	普适性；与民法的原则相区分；反映商法的价值③	张保红
	体现商法的基本内容；体现商法的价值取向（效益价值、安全价值）；体现商法的本质（营利性）④	于芳
四标准说	反映商法所调整的社会关系的特性；体现商法的基本内容；统辖商法的具体法律制度；体现各国的共性原则⑤	王春婕
	反映商事关系的本质特征；体现商法的基本内容（商事组织法和商事行为法）；统辖商法的基本制度；适应商法的国际化趋势⑥	张秀全
八原则说	商事立法的指导思想；国外成功的立法经验；商事活动运营的基本规律；要能够满足繁荣我国市场经济的客观需要；准则的根本性；效力的贯彻始终性；内容具有特定性；对于立法和司法活动具有普遍指导意义⑦	雷兴虎
综合标准	在以上各标准下，不要将民法基本原则当成商法原则进行重复表述；不要将商法的具体规则或制度拔高为商法的基本原则；不应机械地理解商法基本原则贯穿于商法规范的始终，不同的商法规范其价值取向仍有不同的重心⑧⑨	顾功耘 郑彧

① 赵旭东：《我国〈商法通则〉体系的设计与构建》，载《国家检察官学院学报》2018年第3期。

② 参见徐学鹿：《论现代商法的基本原则》，载《法学杂志》2003年第1期。

③ 参见张保红：《商法新论》，知识产权出版社2014年版，第73页。

④ 参见于芳：《浅析确定商法基本原则的标准》，载《法制与社会》2014年第8期。

⑤ 参见王春婕：《论商法的基本原则》，载《山东法学》1997年第8期。

⑥ 参见张秀全：《商法基本原则研究》，载《现代法学》1999年第5期。

⑦ 参见雷兴虎：《略论我国商法的基本原则》，载《中外法学》1999年第4期。

⑧ 参见顾功耘：《商法教程》，上海人民出版社2001年版。

⑨ 参见郑彧：《商法要义》，法律出版社2014年版，第68页。

从以上的梳理中，可以看出各学者对于商法基本原则的判断标准有着一定的差异，其中较为统一的是都要求其体现商法的特殊价值和内容，并贯彻于整个商法制度，但是，仅有这些是远远不够的。

（二）标准的确立

通过前文的论述，笔者以商法基本原则的概念和内涵为依据，辅之以其他方法，对商法基本原则的判断标准界定，其应该包括以下几个方面：真理性标准、基础性标准、全程性标准、表征性标准、国际性标准。

1. 真理性标准

法律原则是法律的基础性真理，[①]则商法基本原则也必然地应该具备真理性。真理与规律有深入的联系，[②]这从商法基本原则的产生过程可见一斑。商法基本原则是商法学家或者法官在长期的司法实践中，通过对商事活动的观察，对案件的总结，对学理的归纳，而自下而上地提炼和升华出来的，商法基本原则的产生过程是一个从具体到抽象的被发现的过程。

真理性是商法基本原则最基本的要求和品质。真理就是符合事物本来面貌和对它们之间相互联系与相互关系的认识。[③]真理性要求“理论不应当同经验事实相矛盾”[④]，这就要求被认定为商法基本原则的这项原则必须要符合事物的客观规律，符合商事主体的共同利益和需求。纵观商法史，每个历史时期都有其不同的商法基本原则，例如在20世纪，强化商事主体原则、维护交易公平原则的重要性日渐衰微，而维护交易安全原则、保障交易迅捷原则显得越来越重要。[⑤]这正是由于商法实践的变化所致，真理性要求商法基本原则并不是一成不变的。随着时间的推移、实践的变化、人们认知水平的提高，商法基本原则群中某一部分可能就会被证明丧失了真理性而被摒弃，而又会有新的原则充实进来。这也就要求我们要明确地区分以前的商法基本原则和当下的商法基本原则。[⑥]

回顾学者们对商法基本原则的讨论，鲜有人提及真理性标准，揣测其原因，大概是学者们认为：可以被纳入讨论范围的各项原则均为经过多年实践的，其基本上

① 张文显：《法理学》（第二版），高等教育出版社2003年版。

② 吴浩：《商法原则研究》，吉林大学2012年博士学位论文，第4页。

③ 陈少林、顾伟、廖礼仲：《刑事诉讼基本原则研究》，中国地质大学出版社2012年版，第30页。

④ 许良英等编译：《爱因斯坦文集》（第一卷），商务印书馆1976年版，第6页。转引自李文耀：《科学理论评价中有关真理性标准的几个问题》，载《大连大学学报》1998年第5期。

⑤ 参见何勤华、魏琼：《西方商法史》，北京大学出版社2007年版，第596—608页。

⑥ 相似的说法参见徐学鹿：《论现代商法的基本原则》，载《法学杂志》2003年第1期。具体表述为：明确区分是现代商法还是近代商法。

不存在这一标准的疑问，是当然合理的。[①] 但是，这一观点是否正确是有待商榷的，甚至说是否定的。真理性是商法基本原则概念本身所要求论证的，是内含于概念的内涵之中的，这一标准应该是被明确的。

2. 基础性标准

基础性标准又可以称为根源性标准。从词源上看，我国古汉语中并没有“原则”一词，看来是今人将“原”与“则”合并组成的新词。[②] 何为“原”，古汉语将其解释为“水源，源泉”，应含有事物的本源和起点的意思。由此可见，基础性标准也是商法基本原则概念本身应有之义。所谓的基础性标准，是指商法基本原则是商法其他原则和商事法律制度体系和规范体系构建的基础，对其产生和发展起着重要的指导作用。

商法基本原则之于商事法律制度体系就如同宪法之于一国法律体系一般，其居于根本性的“母法”地位。首先，商法基本原则是商事法律关系中各主体进行活动的根本准则，其地位不可撼动。在商法基本原则的指导下，商法有序地调整各种商事关系，保护各种商事主体，规范各种商事行为，解决各种商事纠纷，[③] 也是商事执法和司法的依据和界限，是规范商事法律制度在司法实践中统一实施的鲜明标志。其次，商法基本原则是商事立法的统帅，缺乏基本原则的指引，商法规范就难以具有完美的体系性。其所蕴含的思想内容、法律理念以及法律价值判断，是构建整个商事法律制度的原则和规则的直接依据和直接基础。基本原则具有一定的模糊性，这也是为了便于其能得到最大的适用范围和最高的指导力。商法具体原则是由商法基本原则产生的，商法规范是商法基本原则的具体体现，则商法的具体原则和规范不可与商法基本原则相违背。最后，商法基本原则的基础性还要求其具有商事法律漏洞填补的功能，成文法具有不可避免的滞后性，当社会的发展萌生出新问题以及疑难问题时，从现实的法律规范中往往难以找到合适的解决方式，这时就应该回到商法基本原则中去寻求帮助，这也是“基础性标准”的应有之义。假若能够坚持营业确认和保护原则，能够正确地理解商事主体的营利性活动，前几年对于餐饮业是否得以对顾客自带酒水收取“开瓶费”的争论就不会如此激烈，甚嚣尘上的否定论就不会如此荒唐地跃然于众多判决书之上，这是对“营利性”的漠视，是商事活动的悲哀。再者，如果对“营利性”有足够的认识，上海大润发超市存包事件中的“存包行为”的定性也就不难进行界定，又为何会引起如此之大的不必要的讨论。这都是我国未能明确商法基本原则对商事活动的阻碍，在“基础性”标准的考

① 参见陈少林、顾伟、廖礼仲:《刑事诉讼基本原则研究》，中国地质大学出版社2012年版，第31页。

② 陈骏业:《行政法基本原则元论》，知识产权出版社2009年版，第31页。

③ 郑彧:《商法要义》，法律出版社2014年版，第67页。

察下，根本不会为以上两类事件容留出成为问题的空间。

3. 全程性标准

根据前述标准，仍然难以将商法基本原则锁定，尤其是和具体原则的区分，根据商法基本原则的概念，我们寻求出第三个标准，即全程性标准。所谓的全程性标准是要求商法基本原则需能贯彻于整个商事法律制度，这也是商法基本原则具有抽象性的一个表现，它起到了提纲挈领的作用。

商法基本原则必须适用于整个商事法律制度的内容，而非仅适用于部分商事法律制度，也即其对所有的商事法律制度发挥指导作用并能够贯穿商事法律制度的始终。换言之，有些原则虽然具有非常重要的地位，但是因为其仅仅适用于某一或者某些方面，则不可上升为基本原则的地位，其仅能是商法的具体原则。适用范围是将基本原则和具体原则相区分的最重要的标准，而非重要性、包容性、替代性。由于基本原则具有抽象性，在一定条件下，需要将其在特定的商事法律关系中的表现形式确定下来，为具体的商事领域提供直观性和可操作性，这也就是具体原则的产生。[①] 举例述之，无因性是票据法律制度构建的一个重要原则，其在票据法律制度中的作用不亚于其他原则，但是因其适用范围有限，仅能作为商法的具体规则。再如商事主体责任加重原则，有学者将其作为一项商法的基本原则，[②] 但是也有人对其进行了否定，理由就是加重责任不具有普遍性，其典型形式为连带责任和严格责任，是民事责任的例外，只有在法律有明文规定的情况下才可实行，除了相关法律的特殊规定外，商事责任不应突破民事责任的一般规则，且这种例外只能是由规定使用这种例外的法律责任条文自身规定。[③]

需要说明的问题是，不能机械地理解“全程性标准”。首先，不能认为商法基本原则贯穿于商法规范的始终，[④] 要求商法的基本原则统筹每一规范是不现实的，也是不合理的，只能说商法基本原则适用于绝大部分的商法规范。更为准确和合理的说法应该是“商法基本原则贯穿于商事法律制度的始终”，统筹商法的具体制度，而非商法规范。这一质疑的主要原因是有人以商行为法和商组织法的分类来检讨“全程性”。在商法基本原则提炼的过程中，我们既应该关注商组织法，也应该关注商行为法，这是为了避免在总结商法基本原则时仅仅以公司法为模型，而忽略了商法体系中的其他内容，但绝不是要求以组织法与行为法的二分来检视商法基本原则

---

① 参见徐国栋：《民法基本原则解释：诚信原则的历史、实务、法理研究》，北京大学出版社2013年版，第31页。

② 持此观点的有叶林老师、张保红老师等人。

③ 参见宁金成：《〈商事通则〉的立法体系与基本原则》，载《国家检察官学院学报》2008年第1期。

④ 参见顾功耘：《商法教程》，上海人民出版社2001年版；郑彧：《商法要义》，法律出版社2014年版，第68页。

的全程性标准。通常，我们认为商事法律制度含公司法律制度、证券法律制度、破产法律制度、保险法律制度、票据法律制度、海商法律制度等，在每一项具体的商事法律制度中发挥指导作用，才可形成和谐的体系，而不至于相互重复或抵触。[①]笔者认为，行为法与组织法二分的视角是对商事法律制度的割裂和分解，也无法实现商法体系化的目的，这种检视方式是不可取的。

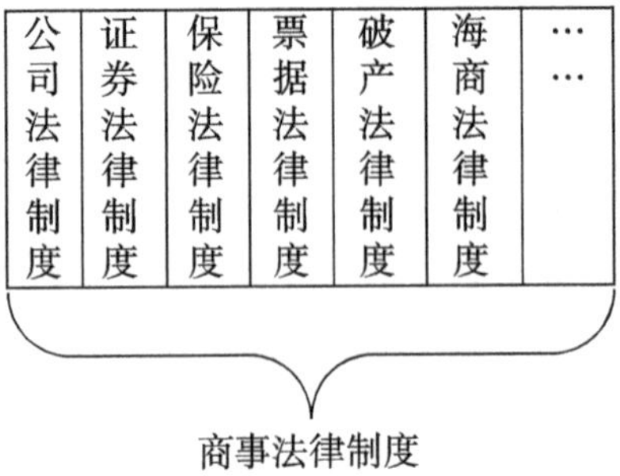

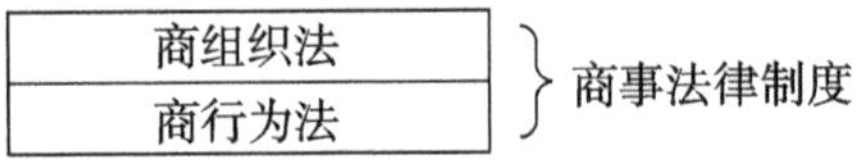

4．表征性标准

表征性标准的得出不仅仅是从商法基本原则的概念本身来的，还加入了价值判断的因素，这也符合法学主要内容为价值论的要求。法律价值体现的载体正是法律原则和法律规则。德沃金在《认真对待权利》中将法律原则构建在道德原则的基础上，法律原则之所以得以要求行为主体遵守，正是因为其所反映出的道德、价值的要求。表征性标准要求商法基本原则能够反映商法的价值追求、商事关系的基本特征，并能将商法基本原则和其他部门法的基本原则相区分，尤其是民法基本原则，这也是表征性所要检视的三方面内容。

（1）商法核心价值

作为商法基本原则，必然要反映商法所追求的核心价值，“法律原则和法律规则或者制度之间有某种联系。原则是以说明详细的规则和具体的制度为基本目的，这是从原则总是根据一贯的、相互联系的规则或者制度合理化的意义上来说，因此，法律原则是规则和价值观念的汇合点”[②]，基本原则更甚。学者基本上认可商法追求的重要价值为效益和安全。

首先是效益的价值或者理念。效益是一个经济学概念，其和效率有很大的关

---

① 参见张秀全：《商法基本原则研究》，载《现代法学》1999年第5期。

② ［英］麦考密克、［德］魏因伯格：《制度法论》，周叶谦译，中国政法大学出版社1994年版，第89—90页。转引自陈少林、顾伟、廖礼仲：《刑事诉讼基本原则研究》，中国地质大学出版社2012年版，第33页。

联性，但又有一定的差异性，效益是效率更高一层的追求。目标在于充分利用现有的资源以追求更大经济效益，这是商事活动的本质要求。[①] 这也正是交易为何越快越好的原则，资本和商品贵在流通，古人尝言："流水不腐，户枢不蠹。"单位时间内，交易次数越频繁，所获利润越高；单位资金周转频率越高，相应的利润也就越丰厚。[②] 基于对效益的追求，就要求营业自由，也即能够最大限度地尊重商事主体的意思自治，最大限度地发挥商人的主观能动性，充分发挥市场的调节和规制作用。另外，该价值要求交易便捷化，主要是对相关程序进行简化，同时又可以实行定型化的交易，格式合同和格式条款得以产生并使用，并适用短期时效，督促商事纠纷的迅速解决，以结束交易上的权利义务不明确的状态，并使得商事关系的权利义务关系稳定。从商事仲裁的产生和发展来看，也正是体现了这一价值。

安全是商法追求的另一价值，和效益价值是相辅相成的，既是对效益价值的保障，也是对效益价值的限制，主要是为了防止过度的利己行为，这里的安全主要是指交易安全。交易安全符合商法旨在维护商事交易稳定，促进财富增长的功能定位。[③] 所谓交易安全乃是主体转移与履行财产义务之交易行为的合法性与确定性。[④] 基于对安全价值的追求，就使得法律对于商事法律制度中的某些规定采强制性规定的方式，尤其是在组织法上居多。典型的如商主体法定，在商行为法上的某些有名合同的书面化要求和绝对必要记载事项的要求等。商事法律制度中关于安全价值的另一典型是外观主义，首先要求商主体将交易中的重要事项进行公示，并且这种公示是可信赖的，可以成为交易的基础，交易的善意相对方基于该公示所进行的交易是受法律保护的。另外，在责任承担上商事责任也往往严厉于一般的民事责任，这种加重责任的设定也是威慑交易主体遵守交易规则以实现交易安全。再者，无因性也是商法的一大特色，是指商事行为与基础行为之间相互独立，这是舍实质公平取形式公平的典型。

（2）商事关系基本特征

商法基本原则应该反映商事关系营利性的基本特征。商品交换的本质和规律决定了营利性是商事活动的基本特征。[⑤] 商事关系是平等主体之间基于营利性目的而构建起来的一种社会关系，"商事关系只可能在商事主体为了实现这一目的之中建

---

① 范健：《论我国商事立法的体系化——制定〈商法通则〉之理论思考》，载《清华法学》2008年第4期。

② 何勤华、魏琼主编：《西方商法史》，北京大学出版社2007年版，第604页。

③ 何勤华、魏琼主编：《西方商法史》，北京大学出版社2007年版，第600页。

④ 参见孙鹏：《交易安全及其民商法保护论略》，载《法律科学》1995年第5期。转引自何勤华、魏琼主编：《西方商法史》，北京大学出版社2007年版，第600页。

⑤ 雷兴虎、李长兵：《商法理念的基本内涵与实现机制》，载《中国商法年刊》2012年版。

立”[①]，营利性是商事关系和商事规则的灵魂。各国商法也都以保护和崇尚营利为宗旨，商法的对营利性的保护实质上是对商人营利性和市场经济条件下利益调节机制的法律认可，[②]营利性更应该得到我们足够的理解和尊重。营利性是商法区别于其他部门法的重要特征，是重要的商事制度和商事规范建构必须首要考虑的因素。于商事关系而言，营利性是商事主体富有创新和冒险精神的源泉，使得商事交易丰富多样，富有活力，这也是商事关系形成的基础。营利性因其重要性而决定了商法的特征和原则。

（3）与其他部门法基本原则相区分

商法基本原则与法的基本原则的关系前文中已经有所表述，不再赘述。商法基本原则应有其特殊性，其中常被提及的是民法的基本原则。无论是采民商合一的法域还是采民商分立的法域，都具有实质商法，这是毋庸置疑的，对于二者的关系，学者普遍认可“民法是一般法，商法是特别法”的说法，但是有人认为“商法是私法的一般法”，有人认为“商法是民法的一般法”，笔者认同第一种观点。两部门法基本原则的区隔源自民商二法本身所具有的差异性：例如民法是纯私法，调整平权关系，但是商法兼具公法性内容；民法以家庭个人利益为本位，但是商法以市场交易主体为本位；商法更认同效益优先更严格的责任等，[③]民法制度并不能包容商法制度；另外，作为独立的法律部门，商法有着自己独立的价值追求和理念，在确定基本原则时更应该凸显独立性和特点，其应该有着区别于民法基本原则的独立原则。对于那些民法、商法基本原则可能存在的形式上相似的内容，更应该从实质意义上去进行分析，典型的如“意思自治”和“外观主义”。

5．国际性标准

国际性标准要求商法基本原则要体现各国商法的共性，符合商法国际化的发展趋势，能为国际社会所认可，这一标准的提出是基于比较法的方法。较之于其他部门法，商法更具有开放性和国际性，纵观西方的商法史，为了追求利润，商人的商事活动不断地冲破区域的界限乃至国家的界限，较早地进行了国际交流和融合，加之现代市场经济具有同质性，商事活动的国际化色彩更加明显，各国之间的商事立法借鉴活动也愈加频繁，使商法具有了国际统一化的趋势。施米托夫指出：商法的国际主义的复归，是东西方的共同呼声，商法的国际法——国内法——国际法这个发展圈子已经完成，各地商法的总趋势是摆脱国内法的限制，朝着国际贸易法这

① 宁金成：《〈商事通则〉的立法体系与基本原则》，载《国家检察官学院学报》2008年第1期。

② 参见雷兴虎、李长兵：《商法理念的基本内涵与实现机制》，载《中国商法年刊》2012年版。

③ 参见于芳：《浅析确定商法基本原则的标准》，载《法制与社会》2014年第8期。

个普遍性和国际性的概念发展。①在全球化和国际交往日益密切的当下，要想赢得商业的发展，就必须使自己融入国际商业环境当中，就有必要借鉴各国立法的共性，以便于纠纷的解决和商业的交流。我国合同法对于国际条约的参考正印证了这一点。

6. 其他

商法的基本原则还应该满足中国实践的需要，正如：法学和民族志，一如航行术、园艺、政治和诗歌，都是具有地方性意义的技艺，因为它们的运作凭靠的乃是地方性知识。②另外，基本原则并非越多越好，在质而不在量，应以必要为限，诚如霍布斯在《利维坦》中所言：没有必要的法律不是良法，而只是聚敛钱财的陷阱；这种法在主权者的权利得到承认的地方是多余的，在没有得到承认的地方则不足以保护臣民。

五、结论

对于商法基本原则的选定以及基本原则选定的标准的界定是一个仁者见仁智者见智的问题，难以有唯一的评判结论，构建出一套科学的体系性的判断标准是笔者所致力于完成的。本文以“商法基本原则”的概念内涵为主要依据，辅之以价值分析和比较法的方法，提出了五项主要的判断标准，以该五项标准为依据初步可以总结出“商事主体法定原则”“营业自由原则”“保护和确认营利原则”“外观主义原则”的商法基本原则群。商法基本原则的研究具有一定的现实紧迫性，但是这一问题的探讨还存在着些许的问题，本文多有不足，一些具体问题未能充分地展开，还有待进一步思考与探究。

（责任编辑：魏晓艺）

---

① ［德］施米托夫：《国家贸易法文选》，中国大百科全书出版社 1994 年版。转引自林敏：《商法基本原则研究》，载《中国人民大学学报》2000 年第 1 期。

② ［美］克利福德·吉尔兹：《地方性知识——事实与法律的比较透视》，载梁治平：《法律的文化解释》，三联书店 1998 年版，第 315 页。转引自赵万一：《中国民法典争鸣：赵万一卷》，厦门大学出版社 2018 年版，第 33 页。

承担社会责任作为商法基本原则的思考

宁金成　陈凤鸣*

摘　要：民法典编纂之际，制定《商法通则》的讨论再进高潮，其中将承担社会责任作为商法基本原则之一引发了一系列的思考与质疑。从公司社会责任的兴起与发展来看，将承担社会责任作为商法基本原则争议不断且比较法上尚未有先例将其作为一般性规定。公司社会责任本身概念模糊、可操作性极弱；又不符合市场经济发展规律，违背市场主体平等原则；同时还可能成为政府寻租的法律依据；也可能提高公司或股东私有财产在一定程度上被瓜分的风险。上述质疑均未妥善解决，在立法之际不宜将承担社会责任作为基本原则写入《商法通则》。公司社会责任理论的重塑需区分公司社会责任与个人社会责任，健全和衔接相关法律制度并鼓励非政府组织的自治行为，实现政府、组织、个人之间各司其职，共同发展。

关键字：公司社会责任；基本原则；质疑；建议

民法典编纂立法活动如火如荼地进行，《民法总则》的颁布实施再一次将民商事立法模式选择的争议推向高潮。2017年10月中国法学会商法学研究会发布了《商法通则（立法建议稿）》，以期在民法典编纂之际，突破传统的民商合一和民商分立的模式，以民法典与商事单行法相结合的方式解决民商立法衔接问题。《商法通则》应具有统领各个商事单行法的总则功能，其中商法基本原则更是作为总则中更具抽象性的基本准则，贯穿于商事立法、司法、法律解释和适用的始终，体现商法的基本理念和指导思想，更应谨慎对待。赵旭东教授在民法典编纂下商事立法主题研讨中提出商法基本原则主要包括：确认和保护营利原则、营业自由原则、商事

* 宁金成，郑州大学法学院教授、博士生导师；陈凤鸣，郑州大学法学院民商专业研究生。

交易便捷原则、商事交易安全原则、公平竞争原则、社会责任原则。[①]笔者认为，从社会责任的兴起与发展来看，将社会责任原则纳入商法基本原则似有不妥之处，对承担社会责任原则的质疑声音不容忽视。公司作为商事主体最重要的组成部分，也是现代经济发展勃兴的强力催化剂，故本文主要以公司承担社会责任问题进行探讨。

一、公司社会责任的兴起与发展

传统的公司法理论认为，公司利益应认定为全体股东的利益，公司存续之目的在于追求全体股东利益最大化。[②]但公司具有快速积累财富的功能，在经济发展中迅速占据优势地位，现代社会的财富逐渐向少数大公司集中。美国研究人员安德森和卡瓦那在1996年发表的10大研究结论中表明，在世界经济100强中，51个是公司，国家只占49个。其中日本丰田公司强于挪威，通用公司强于丹麦。[③]由此引发了对公司在营利过程中对社会产生负外部性的思考，诸如雇佣关系、消费者权益、环境问题、慈善事业等。同时，公司股权的高度分散，公司治理中的两权分离造成股东与公司的联系变得疏松，“股东利益至上”的理念似有动摇。[④]在此情形下，公司是否应承担社会责任的论战应运而生。

（一）公司社会责任的兴起

1895年，美国社会学界的著名学者阿尔比恩·斯莫尔（Albion W. Small）曾在社会学创刊号上呼吁“不仅仅是公共办事处，私人企业也应该为公众所信任”，企业社会责任的观念开始萌芽。1924年，美国学者欧利文·谢尔顿（Oliver Shelton）首次提出公司社会责任的说法，将公司社会责任与公司经营者满足产业内外各种人类需要的责任联系起来，但其观点在当时并未引起足够关注。[⑤]19世纪30年代初，美国哈佛法学院的多德（Dodd）与哥伦比亚法学院的伯利（Berle）关于公司为谁负责的著名论战推动了公司社会责任理论的发展，后来双方均在一定程度上认可对方观点存在合理之处。[⑥]到1953年，美国另一位学者霍华德·R. 鲍恩（Howard R.Bowen）出版了《企业家的社会责任》一书才使得公司社会责任正式进入公众的

---

① 赵旭东、石少侠、李建伟等：《〈商事通则〉立法大家谈》，载《国家检察官学院学报》2018年第3期。

② 王文宇：《公司法论》，中国政法大学出版社2004年版，第28页。

③ 刘俊海：《论全球金融危机背景下的公司社会责任的正当性与可操作性》，载《社会科学》2010年第2期。

④ 参见殷慧芬：《企业社会责任的制度起源及其法律价值》，载《中国海洋大学学报（社会科学版）》2014年第1期。

⑤ 马力、张前、柳兴国：《西方社会责任界说评析》，载《江淮论坛》2005年第4期。

⑥ 参见刘萍：《公司社会责任的重新界定》，载《法学》2011年第7期。

视野。[①] 由此，公司社会责任的支撑理论接踵出现，主要包括 20 世纪 70 年代的公司社会回应理论，20 世纪 80 年代的公司社会表现理论，20 世纪 90 年代的利益相关者理论以及 21 世纪后的公司公民理论等，但总的来说，利益相关者理论是支持公司社会责任的主要理论依据。[②] 即认为公司除了要追求股东利益最大化，还要对其他利益主体负责，包括职工、债权人、消费者以及社区整体利益。[③]

（二）公司社会责任的反驳

然而，公司社会责任的兴起并非所有人的共识。虽然公司力量日益强大，负外部性显现，但公司设立的本旨以及公司制度的核心基础不宜轻易动摇。以美国著名经济学家、诺贝尔奖获得者米尔顿·弗里德曼（Milton Friedman）为代表的新古典经济学者主张："企业有且只有一个社会责任，就是按照游戏规则使用它的资源，从事增加利润的经营活动。"他甚至斥责公司社会责任理论是"一种自由社会里根本的破坏主义，是最坏的社会信条"[④]。波斯纳认为："在竞争市场中，长期为了利润之外的任何其他目标而经营将导致企业萎缩，甚至非常可能破产。"[⑤] 韩国商法学者李哲松认为："企业社会责任这一理论有违企业乃纯粹的营利性组织这一本质，且企业社会责任的内容模糊，义务对象也笼统不明确。"[⑥] 哈耶克也认为："公司的首要职责是提高效率、赚取利润。公司以最低廉的价格提供大量的商品，就是在履行其社会职责。如果不是这样的话，就会损害公司、股东和全社会的利益。"[⑦] 由此，反对公司社会责任的学者可达成的统一意见是从事营利活动才是公司产生和存续的唯一目的，要求公司承担社会责任是对其营利性的背离。

（三）公司社会责任法律规定之比较法探析

无论是支持或是反对公司社会责任理论的学者均有其理论支撑，且彼此均不能完全说服对方，因此各国对公司社会责任在法律上的体现采取的方式也不尽相同。公司社会责任的出现源于美国对公司营利性的反思，传入我国后同样引起了激烈的

① 马力、张前、柳兴国：《西方社会责任界说评析》，载《江淮论坛》2005 年第 4 期。

② 参见朱慈蕴：《公司的社会责任：游走于法律责任与道德准则之间》，载《中外法学》2008 年第 1 期。

③ 参见陈群峰：《论公司社会责任司法化对利益相关者的保护》，载《法律适用》2013 年第 10 期。利益相关者的概念及范围尚有争议。该作者对利益相关者的界定：那些对企业进行了一定的专用性投资，并因此与企业共同承担生产经营中的风险，能够有助于企业目标的实现，但同时也深受企业目标实现过程影响的利益体。

④ [美]米尔顿·弗里德曼：《资本主义与自由》，张玉瑞译，商务印书馆 1986 年版，第 128 页。

⑤ [美]波斯纳：《法律的经济分析》，蒋兆康译，中国大百科全书出版社 1997 年版，第 546—547 页。

⑥ 参见[韩]李哲松：《韩国公司法》，吴日焕译，中国政法大学出版社 2000 年版，第 54—56 页。

⑦ 参见刘俊海：《公司的社会责任》，法律出版社 1999 年版，第 75 页。

争议和讨论，2005 年《公司法》修改后的第 5 条首次将公司应承担社会责任明确写入法律规定中，这一举措似表明了我国立法者对公司社会责任的态度。但从比较法视角来看，美国公司承担社会责任的方式是借助公司内部机制，董事会通过商业判断规则做出决策，主要内容集中于对利害关系人的影响；[①]英国《公司法》规定了公司董事在行事时须以其善意地相信为全体成员利益而为，从长远考虑决策的后果以及相关利害关系人的影响；[②]欧盟《有关促进欧洲公司社会责任的框架》绿皮书就公司内部社会责任列举了四项与利益相关者有关的内容；其中德国模式是市场经济国家中唯一规定职工参与公司机关的立法例；[③]日本则是通过修改《公司法》中具体制度，如公司债权人利益保护等。[④]上述国家对所谓的公司社会责任承担或是列举几项考量因素且不具强制性，或是通过其他具体救济制度予以适用，但是均没有在公司法或商法中做出公司承担社会责任的一般性规定。而我国将其作为一般性规定写入《公司法》中是国际法上的首例，其科学与否还存在较大疑问。因此，在制定《商法通则》这一商事活动总则性质的法律规范中将承担社会责任作为商法基本原则尤其值得商榷。

二、承担社会责任作为商法基本原则的质疑

商法基本原则的概念在学界虽有不同界定，但基本可以明确的是商法基本原则蕴含着商法的基本理念和价值取向，其法律效力贯穿于商法适用的始终，且在穷尽商法规则不能解决的复杂案件中，商法基本原则便可发挥指导作用。将承担社会责任这一概念引入商法基本原则之中，包括但不限于以下的质疑需着重考量。

（一）公司社会责任的法律概念模糊且操作性极弱

公司社会责任这一概念本身仍有较大的争议。首先，就“责任”与“义务”的用词选择来说，有学者认为，从我国立法上来看，此处的公司社会责任似乎被称为公司社会义务更为准确。[⑤]“责任”一词从广义上讲有两层含义：“其一是一方主体基于他方主体的某种关系而负有的责任，实际上就是义务，被称为关系责任；其二是负有义务的主体不履行其义务所应承担的否定性后果，被称为方式责任。”[⑥]而在

---

① 参见王文宇:《公司法论》，中国政法大学出版社 2001 年版，第 28 页。

② 参见罗培新:《我国公司社会责任的司法裁判困境及若干解决办法》，载《法学》2007 年第 12 期。

③ 参见吴东燕:《论公司社会责任及其规制》，载《政法论丛》2012 年第 2 期。

④ 参见田春雷:《我国企业社会责任制度的反思与完善——以中日社会责任制度比较为视角》，载《兰州学刊》2009 年第 1 期。

⑤ 参见周友苏、张虹:《反思与超越：公司社会责任诠释》，载《政法论坛》2009 年第 1 期。

⑥ 张文显:《法理学》，法律出版社 1997 年版，第 143 页。

我国的法律语境里，事实上区分了责任与义务，责任一般采狭义理解，而此处的公司社会责任若在立法上采广义理解，容易引起语义上的混乱，造成误解和歧义。其次，就公司社会责任的界定来说，最大的争议是其究竟是法律责任还是道德责任抑或是其他综合责任。有学者认为其是一种法律责任，[①] 也有学者认为其仅是一种道德责任，[②] 还有学者认为其包括法律责任和道德责任两种，[③] 更有学者认为公司社会责任具有多重属性，是综合责任，如卡罗尔的“金字塔理论”、[④] 美国经济发展委员会提出的“三个同心圆理论”、英国学者约翰·埃尔金顿提出的“三重底线理论”等。[⑤] 对公司社会责任定性争议的焦点在于一方面强调公司以营利性为目标，一方面又要求公司具有社会伦理性，但这两者之间的矛盾是不可调和的，同时加注于公司，身兼数职只会导致两者均不能达到圆满状态。[⑥] 因此，无论是从公司社会责任概念本身的语义不清，还是从其性质界定争议未定来说，公司社会责任这一概念的模糊性特征突出。

公司社会责任在司法实践中适用几乎完全缺失。笔者以“公司社会责任”为关键字，通过中国裁判文书网检索发现，检索结果为44个案例，[⑦] 其中真正使用“公司社会责任”这一术语的多在劳动争议案件中，且仅是依据公司内部手册中记载的事项，对员工的补偿。《公司法》第5条有关公司承担社会责任的口号化规定几乎成了“空白规定”，其根源在于支撑公司社会责任的理论即利益相关者理论本身的内涵与外延就尚未明确。有人认为，公司社会责任是要求公司有社会良心，有人则将公司社会责任等同于慈善捐赠，而有人则把环境保护、员工福利等放在社会责任之中。[⑧] 正如哈佛大学法学院院长罗伯特·C.克拉克认为的：“以清楚的标准，像‘谋求股东利益最大化’为公司的客观目标，远比模糊的目标，像‘合理、适当地

---

① 参见李富民：《公司社会责任理论研究的困境和出路》，载《西南民族大学学报（人文社会科学版）》2011年第7期。

② 参见袁碧华：《公司社会责任为何如此难以实现——基于理想和现实的思考》，载《西南民族大学学报（人文社会科学版）》2010年第1期。

③ 参见朱慈蕴：《公司社会责任：游走于法律责任和道德准则之间》，载《中外法学》2008年第1期。

④ 参见[美]阿奇·B.卡罗尔等：《企业与社会——伦理与利益相关者管理》，黄煜平等译，机械工业出版社2004年版，第23—27页。“企业社会责任金字塔理论”：第一层是经济责任；第二层是法律责任；第三层是伦理责任；第四层是慈善责任。

⑤ 参见彭建国：《企业社会责任的原因、内容与动力》，载《宏观经济研究》2010年第1期。

⑥ 参见宁金成、张安毅：《公司社会责任之伦理责任的公司法审视》，载《郑州大学学报（哲学社会科学版）》2010年第1期。

⑦ 中国裁判文书网：http://wenshu.court.gov.cn/，2018年12月30日访问。

⑧ 罗培新：《我国公司社会责任的司法裁判困境及若干解决思路》，载《法学》2007年第12期。

考虑公司其他利害关系人之利益'，来得容易监控经营者，自然能期待其以负责任、有效率的方式经营公司。"[①] 因此，将公司社会责任这一模糊不清的概念引入法律规范之中，在司法实践中的可操作性极弱，更遑论将其纳入《商法通则》中作为基本原则，占用有限的立法资源。

（二）公司社会责任违背市场经济规律和主体平等

与民法的基本理念不同，商法的核心理念是效率，以最短的时间、最低的成本在残酷的市场竞争中获取营利机会。而公司社会责任理论认为公司在追求利润最大化的同时极有可能会损害员工利益、破坏环境等，因此提出公司应对利益相关者承担一定责任。但事实上，市场的经济规律是一只看不见的手，它自身具备优胜劣汰之功能即可达到所谓社会责任规制的效果。市场经济没有温情脉脉，激烈的竞争迫使经营者必须不断地进行技术创新、提高资源利用率、占领市场份额，而做到这些的前提是必须提供较好的员工福利、提高和培养员工的素质以促进创新、合理规划利用环境和资源、提供满足消费者要求的优质产品和服务等。这不是公司的自觉行为，而是公司为生存与发展必须为之，该项成本投入与将来产出的比较选择是市场经济规律的作用使然。从长远发展来看，剥削员工、破坏环境、损害消费者权益的公司必然在市场经济的竞争中被淘汰出局。公司社会责任理论所阐述的对公司利益相关者承担的责任实质上是市场经济规律内在调控的硬约束，而法律规定中的公司社会责任只会不顾及各个公司的实际情况，在未进行任何商业判断规则的平衡之下笼统对待，对经济形势不佳的公司无疑是雪上加霜。

或许有学者认为："在强调公司承担社会责任时不能不加区别地将大公司承担社会责任的要求也一视同仁地强加给所有其他公司特别是中小公司。"[②] 那么此时需解决的问题是同样作为市场经济主体，主体平等原则在此时就因为公司营利能力的大小进行不公平的区分。虽有"能者多劳"之言，但任何人没有法理依据去强迫所谓的能人多劳，能者愿否在本分之外的领域多劳，全凭自身。那么若公司社会责任处于完全公司自治的空间，既无法进行司法认定，又不能进行强制执行，商法将其作为基本原则只会使大中小公司的权利义务在法律设置上就不平等。再者，《民法总则》第 4 条规定："民事主体在民事活动中的法律地位一律平等。"民事主体又包括自然人、法人和非法人组织。由此可见，公司和其他利益相关者在民事活动中的地位应平等，一方仅因与另一方之间存在紧密关系而对其承担一定的责任还存在法理依据上的不足。若因公司在财力、组织力等方面功能强大而使其对其他主体负担社会责任，那么进一步推论一些控股股东个人能力和资产可能大于部分规模较小的

---

① 张民安：《公司法上的利益平衡》，北京大学出版社 2003 年版。转引自李泉、李振华：《对我国〈公司法〉"社会责任条款"的反思与修正》，载《海南大学学报（人文社会科学版）》2006 年第 4 期。

② 樊涛：《公司社会责任的法律思考》，载《法政探索》2012 年第 6 期。

公司，是否也应在法律规范中强加个人承担该种社会责任。如此看来，似乎又混淆了法律责任与道德责任的界限。因此，公司社会责任的承担本由市场经济规律调控，即使调控失灵下，亦有相关部门法予以制裁。一味地引入承担社会责任原则反而使公司经营成本不适当地增加，致使违背市场经济规律，阻碍其调控功能，同时也违背了市场主体平等的原则。

（三）公司社会责任可能为政府寻租提供法律依据

我国的市场经济是由以往的政府严密管控下的计划经济转轨而来，“中国企业所处制度环境的最大特征之一，就是政府对市场主体具有普遍的影响力，政府行为无论是作为‘掠夺之手’还是作为‘扶持之手’，都将对微观企业主体产生显著影响”。[①] 2006 年 10 月，中共中央十六届六中全会审议通过了《中共中央关于构建社会主义和谐社会若干重大问题的决定》，明确了 2020 年构建社会主义和谐社会是我国当前重要的方针政策。“2001—2005 年企业发布社会责任报告仅为 24 份，而从 2006 年起，企业社会责任报告的发布数量激增，该次契机的出现可在一定程度上证明公司（企业）社会责任的承担与政府的政治利益密切相关。”新政治经济学中的寻租理论认为：“政府对经济活动的干预会产生多种形式的租金，人们会为这些租金而竞争。”[②] 政府掌握着经济运行中的重要优质资源，如政策、税收、补贴等方面，公司社会责任的承担与否、承担多少可在一定程度上影响政府相关部门的政治利益。政府作为国家机关，是各种稀缺资源发放落实的决定者，而公司为更好地获取资源要么通过公司社会责任的承担博得政府好感，要么被迫地迎合政府的意思进行社会捐赠。[③] 将承担社会责任作为基本原则写入《商法通则》中无疑是将其更抽象化适用，将《公司法》第 5 条之规定的适用主体扩大到所有受到商法调整的主体，为政府寻租以获取超额租金提供了合法依据，也为公司等企业的发展设置了一道不得不面临的门槛。

改革开放以来，虽然通过地区分权、进行二元金融体制改革和双轨下的市场改革等举措，不断变革政府管理方式。[④] 但实践中，社会责任的规定可能会成为政府

---

① Shleifer A, Vishny R W, The Quarterly Journal of Economics, *Politicians and Firms,* vol.4, 1994. 转引自李四海、李晓龙等：《产权性质、市场竞争与企业社会责任行为——基于政治寻租视角的分析》，载《中国人口、资源与环境》2015 年第 1 期。

② 黎文靖：《政府寻租视角下的公司社会责任研究——基于中国转轨经济的一个新政治经济学解读》，载《财政研究》2011 年第 2 期。

③ 参见梁建、陈爽英等：《民营企业的政治参与、治理结构与慈善捐赠》，载《管理世界》2010 年第 7 期。

④ Qian Y, The Process of China’s Market Transition（1978—1998): the Evolutionary，Historical，and Comparative Perspectives，*Journal of Institutional and Theoretical Economics*，vol.1，2000. 转引自黎文靖：《所有权类型、政治寻租与公司社会责任报告：一个分析性框架》，载《会计研究》2012 年第 1 期。

加重企业负担的合法依据，进而可能影响公平竞争的市场经济完全建立。再者，一国的法律规范须结合一国之国情，且不论市场经济发达的国家均尚未将公司社会责任的一般规范引入商法之中，单就我国目前的国情，政府对商事主体的干预程度来说，实在不适宜在接下来的立法中将承担社会责任纳入体现商法理念和价值的基本原则之中。

（四）公司社会责任可能提高瓜分私有财产的风险

“私有财产不可侵犯”原则是近现代民法的基本原则之一，是历史经验的沉淀、社会现实的反映以及未来发展的指标。[①]公司承担社会责任似有违背该基本原则之风险，可能成为他人瓜分权利人私有财产的合法途径。公司的投资人将自己权属清晰的财产转入公司名下，由此获取完整的股权作为对价，成为公司的股东，公司则成为该部分财产在法律意义上的权利人。资本市场的活跃最重要的部分之一便是投资人的踊跃投资，使得更多的公司能获取融资得以发展。而公司承担社会责任这一原则事实上是将投资人本身权属清晰的私有财产及其衍生财产权益暴露于所有利益相关者均可分一杯羹的境地。这与鼓励投资、降低投资成本的理念不相符，也是对股权本身所代表的一定财产价值的剥夺。更重要的是，公司虽享有私法上的主体资格，但与自然人毕竟不同，其民事能力须由其法人机关即董事会行使，在此意义上可以说公司社会责任的履行职责一般由董事会具体承担。[②]当然，董事会的该项职权一般先由股东会授予，但该事项通常是以决议的方式做出，不免有不赞同的股东必须承受公司做出与通常生产经营活动无关的成本支出行为。将公司为股东利益最大化的本质以公司社会责任予以修正，过分强调利益相关者在公司中的意义，无异于以社会的名义、以其他主体利益的名义侵犯公司和股东的私权。[③]

有学者认为，传统公司法理论中的“股东利益至上”原则遭到批驳，公司契约理论也得出结论认为，公司的所有成员是同质的，因此股权投资人与利益相关者作为债权投资人并无区别，股东、债权人乃至其他类型的投资者都可能是公司资产的剩余索取权人。[④]该种观点似乎为公司社会责任承担的正当性提供了理论支撑，但需要明确的是股权投资与债权投资最大的差异就在于收益分配优先序列上。股东是“最后的索取者”，其以股权请求公司分配剩余财产的权利次于所有形式的债权，从

① 参见王泽鉴：《民法概要（第二版）》，北京大学出版社2011年版，第23—24页。

② 李建伟：《公司社会责任的内涵界定与实现机制建构——以董事的信义义务为视角》，载《清华法学》2010年第2期。

③ 参见吴东燕：《公司社会责任及其规制》，载《政法论丛》2012年第2期。

④ 参见施天涛、杜晶：《公司社会责任与公司权力再分配》，载《社会科学战线》2010年第1期。

这个角度来说，股东的利益实际上是最没有保障的。[①]因此《公司法》赋予股东对公司的自益权和共益权而未赋予其他相关债权人同类的权利，股东与其他利益相关的债权人并非同质的。故上述理论不能为其他利益相关者参与公司财产分配提供合法合理的依据，也不能成为公司应承担社会责任的支撑，更无法避免利益相关者借此名义瓜分公司或股东私有财产之风险。

三、重塑公司承担社会责任理论的建议

《公司法》第5条和《民法总则》第86条均提出公司等营利法人应当承担社会责任，作为一般性规定，其可操作性极弱，将其进一步定性为倡导性规定似乎可以弥补这一缺陷。但是，即使认为公司承担社会责任是倡导性规定，可解释该法律规定之合理性，也不宜将其作为商法基本原则予以确认。营利性是商法规则构建的灵魂，“任何一种商事关系都反映着商事主体的营利动机，商事关系只可能在商事主体为实现这一目的之中建立”[②]。而承担社会责任作为商法基本原则必然与商事活动营利性的本质属性相背离，是对商法基本理念的冲击。因此，有必要重塑公司社会责任理论，明确公司社会责任与个人社会责任的区分，健全和衔接相关法律制度，鼓励非政府组织的自治行为。

（一）区分公司社会责任与个人社会责任

美国的公益事业发达，但据1992年统计，全美国当年的慈善捐款共达1243亿美元，其中来自个人捐款的达到992亿美元，占比81.4%。[③]巴菲特、比尔盖茨等世界著名企业家均奉行“在商言商”的宗旨，先做商人，再做公益慈善家。由此可见，对于社会责任的承担并非一定要强求公司接受双重标准，一方面为股东利益，另一面又兼顾其他利益相关者，而两者之间的偏好不同，甚至利益本身就存在冲突，对双方都负责，最后可能因利益矛盾导致对谁都不负责的结果出现。[④]

事实上，公司存在本身就满足着各种利益主体的需要，已经承担着巨大的社会责任。其一，满足消费者消费优质产品和服务的需要；其二，满足政府的财政收入需要；其三，满足广大劳动者的就业需要；其四，满足债权人、投资人的交易融资

---

① 参见张维迎：《所有制、治理结构及委托代理关系——兼评崔之元和周其仁的一些观点》，载《经济研究》1996年第9期。

② 王保树：《商事法的理念与理念上的商事法》，《商事法论文集》，法律出版社1997年版，第3页。转引自宁金成：《〈商事通则〉的立法体系与基本原则》，载《国家检察官学院学报》2008年第1期。

③ 郗杰英：《基金会——美国社会发展的重要均衡因素》，载《中国青年科技》1999年第10期。转引自宁金成、张安毅：《公司社会责任之伦理责任的公司法审视》，载《郑州大学学报（哲学社会科学版）》2010年第1期。

④ 参见伍旭中：《企业社会责任概念的二重性分析》，载《中国经济问题》2009年第3期。

投资需要；其五，满足着社会财富创造，推动物质文明进步的需要；其六，满足着社会建设的技术创新和进步的需要。以上等等均是公司自身在追求利润最大化的过程必须实现的，也是公司作为市场主体的重要组成部分在其产生、发展和壮大的阶段中对社会的贡献，其已是在市场经济规律下履行应尽的社会责任。而个人社会责任则是股东个人对社会公益事业以其意思自治做出的贡献。区分企业与企业家的社会责任，公司仅做好职责之内的事项，为股东谋求最大的利益，而后股东从公司中获取更多收益，才可能更好地参与社会公益事业，这是股东自己的事情，与公司无涉。若在公司取得收益之初便要求公司承担社会责任，只会降低公司效率，减少股东的利润收益，消减企业家履行社会责任的能力。因此，区分公司社会责任和个人社会责任是重塑公司社会责任理论的重要基础之一。

（二）健全和衔接相关法律制度

正如上文所述，承担社会责任本身就不具可操作性，最重要的是无法在公司未履行所谓的社会责任时对其强制执行。而与公司紧密相关的利益主体合法权益的保护，以及受损害时的救济有赖于其他部门法的约束。环境问题、职工问题以及消费者的问题，应由《环境保护法》《劳动法》《消费者权益保护法》等不同的法律制度加以规范。《公司法》只承担解决公司自身问题的任务，而不应是解决所有衍生问题的百宝箱，各个部门法应相互衔接，实现各司其职，完善法律分工。①

对于公司的违法行为，如污染环境、损害劳动者权益和消费者权益，可在相关法律规范中加强事中和事后监管，提高违法成本。美国的集团诉讼是允许一个人或几个人代表他们自己和那些声称受到同样损害或者是以同样的方式被侵害的让其他人起诉或被诉的制度。②集团诉讼被誉为美国公司头顶上悬着的一把利剑，公司产品或服务引起大范围的侵权行为极大可能导致该公司从此一蹶不振。因此，即使美国的公益事业绝大多数并非出自公司，但公司也并未造成很多社会不良问题的出现。究根到底，法律制度的供给是关键，在政府职责之内的事项应有相关行政法予以明确，在其他法律射程之内的事项应由其他法律规范予以约束。

（三）鼓励非政府组织的自治行为

古人云："穷则独善其身，达则兼济天下。"③无论是组织还是个人，在自身条件较为优越时，可以选择兼济天下，国家也倡导其投身公益事业，这仅是道德责任的范畴。法律与道德总是在社会跌宕起伏的演进中时时变迁，但法律是主体最低的行为准则，而道德则是更高的行为要求，两者之间需有一定的界限，否则背德行为很

---

① 参见樊振华、张舫:《公司社会责任的制度悖论及其克服》，载《湖南社会科学》2014年第6期。

② [美]玛莉·凯·凯恩:《集团诉讼》，载《外国法学译丛》1987年第3期。转引自周一平:《"瘦肉精事件"引发的法律问题及解读》，载《河北法学》2010年第10期。

③ 出自《孟子》的《尽心章句上》(第九)。

可能借法律之名予以惩处，那么主体行为的可预期性、权益的保护等都无从谈起。因此，对属于道德范畴之内，不适宜以法律原则的形式予以规范的行为，可通过立法机关、执法机关等进行鼓励。《商法通则》中虽不宜以承担社会责任作为基本原则，但国家可以通过税收、政策倾斜等方式鼓励公司为社会做出力所能及的贡献。但必须强调的是这属于公司自治的范畴，任何国家机关不应多加干预。公司效益好，为在公众面前树立良好形象以期长远发展的，愿意参与社会公益活动的，或公司当前效益不佳，不适宜再增加成本进行公益事业的，公司可根据自身情况因时制宜。

再者，如行业协会等组织亦可在业内根据情况制定公司参与社会公益活动的指南，在公司有意向进行公益事业时给予引导。这种非政府组织的自治行为可集中不同公司的优势，同时也能在适当时机达到规模效应，更好地发挥公益力量。无论是公司本身还是其他非政府组织，在公司承担社会责任上，均应遵循意思自治的原则，国家机关也应当在法律框架之下，予以尊重和鼓励。

四、结语

公司社会责任是对以追求利润最大化为唯一目标的传统公司经营理念的修正，其本质是要求公司在追求利润最大化的同时应当维护和增进其他社会利益。[①] 但无论是公司社会责任的兴起、发展还是在当今世界的运用，其存在的弊端是无法忽视的。公司社会责任从其概念本身模糊，到对市场经济和市场主体的影响，再到对政府寻租的促进以及对私有财产权可能造成的损害等，均表明承担社会责任尚不适宜作为《商法通则》的基本原则之一。厘清公司社会责任与个人社会责任的区分，不将政府职责强加于公司之上，以相关法律规范予以约束，同时鼓励公司、行业协会等组织根据自身或本行业的情况对公司参与社会公益事业进行自治，以此方能解决股东利益最大化与维护利益相关者权益之间的矛盾。

（责任编辑：刘荣）

---

① 蒋建湘：《企业社会责任的法律化》，载《中国法学》2010年第5期。

从“留置抗辩权”谈体系整合的科学性问题

张 谷*

一、双务契约之外也有交互债权的存在

在我国民法上，留置权和双务契约同时履行抗辩权分处在物权法和合同法中。法定留置权一直被作为担保物权看待，这一观点是非常狭隘的，体系上不能融会贯通，且在理论上也存在疑问。一般留置抗辩权、双务契约中的留置抗辩权、法定留置权、商人之间的留置权，本来应该形成一套完整的制度。

过去国内许多学者没有注意及此，直至近年来这方面才开始受到关注。中国大陆的合同法规定和我国台湾地区“民法”一样，针对双务契约规定了同时履行抗辩权、不安抗辩权（我国台湾地区“民法”第264条，中国大陆《合同法》第66条、第68条及第69条）；和我国台湾地区“民法”还有一个共同点，就是在整个债的层面上（债务关系的一般规则中）都没有关于一般留置抗辩权的任何规定。

给付义务和对待给付义务、此方债权和彼方债权的交互关系，并不仅仅存在于双务契约的场合；有一些债权债务关系，哪怕是契约以外的法定之债，也可能在债权人和债务人之间存在着交互的债权，这时根据诚信原则，对他们之间利益关系的调整，同样需要做出和双务契约类似的安排。

二、双务契约之外的交互债权也需要以留置抗辩权作为利益平衡手段

像遗失物拾得人和失主之间返还遗失物的关系，就是债权债务关系。这种关系尽管规定在物权法里，但不是物权关系，而是债的关系。因为失主不一定都是遗失物的所有人，例如从图书馆借阅的图书遗失了，借阅人作为失主当然可以向拾得人要求返还，但借阅人并不因此取代图书馆成为该书的所有权人。当然大多数情况下

---

* 张谷，浙江大学法学院教授、法学博士、博士生导师。

失主常常就是遗失物的所有权人，此际，失主除了可以依据《物权法》第 109 条的法定之债主张返还外，作为所有权人也可以依据《物权法》第 34 条主张所有物返还请求权。在标的的返还关系中，包括遗失物返还关系中，返还义务人因为花费的费用或者因为标的带来的损害，而对于返还请求权人享有费用偿还请求权或者损害赔偿请求权，这些请求权与权利人的返还请求权就会形成交互关系。

例如，笔者捡到他人的宠物加菲猫一只，如若购买此猫一只的话，需要五千元人民币。笔者捡到这样一只猫，就等同于捡到五千元人民币。所以，笔者对此猫好吃好喝好招待，用最好的猫粮、猫罐头喂它。此后笔者发了朋友圈、张贴了招领广告，失主过了一年半载后出现指认该猫并要求带回。带回去当然可以，可笔者付出了这么多的心力和费用，手还被抓伤过，打过破伤风，为了打破伤风，还打了出租车去指定的地点注射，失主总得补偿笔者吧，至少必要的费用和损害赔偿得弥补。失主说那是笔者自愿的行为因而不进行补偿！失主不补偿，笔者就不还那猫给失主！笔者这么干，行不行？好像没有什么不妥。

可是法律依据在哪里？笔者能直接以《合同法》第 66 条为依据吗？不能。因为这毕竟是一个《物权法》第 109 条和第 112 条第 1 款规定的法定之债，不是契约之债，更不是双务契约之债。《合同法》第 66 条要求“当事人互负债务”，这条是规定在“合同的履行”一章里的，因此，所谓当事人就是合同当事人，互负债务的基础在于合同，这样的合同就是双务合同。笔者作为拾得人和猫咪的失主之间不存在合同，当然要件上就不符合。那笔者该如何是好？

如果面对这样的争议，立法者应该如何做出安排？大体上有三种方案：第一种方案，立法上不做出规定，将来让法院处理个案时根据具体情形，决定是否可以类推适用《合同法》第 66 条来解决。第二种方案，立法中明确规定准用条款，荷兰民法典第六编的第 261 条第 2 款规定：“有关双务合同的法律规定准用于其他旨在进行相互的给付履行的法律关系，但是以与那些法律关系的性质相符为限。”第三种方案，在民法上规定一般留置抗辩权。德国民法第 273 条就规定了一般留置权（das allgemeine Zurueckbehaltungsrecht），具体分为两种，一种是基于同一法律关系甚至一体化的生活关系而产生的具有交互关系的请求权，其中反对请求权可实行且到期的，其请求权人有一般留置权，除非基于约定、法定、债务关系的性质或者诚信原则不允许留置。例如持续交易框架内的交互的请求权，或者婚姻关系及类似婚姻的共同关系解体而产生的交互的请求权，其反对请求权人的留置权属之。另一种是基于物的返还关系，返还义务人费用或损害赔偿请求权与对方的返还请求权立于交互关系产生的留置权。这两种一般留置权，性质上都是留置抗辩权，因此可以称为一般留置抗辩权。

三、民法上规定一般留置抗辩权方案的理由

笔者倾向于采取上述第三种方案来完善我国的立法，理由有四点：

第一，通过规定一般留置抗辩权，可以补充《合同法》第 66 条适用范围上的局限。从实际问题处理的结果上看，前述三种方案——类推适用、准用或者明确规定适用——并无根本区别。但是如果采取第三种方案，还会产生另外两种方案无可比拟的好处。

第二，通过规定一般留置抗辩权，可以补充《合同法》第 66 条效力上的不完备。双务契约中，债权人未为对待给付或未为对待给付之提出时，债务人虽然可以主张同时履行抗辩权，这时法院应该如何裁判？是驳回原告即债权人的诉讼请求还是判决原告胜诉？怎样才能申请强制执行？对此，我国《合同法》均未置喙。过去的《大清民律草案》早已做出明确规定，其第 533 条规定：“双务契约当事人之一造，于所应受之给付向相对人起诉者，其相对人提出抗辩，主张尚未受对待给付前拒绝自己所担负之给付时，其主张之效力，只得使审判衙门以判决令与对待人互相清偿。（1 项）”“双务契约当事人之一造负有先向相对人为给付之义务，相对人于受领给付有迟延者，得向相对人提起于受领给付后应为所担负给付之义务。（2 项）”“依前两项规定受胜诉判决之债权人，以债务人于其所应受之给付有迟延时，得不为自己所担负之给付，即依强制执行行使权利。（3 项）”德国民法第 274 条对更为一般性的留置抗辩权效力也确立了同样的原则，该条规定：“针对债权人之诉主张的一般留置权，其只具有这样的效力，即应判决债务人于收到其应得的给付时而为给付（同时履行）。（1 项）”“基于这样的判决，于债务人受领迟延时，债权人即使未为其负担的给付，也可谋求实现其请求权。（2 项）”因此，如果在合同编内规定一般留置抗辩权，并详细规定其效力，那么双务契约中的抗辩权作为一般留置抗辩权的具体表现，《合同法》第 66 条就会成为有关一般留置抗辩权规定的特别法（lex specialis），其效力与一般留置抗辩权的效力，应受同一规则支配。这样一来，《合同法》第 66 条由于效力欠缺产生的规范不完备问题就化于无形了。

第三，通过规定一般留置抗辩权，可以使相关规定在体系化的同时，更好地分工合作。在我国民法典合同编编纂时，虽然单独的债务关系编已经不在立法者的考虑之列了，但这反而对立法者提出了更大的挑战。因为适用于一切债务关系的通则性规范从来不是可有可无的，它们即使不能名正言顺地托庇于债务关系编里，也必须内化在合同编里，这就是学者所谓“合同编发挥债法总则的部分功能”的确切含义。因此，立法过程中，需要始终不忘初心，严格按照债务关系的一般规则、契约债务关系的一般规则、双务契约债务关系的一般规则和各种有名契约的一般规则这样四个层次来安排素材，后者相对于前者来说，都是更为特别的规则。如果我们引入一般留置抗辩权，它就属于第一个层次；现在《合同法》第 66、68、69 条的

规定就属于第三个层次，同时履行抗辩权和不安抗辩权性质上同属于留置抗辩权（PICC 7.1.4 中的“withhold”也有留而不发、留置的含义）；如果在房屋租赁合同中加入出租人对承租人携入物品的特别留置权的话，则属于第四个层次。

第四，通过规定一般留置抗辩权，我国《物权法》[①] 的法定留置权或许可以得到合理的改造，可以重新整理。我国物权法上规定的留置权很有特点：留置权和双务契约同时履行抗辩权同时并存，一为物权，一为债权的效力，立法体例上与德、法不同，与瑞、奥、日近似，这是一个特色。民事留置权自始就带有浓厚的商事留置权的痕迹，里面又嵌入了商事留置权的特则（如《物权法》第 231 条但书，为商事留置牵连关系的拟制而设），民事留置权和商事留置权的界限不清，这是另一个特色。

四、德国商法中的商事留置权制度

前面说过，德国民法第 273、274 条规定一般留置抗辩权。这种民事留置权源自罗马法上的恶意抗辩（exceptio doli），并没有物权效力，仅属一种人的抗辩，只能对于特定人行使。双务契约的同时履行抗辩权，较为后出，德国普通法继受后加以发展，最终纳入《民法典》第 320 条。在民事留置权之外，《德国商法典》还有商事留置权的规定。黄右昌先生[②] 在《民法诠解物权》中介绍说：商事留置权于十六世纪及十七世纪产生于意大利之斐恩泽（Fienze）及格鲁尼（Genova）二州的习惯，当时鲜有规定，后来《匈牙利商法》（第 309 条、第 310 条）、《德国商法》（第 369 条）始以明文规定，《日本商法》（第 284 条）采用之。

德国商法上，商事留置权的成立要件为：（1）债权人和债务人均为商人。（2）债权须为他们订立的双方商行为所产生的到期金钱债权，至少是可转化为金钱债权的债权。（3）标的只限于可扣押（即可转让）的动产或有价证券。标的物所有权原则上属于债务人，例外情形下债权人自己的标的物（经济上属于债务人财产）也可以。例如债务人出售并转让机器给债权人，因为瑕疵，债权人解除合同后，对于应返还的机器加以留置；又例如经收行纪商从第三人处受让机器，本应继续转让给委托人，但因委托人未支付佣金而留置机器。（4）债权人占有标的须经债务人同意，且须基于商行为而取得占有。（5）商事留置权可通过协议排除；如果行使留置权会和债务人在交付前或交付时的指示相抵触，或者和债权人承担的相关义务相抵触，商事留置权也被排除。

商事留置权有三种效力：（1）债权人有抗辩权，可以拒绝债务人的返还请求权。如果债权人对债务人交还留置物请求权所拥有的抗辩权可以用来对抗第三人的，在此限度内，债权人也可以对第三人的交还请求权行使抗辩权。例如甲的机器

---

① 民法典物权编草案（室内稿）和（征求意见稿）亦同。

② 前北京大学教授、“民律二草”物权编执笔人、民国政府司法院大法官。

在乙处存管，其间，甲、丙就该机器达成让与担保合意，并让与返还请求权于丙。后丙请求乙返还机器，乙对第三人丙也可以行使抗辩权。（2）债权人对留置物有变价权，可以通过强制执行来受偿，也可以通过出卖来受偿。通过出卖受偿，须先取得执行名义，否则出卖留置物不合法。如果在债权人占有标的物期间，债务人可能将所有权让与第三人，而债权人毫无所知。为了保护债权人，《德国商法典》第372条第1款特别规定了所有权拟制（Eigentums-fiktion）：只要在债权人取得占有时，债务人是标的物的所有权人，为债权人利益起见，在以留置物受偿方面，该债务人后续也视为所有权人，除非债权人知道债务人不复为所有权人。债权人不仅有受偿权，而且当第三人对留置物有权利时，在其可以对第三人行使抗辩权的限度内，债权人优先于该第三人由留置物受偿。（3）债务人破产时，债权人有留置物别除权。

和一般留置抗辩权相比，德国的商事留置权仍然是留置抗辩权，在适用范围方面，既有限缩，又有扩展。限缩，有主体方面（商人之间），有债权方面（双方商行为产生的主要是金钱债权），也有客体方面（可扣押的动产和有价证券）；扩展，指的是商事留置权不以债权之间的关联性为要件（keine Konnexitaet），而一般留置抗辩权则以债权之间的关联性（Konnexitaet）为要件。关联性也称为牵连关系，系德国商法学家哥德施密特所发明，有牵连关系者，为民事上留置权，无牵连关系者，为商事上留置权，而后两种留置权的界说，得以确定。在效力方面，商事交易要求迅速了结，在限定留置客体范围的前提下，从留置抗辩权向前跨出一步，赋予债权人即商事留置权人以变价权，变价权包含了受偿权和一定程度上的优先权，但是这种变价权的意义不可高估。因为以出卖留置物受偿，需要取得执行名义，不够快捷，一旦留置物价值有限，还得另行以债务人责任财产受清偿；如果选择以强制执行途径受偿，德国民法典第273条的一般留置抗辩权也走得通。最终，反而是别除权的作用在破产程序中突显出来。尽管商事留置权效力增强了，德国法不认为商事留置权是物权，只不过有了类似于质权受偿权（pfandrechtsaehliches Befriedigungs-recht）的留置抗辩权。

五、我国留置权规定的体系问题

民国时期民法留置权的规定，说起来是因为民商合一，继受自瑞士民法，实际上是瑞士民法和日本民法结合的产物，在承认其物权性质方面更为大胆，但时不时仍露出民事留置抗辩权的“小尾巴”。改革开放后，我国的留置权制度经过《民法通则》《担保法》到《物权法》的发展，初具规模，但也存在一些问题。现在关于留置权的法律规定，内部还不够协调，作为民事法上的留置权非常“商化”，民事留置抗辩权的痕迹不时显现，物权效力并不完整，也无法完全贯彻。一句话，整个制度内部两股力量紧张得很，民事的、商事的留置权，债权效力的、物权效力的留置权拧在一起。

我国民法上的留置权是物权，其物权效力集中体现在留置权人的优先受偿权上，这种优先受偿权甚至不分青红皂白，一概优先于在先的意定动产担保物权。《物权法》第 239 条规定："同一动产上已设立抵押或者质权，该动产又被留置的，留置权人优先受偿。"这里的意定动产担保物权都先于留置权产生。虽然动产抵押不以占有为要件，动产上容易再产生留置权，但是，如果留置权人在取得占有时知道动产抵押的存在，仍然可以比动产抵押人优先受偿，这实在是有些过分。质权不同于动产抵押，虽以占有为要件，但通过占有媒介之第三人直接占有，同时表征着债权人的间接占有，仍可以成立动产质权。若该第三人嗣后同意其债权人对该动产取得占有，不免出现权利竞争，这时不问留置权人知情与否，一概予其以优先受偿权，同样是不合理的。在动产已经以让与返还请求权的方式设立让与担保的情况下，亦复如此。此外，留置权的物权效力也体现在其具有的用益功能上，《物权法》第 235 条明确承认留置权人的孳息收取权。

正是留置权的物权性质，导致立法者不得不将客体限定在"债务人的动产"领域，而且按照担保物权的一般要求，"债务人的动产"也只能是可转让、可扣押的动产。这就造成一种局面：一方面，我国没有一般留置抗辩权制度，仅靠双务契约的同时履行抗辩权不足以应付现实的需要，必须另谋途径。另一方面，留置权号称是民事的留置权，本来可以将客体扩大于不限于动产，像《日本民法》那样，甚至可以对标《德国民法》第 273 条，不必限于有体物。但是，现在客体上限制死了，根本无法扩张。这就造就了我国留置权的怪模样：表面上是民事留置权，内里却是商事留置权。

当然，人们也可以说，既然很多抗辩权的功能交给双务契约去解决，大不了还可以类推适用，让留置权专心发挥担保物权功能，不是挺好吗？这的确是不错的思路，但是立法上的定位和思路却并不清晰。

我国的留置权说起来是担保物权，但是其债权效力的"尾巴"老是"招摇"着。这也有几个方面的表现：第一，如果是担保物权，为什么抵押权、质权都可以由债务人之外的第三人提供担保物，独独留置物却只限于"债务人的"动产（《物权法》第 230 条）？第二，为什么债权人留置动产后变价之前，还要和债务人约定期间，或者以最短 2 个月的法定期间以为缓冲？这些约定期间、法定期间，说起来是"债务履行期间"，实际上醉翁之意不在债务履行，而在乎让债务人另行提供担保（《物权法》第 236 条）。第三，为什么债务人另行提供担保作为留置权消灭的特则（《物权法》第 240 条情形二）？既然同为担保功能，那么问题来了，如果债务人另行提供的担保也很切实充分，甚至比留置物权更加切实充分，这时债权人能否通过拒绝接受另外的担保，而保留住既有的留置权呢？这恐怕不行！《瑞士民法》第 898 条第 1 款规定："债务人不履行义务时，债权人经事先通知债务人，得变卖留置物。但此规定仅限于债权人未得到充分担保的情形。"意思是说，只要债务人提供充分担保，就可以避免和制止变卖留置物。无独有偶，《德国商法典》第 369 条第 4 款对商事留置权的消灭也有此类规定，而且这样的规定在《德国民法典》第 273 条第 3 款对一般留置抗辩权也有明确规定，说明这是消灭具有相对效力的留置抗辩权的方法。第四，为什么留置权人丧失留置物的占有也是留置权消灭的特则（《物权法》第 240 条情形一）？质权也是动产担保物权，何以占有丧失不作为质权消灭的原因呢？如果说占有丧失后，质权人可以根据《物权法》第 245 条第 1 款提出占有返还请求权，那么留置权人何尝不可以有占有之诉呢？如果质权人在一年内回复占有，可以视为质物的占有为丧失，那么何以厚此薄彼，对留置权人不同样对待呢？还是留置权固有的抗辩权在作祟。第五，尤其值得注意的是，《担保法司法解释》第 87 条第 2 款规定：“因不可归责于质权人的事由而丧失对质物的占有，质权人可以向不当占有人请求停止侵害、恢复原状、返还原物。”这实际上表明审判实践中明确将质权人当作“准物主”，作为《物权法》第 34 条意义上的“权利人”。不管该解释理论上有无疵累，反正质权人在占有丧失时，可以直接提出“本权之诉”。然而，审判实践却再一次优待质权人，歧视留置权人，让留置权人情何以堪？现行法给我们留下重重迷雾，拨云见日，总结起来，答案就一句话：作为所谓担保物权的留置权，其骨子里的“抗辩权”基因是无法根除的！

留置权的相对效力既然反映了它与生俱来的“抗辩权”气质，那么制度整理的另一种可能，就是走德国式的道路，让它“质本洁来还洁去”，回归抗辩权的相对效力。因此可以在合同编草案中容纳与《德国民法》第 273 条相当的规则，而物权编草案里仅保留商事留置权，作为添加了变价权的抗辩权（类似于质权受偿权的留置抗辩权），后面接续作为物权编保护的占有事实，逻辑上倒也顺畅。

把留置权的双重性择其一，发挥到极致：要么将留置权改造成真正的担保物权（甚至直接改造为法定质权），要么改造成真正的留置抗辩权，都不失为选择。当然，立法者如果有魄力，也不妨就在物权编留置权章“螺丝壳里作道场”，根据其抗辩权效力，设置一种要件，以弘其用，再根据其变价权效力，设置附加要件，加以限缩，形成一体两用，同时兼顾与同时履行抗辩权的分工合作，这也不失为一种创造。

笔者个人对留置权的认识可能有失偏颇，但这并非重点。重点在于，笔者不过是以留置权作为话头，旨在说明这样一个制度，要想根据科学立法的要求，在法典化过程中妥当处理，不仅需要明乎恶意抗辩、同时履行抗辩权、商事留置权等制度的历史变迁，而且需要高度的体系化能力和全局观。即便就德国私法的情况来看，留置抗辩权要想安排妥当，既要处理好民商关系，也要处理好物债关系，同时还要处理好债务关系内部各层次规则之间的关系，这绝非等闲之事。

（责任编辑：刘荣）

征文精选
域外比较

中国商法国际化的立法借鉴与制度回应

——论《非洲一般商法统一法》对中国《商法通则》立法的镜鉴

徐璟航[*][**]

摘 要：中国商法四十年，国际化一直都是中国商法不断追求的目标，但薄弱的商事立法基础和欠缺的商业伦理传统导致了中国商法在国际化过程中产生了大量困境。近年来，与中国商法发展历程具有诸多相似性的非洲商法协调组织（OHADA）却通过建立以《一般商法统一法》为核心的商事统一法体系迅速实现了商法国际化的目标，其"基本法"加"单行法"的立法模式以及对外国法的移植借鉴等经验尤其值得中国在未来制定《商法通则》和实现商法国际化的过程中予以高度重视。

关键词：商法国际化；非洲商法协调组织；《商法通则》；《非洲一般商法统一法》

一、引言：中国商法国际化的时代呼唤与立法困境

商法国际性的本质属性和国际商事制度竞争的日益加剧，对中国商法国际化提出了新的时代要求，然而中国现代商法国际化发展的三大历史阶段却又分别暴露出

* 徐璟航，南京大学南海研究协同创新中心"南海计划"博士研究生，研究方向为国际商法。

** 本文是国家社科基金项目"民法典编纂后的商事立法研究"（17BFX008）、国家社科基金重大研究专项"把社会主义核心价值观融入社会主义市场经济法律制度研究"（18VHJ002）、教育部中国南海研究协同创新中心法律平台课题"南海研究协同创新中心法律平台法律研究"的阶段性成果。

了明显的制度缺陷。[①] 由于中国现代商法是在市场经济极度匮乏环境之下发展起来的，制度供给缺位导致中国商法在国际化的道路上分别出现了以“政策性立法理念的滥觞和路径依赖”“商事法律移植的偏失”“国际互动的失衡”为特征的立法困境。[②] 虽然这些立法困境形式各异，但根本都是因中国商法起步较晚而缺乏必要的制度沉淀和基本规则所导致的。因而提高中国商法国际化的核心就在于制定既符合中国国情，又具有国际共通性，并且能够匹配国际商法全球化发展趋势的商事法律。

二、OHADA 的国际化成果:《一般商法统一法》为核心的统一法体系

在如今世界众多的商法国际化和趋同化组织中，非洲商法协调组织（OHADA）因为在商法国际化的道路上取得了大量成果而备受世界各国关注。不同于欧共体自身优良的商业环境和深厚的商法底蕴，OHADA 在国家经济发展状况、商法立法传统乃至法律文明程度上都相对落后。即便如此，OHADA 近年来却也迅速完成了区域内商法国际化和统一化的工作，形成了以《非洲一般商法统一法》为核心的统一商法体系，可谓成果斐然。

20 世纪末开始，非洲法律的发展就开始出现新的趋势，即法律必须为经济发展服务，法律必须便于律师和非律师查阅和理解，必须能够提供有利于投资的法律环境。而就法律的适用而言，它应当是可负担且可预测的，并且要避免受到可能导致投资行为无效的国家干预。此外还应当尽量减少与法律适用相关的利用成本，使投资者获得更大的规模效益。[③] 因此 OHADA 正是出于使商业法律在超国家的层级上得到协调，并构建商法领域现代化、国际化的法律框架，以促进非洲国家经济发

---

① 中国商法国际化的三大历史阶段分别是:（1）1978 年至 1993 年的政策性涉外立法阶段。（2）1993 年至 2001 年的核心单行法国际移植阶段。（3）2001 年至今的商事规则国际衔接阶段。相关划分标准参见赵旭东:《改革开放与中国商法的发展》，载《法学》2018 年第 8 期；范健:《中国商法四十年（1978—2018）回顾与思考——中国特色市场经济主体与行为制度的形成与发展历程》，载《学术论坛》2018 年第 2 期。

② “政策性立法理念的滥觞和路径依赖”主要表现为以政策性、应急性、填补性、被动性为主的商事单行法立法理念以及滞后性明显且落后于国际商事立法趋势的商事政策立法模式两大方面。中国“商事法律移植的偏失”主要表现在两大方面：一方面是过分重视外国商法的先进规则，在直接移植的过程中忽视了中国特殊的经济情况；另一方面在于过分强调中国本土的立法传统而忽略了国外法律中的成功经验。而“国际互动的失衡”的主要体现是中国商法长期以来仅停留在对外国法或国际商事制度具体规则的移植，缺乏对一般原则的吸纳和贯通，以及中国商法对外的国际传播和辐射明显不足这两大特征。

③ Salvatore Mancuso, “OHADA Report”, *European Review of Private Law*, Vol.20, Issue 1 (2012), pp. 169—184.

展的目的而建立起来的。

自1993年签署《非洲商法协调条约》(OHADA条约)以来，OHADA已经发展成为一个具有17个成员国家，5个超国家机构[①]，10部统一法(uniform law)的国际化区域商事协调机构。[②]纵观世界各地已有的通过区域性共同体法律实现超国家立法的不同模式，依照法律统一性强弱的不同可以将其分为协调化(harmonization)和统一化(unification)两种。[③]以欧共体为代表的协调化路径主要通过共同体协议来实现对区域内交易规则的国际统一，在这一过程中，超国家机构可以制定专门的法律来实现垂直式的协调。[④]但协调化的国际商法统一模式对区域内各国的商法基础要求较高，并且存在管辖权的冲突问题，因而为了避免这些问题，OHADA采取了政治成本更高、国际化程度更强的统一化立法模式。OHADA通过让渡国家对部分立法和司法活动的权力，使协调组织所完成的立法项目无须通过成员国国内议会的立法活动，而直接转化为成员国国内立法的一部分，进而通过“自上而下”的方式实现区域商法的国际化。

目前OHADA已经通过了包含《一般商法统一法》《商业公司和经济利益集团统一法》《破产统一法》在内的10部商事统一法，[⑤]并且当前部长委员会也正在对《合同法统一法》《劳动法统一法》《消费者买卖统一法》等统一法草案进行审议。而一旦有关劳动法、消费法方面的统一法完成审议，其将会突破传统的商法领域，进一步扩大非洲商法国际化的范围。同时为了保障区域内统一商法的跨国实施，OHADA专门设置了商事司法审判机构。司法与仲裁共同法院作为区域范围内的超国家性商事纠纷解决机构，是处理涉及统一法事项案件的最高法院，当事人可以将经由国内法院审理后的统一法案件上诉至该法院，国内法院也能够通过移交管辖的

---

① OHADA的5个超国家机构分别是国家和政府元首大会、部长委员会、常设秘书处、地区高等司法培训学校以及司法与仲裁共同法院。其中部长委员会是OHADA的立法机构，负责对统一法的表决和通过。常设秘书处则是行政机构，负责与成员国协商统一法的起草事务。而司法与仲裁共同法院作为司法机构主要负责处理统一法的具体适用问题，并在必要时作出司法解释。

② 参见非洲商法协调组织官网 http://www.ohada.org/index.php/en/, 2019年1月1日访问。

③ [美]克莱尔·莫尔·迪克森编:《非洲统一商法：普通法视角中的OHADA》，朱伟东译，中国政法大学出版社2014年版，第4页。

④ 协调化模式在欧共体的具体实践中表现为通过制定专门性的条例(regulations)来直接适用于各成员国，以实现直接意义上的协调。而当各成员国国内存在有不同于专门性条例的法律规定时，欧盟理事会将通过发布指令(directives)的方式对各成员国的法律进行再协调。

⑤ 10部统一法分别是:《一般商法统一法》《商业公司和经济利益集团统一法》《担保统一法》《破产统一法》《仲裁统一法》《会计与财务报告统一法》《债务追偿简易程序和执行措施统一法》《公路货物运输合同统一法》《合作社统一法》以及《调解统一法》。

方式将案件移送该法院。[①] 通过制定以统一法为核心的立法规则，辅之以专门性的商事司法审判机制，OHADA 构建起了相对成熟的国际化商法体系，有效地推动了区域内跨国法律市场的形成。

三、《非洲一般商法统一法》对中国商法国际化的镜鉴

在中国商法的国际化道路上，参考和借鉴美国、英国、德国等发达国家的立法经验固然重要，但这些国家的商法都是本国历史和现实国情的产物，其深深根植于本国长期形成的资本主义生产方式和高度发达的商业环境，并且具备充足的制度积淀。然而中国实施的社会主义生产方式与西方资本主义国家具有本质的差异，长期采取的计划经济体制导致商业环境发展并不成熟。同时，中国近现代商法发展历史较短，立法基础十分薄弱，照搬西方发达国家商事立法的成功经验也不一定必然适用于中国。但中国商法国际化的制度现状和经济背景与 OHADA 却具有较多相似之处，故参考 OHADA 的立法经验将有助于中国探索出更适合本国国情的商法国际化道路。

（一）OHADA商法国际化的成功经验：制定《一般商法统一法》的形式理性

OHADA 是一个向其成员国提供复杂法律规范的组织，该组织旨在促进具有可预测性和透明度的跨国法律体系实施，出于这一制度逻辑，OHADA 确定了以统一法为主要内容的法律框架。[②] 为了实现跨国商法的统一性和稳定性，OHADA 并未采取制定商法典的立法模式，而是采取了“基本法”加“单行法”的立法方式。众所周知，传统的商法典立法模式需要建立在相对统一的法律环境之上，并且编纂商法典的时间成本和政治成本较高，短时间内无法很好完成。OHADA 中大部分成员国虽然过去都深受法国法的影响，但依旧存在诸如喀麦隆这样的普通法——大陆法混合国家，因而实现跨国性质的商法典编纂对不同法系的国家来说立法成本也过大，无法较好地融合两种法系国家的法律传统。而“商法基本法”加“商事单行法”的立法成本则相对较小，灵活性也较高，且更能被不同法系国家所接受，因此成了 OHADA 优先考量的立法模式。

同时为了最大可能地实现区域经济一体化和国际化，OHADA 希望能够尽可能多地将商事领域都纳入统一法的范围之中。因而在 OHADA 条约制定的过程中，对商法的部门法范围采取了“开放式”的立法规定，即除了条约所提到的公司法、经济行为体法、破产法、担保法、仲裁法、运输法等 11 大领域以外，部长委员会可

---

① 参见《OHADA 条约》，第三章“与统一法适用与解释有关的诉讼”，第 13—20 条。

② Jonathan Bashi Rudahindwa, “OHADA and the Making of Transnational Commercial Law in Africa”, *Law and Development Review*, Vol.11, Issue 2 (December 2018), pp.371—395.

以决定将根据条约目的所涉及的领域都纳入商法的部门法范围之中。[①]因而随着OHADA的发展，近年来劳动、证据、知识产权等非传统商法内容也都加入了统一法的立法规划之中。为了使这些突破传统商法领域的统一法也能和此前颁布的传统商法统一法具有相同的价值理念和基本原则，一般商法或基本商法的指引就尤为重要。同时，假使采取商法典的立法模式，后期部长委员会如果需要扩大商法统一法的适用范围和具体规则时，就需要对商法典进行统一修订，这样在立法成本上就会显得很高，进而不利于区域商法国际化的快速推进。正是出于对立法成本和商法灵活性的考虑，OHADA最终采取了以《一般商法统一法》外加具体单行法的立法模式，并率先在1997年第一批通过了该法案。从如今《一般商法统一法》的立法体例中能够发现，该法本质上是以大陆法为基础，在一定程度上借鉴了法国商法的内容。[②]但同时普通法和《一般商法统一法》仍具有较大的关联性，特别是在法律后果及其实现方式等方面。[③]OHADA的立法模式更倾向于采用一种基于具体成文规则的方式，这恰恰和普通法相反，因为普通法更多地建立在判例法的基础上。但如今即便是普通法国家，成文商法也越来越受到重视，甚至也出现了商法典的立法情况，美国的UCC（美国统一商法典）正是最好的典范。因此以《一般商法统一法》为代表的OHADA法律体系也是大陆法立法传统和普通法立法传统相互平衡的产物。

以《一般商法统一法》来确立区域内所有商业活动运行的基本原则和法理基础，再于单行法中制定每个商事领域具体规则的立法模式，不仅可以快速地实现跨国商法的国际统一，同样也能够实现商事立法灵活性和可预测性的结合，更是符合当前世界商法发展潮流的立法模式，值得未来中国商事立法工作的借鉴。

（二）OHADA商法国际化的制度困境：统一法的适用难题

法律无血型之分，但有传统之别。[④]大陆法系和普通法系的差异已无须多言，即使是在大陆法系内部也存在法国法、德国法、西班牙法的差异，哪怕是不同法系中看似相同的法律制度，可能其内涵机理却相去甚远。OHADA现有的成员国因为过去基本都受到过欧洲大陆殖民者的统治，在法律传统上大多延续了大陆法的传统，例如乍得、科特迪瓦、几内亚等国因受到法国的殖民统治，曾一度引进并使用

---

① 参见OHADA条约2008年英文修订版，第2条。

② 《一般商法统一法》主要分为八编，分别是：商人和个体经营者的身份；商事和动产信用登记；国内登记数据库；地区性登记数据库；商事和信用登记网络化；职业租赁和营业资产；商业中介；商事销售。

③ 《一般商法统一法》中有关营业资产的表述具有极强的法国商法色彩，而商事销售中有关合同责任等内容则与普通法具有较大的相似性。

④ 孙新强：《我国法律移植中的败笔——优先权》，载《中国法学》2011年第1期。

法国《拿破仑民法典》，而几内亚比绍和赤道几内亚又分属葡萄牙法和西班牙法的法律文化范围。[①]除此之外，喀麦隆因为特殊的殖民历史，出现过英法分管的现象，因此普通法也被大量引入了喀麦隆的法律传统之中。正如前文所说，OHADA 商法国际化不可回避的问题就是如何实现不同国家法律传统的调和，虽然以《一般商法统一法》为代表的统一法很大程度上平衡了不同法系的传统，但 20 年的法律实践也暴露出了统一法的国际适用困境。

OHADA 商法国际化中最为直观的制度困境在于国际法律来源的分散性。在实现一国商法国际化的过程中，不仅要重视本国立法和司法的实践成果，外国商法和国际商法都是需要被考量的内容。虽然《一般商法统一法》以及其他统一法从立法模式上表明了其大陆法系成文法的形式，但来自区域内普通法法律传统的判例法成果和国际商事习惯及示范法规则也都是其立法的来源。因而在 OHADA 的法律体系中，分裂的国际法律来源在不同的法律部门中都成了立法和司法工作开展的主要困难。[②]这一点在喀麦隆的普通法区域尤为明显。在喀麦隆的英语地区，所有法官和律师长期都接受普通法的培训，但是 OHADA 的统一法在喀麦隆的适用又是强制的，因而英语区的法官很多情况下需要适用 OHADA 的大陆法规则来审判案件，这就产生了司法应用的障碍。

同样，统一法与其他区域内国际规则的适用冲突也是 OHADA 商法国际化面临的困境。因为 OHADA 内部成员国的区域组织身份可能存在重复，一方面这类国家是 OHADA 的成员国，统一法在本国予以适用，但同时其也有可能是中非国家经济与货币共同体（CEMAC）、西非经济与货币联盟（UEMOA）、南部非洲发展共同体（SADC）等跨国组织的成员国，每个区域组织的法律协定和文书之间产生冲突的可能性非常大，OHADA 统一法规则在具体国家内部适用的过程中很容易被其他法律来源所排斥。例如，刚果民主共和国在 2012 年加入了 OHADA，因此以《一般商法统一法》为代表的 OHADA 统一法就自然适用于该国。但同时刚果民主共和国又是 SADC 的成员，SADC 的目标在于逐渐统一关税和货币，因而其更倾向于通过法律协调（类似于欧共同体模式）的方式来发展区域经济。最终两套理念差异明显的法律规则就在刚果民主共和国的司法实践中并存了下来，因而刚果民主共和国的法官在审理商事案件中就不得不面临这些迥异的法律来源，最终加剧了 OHADA 司法适用的困境。

---

① Charles Ntampaka, *Introduction aux Systemes Juridicques Africains*, Belgique: Presses Universitarires de Namur(2005), pp.94—95. 转引自［美］克莱尔·莫尔·迪克森编:《非洲统一商法：普通法视角中的 OHADA》，朱伟东译，中国政法大学出版社 2014 年版，第 14 页。

② Salvatore Mancuso, "OHADA Report", *European Review of Private Law*, Vol.20, Issue 1 (2012), pp. 171.

此外，OHADA 商法国际化的过程中也引发了对非洲内部传统商业伦理的挑战。OHADA 统一法的立法基础就是大陆法，并且为了实现区域内商法的国际化，OHADA 在立法的过程中较多地移植了法国商法内容，因而也被称为“法国人所立之法”。[①] 同时，为了吸引外国投资者，OHADA 条约也有意忽视了那些可能给外国投资者带来问题的领域。正是在过分国际化的立法目的下，OHADA 赋予了大企业较多的自由和权利。《合作社统一法》《商业公司和经济利益集团统一法》满足的是企业和投资者的商业需求，而超国家商业伦理的引入，直接影响到了 OHADA 本地的商业实践。以喀麦隆国际储蓄贷款银行（BICEC）为例，作为曾是非洲法语区国家中排名第 3 的银行，[②] BICEC 的总部并不在喀麦隆而是在法国，其主要控制股东也是法国 BPCE 银行集团。而法国又实际管理着中非金融合作法郎（CFA 法郎）国家的外汇储备，因此 BICEC 实际上就是法国在喀麦隆当地极其强大的外国商业存在。而出于 OHADA 统一法对外国投资者的保护，BICEC 在商业伦理方面的标准就相对较低，甚至低于在其法国本土的标准。但同时，OHADA 至今都未正式通过专门针对劳工和雇佣领域的统一法，这就进一步加剧了外国投资者的优势地位，引发了区域内商业伦理的失衡。因此有人认为，OHADA 统一商法虽然是非洲地区的商法，但却又不是“非洲的商法”，因为它实现国际化的目的在于保护外国投资者的优势地位，而不是解决其商业范围内创造就业机会和经济安全的现实问题，这使得它在维持本地区商业道德方面的能力很弱。[③] 事实上，OHADA 商法国际化所出现的这一问题，根源在于其国际化目的的过度偏离，商法国际化的核心应当是实现本国商事环境的国际接轨，最终得以实现本国商业活动与国际商业活动的可持续性互动。自由、开放的商业环境建立在商人高度的自律和成熟的商业道德之上，缺乏相应商业伦理的国家过分追求国际化的结果就是其本国传统的商业伦理受到进一步的损害。

四、中国商法国际化的制度回应:《商法通则》的国际化

OHADA 在商法国际化历程中所面临的现实问题与中国具有一定的相似性，诸

---

① Jonathan Bashi Rudahindwa, “OHADA and the Making of Transnational Commercial Law in Africa”, *Law and Development Review*, Vol.11, Issue 2 (December 2018), pp.371—395.

② 参见中国商务部驻喀麦隆经商参处:“《非洲青年》杂志发布 2013 年非洲银行 200 强排行榜”，2013 年 10 月 17 日文，载中国商务部驻喀麦隆经商参处网：http://cm.mofcom.gov.cn/article/jmxw/201310/20131000354998.shtml，2018 年 12 月 30 日访问。

③ Irene Sama-Lang and Njonguo Abel Zesung, “The stakeholder theory of corporate control and the place of ethics in Ohada: The case of Cameroon, African Journal of Business Ethics”, *Journal of Business Ethics*, Vol.10, Issue.1 (2016), pp.107.

如薄弱的商事立法基础、商法国际化的立法形式选择问题、法律移植的困境、商业伦理的考量等也都是中国当下商法国际化急需解决的难题。从 OHADA 商法国际化的经验来看，商法国际化的立法形式是决定后续商法发展的核心，因而中国商法在未来国际化的道路上首先应当明确商事立法的形式逻辑，在此基础上平衡本国法律传统和外国法律传统的立法理念，并正确选择法律移植的具体内容，进而最终实现中国商法国际化的发展目标。

（一）立法形式的理性：《商法通则》的逻辑起点

商法形式理性的特征是商法的确定性、可预测与可计量。[①] 正如 OHADA 条约目的所述那般，商法的国际统一正是为了能够向国际市场提供一套简洁、现代、稳定且可预期的商事规则。而为了最快、最便捷、最低成本地实现这一目标，商法立法模式的选择就是所有立法工作的逻辑起点，恰恰“商事基本法”加“商事单行法”的立法模式正是中国商法当下实现国际化的最优选项。

传统西方国家的商法典大多诞生于自由市场发展时期，丰富的商事法律资源和成熟的商业伦理是商法典制定的前提，而当前中国商法国际化所面临的基本国情又与西方发达资本主义国家存在本质差异，即使是 OHADA 这类以法国商法为传统的地区，最终也因为本地商业发展的现实状况而并未选择商法典这一立法形式。中国商法国际化当前需要完善的几大目标在于增强商法的可预见性、保持商法的灵活性和弹性、推动商法的体系化和系统化、逐渐采取法律规则取代行政政策的立法形式等。[②] 而《商法通则》的制定恰恰能够很好地满足这些目标。

首先，社会主义市场经济的发展日新月异，商事单行立法难免存在滞后，对商事规则的不可预测容易引发商业风险和立法偏失。而《商法通则》的制定将明确中国商法的发展脉络和基本原则，为后续的商事立法提供基本的价值导向和立法范式，增强国内外市场主体对中国商事立法的可预期性。

其次，《商法通则》也是平衡商法灵活性和稳定性的不二之选。从 OHADA 商法国际化的历程中能够发现，随着全球市场的快速发展，传统的商法范围已经被打破，商法典虽然稳定性极强但灵活性欠缺，无法满足快速发展的商业创新，甚至是德、法等传统商法典国家也因为这一原因出现了去法典化的情况。[③] 因而《商法通则》对商事原理的一般概括能够较好地体现商法的稳定性，并且将具体领域的立法

① 赵磊：《反思“商事通则”立法——从商法形式理性出发》，载《法律科学（西北政法大学学报）》2013 年第 4 期。

② 范健：《当代中国商法的理论渊源、制度特色与前景展望》，载《法制与社会发展》2018 年第 5 期。

③ 参见王建文：《德国商法法典化、去法典化与现代化：历史脉络与启示》，载《法学杂志》2008 年第 5 期；王建文：《法国商法：法典化、去法典化与再法典化》，载《西部法律评论》2008 年第 2 期等。

交由特别法来完成能够保持商法的灵活性和弹性，同样这也是符合世界商法发展趋势的立法模式。

同时，《商法通则》的制定能够通过提供商事基本法的方式，构建起以商事基本法统领商事特别法的中国商法体系，解决长期以来商事立法指导思想缺位的问题，提高中国商法的国际竞争力。

此外，中国长期以行政政策为主导的立法模式已经与世界商法发展的基本态势相割裂。行政政策虽然具有极强的针对性和实时性，但易变性和不稳定性一直都广受外国投资者的诟病，美、日、欧等西方发达地区也长期质疑中国行政政策对商业干预的合理性。因而《商法通则》的制定能够直接采用法律规则的形式来取代行政命令，进一步消除过去中国计划经济时期的历史残留，构建以法律规则为基础的国际通行商事调整模式。

（二）立法特色的平衡：本土化与国际化

经济全球化和"多边主义"的经贸政策要求中国商法提高国际化的水平，但OHADA商法国际化的教训也在警醒着中国，脱离本国经济发展水平而追求过度的国际化将引发本国商业伦理的倒退，平衡本土化与国际化的关系是中国未来制定《商法通则》并提高商法国际化水平需要面对的当然问题。

在处理中国《商法通则》国际化与本土化的关系上，有两种极端的倾向值得我们注意：第一是忽视本国国情，盲目照搬经济发达国家的商事规则。正如前文所言，中国商法国际化的历程中已经出现了此类情况，其结果直接导致了外国法的"排异"。同样在OHADA的法律实践中，过分追求商法的国际化更有可能对本国原有的基本商业秩序造成不利的影响。第二则是过分强调中国商法的"民族性"，以"经济安全"为由，一味篡改反映国际市场经济规律的商法制度。商法的国际化和趋同化并不否定本土化，相反，商法在国际化的进程中，往往还伴随着本土化的进步。例如，中国在20世纪90年代制定《海商法》的过程中，并未完全采用当时最新的《汉堡规则》，而是依据中国航运大国的自身利益制定了适合中国航运传统的《海商法》，创新了当时具有中国特色的海商法的立法模式，保证了国际化和本土化的平衡。鉴于商法的国际化本质，未来中国在制定《商法通则》的过程中还是应当首先坚持国际性优先的原则，并在此基础上兼顾本土化。[①]

（三）立法理念的扬弃：监管和开放

长期以来的计划经济体制造成了中国在商事立法工作中一直维持了以"监管"为本位的立法理念，这一理念也直接导致了中国相对封闭的商事立法环境和以政策为导向的立法模式。虽然自20世纪初叶"凯恩斯主义"的兴起导致西方国家传统的自由市场立法理念发生转变，但不可否认，以开放和创新为核心的立法理念依旧

① 姜世波、吴庭刚:《商法的国际化》，载《大连海事大学学报（社会科学版）》2006年第2期。

是国际商事立法的主流。特别是20世纪60年代英国法学家施米托夫提出现代商人法以来，以开放、自律、尊崇惯例为核心的现代商人法，越发受到国际商业活动和各国商事立法的重视，以德国、法国、奥地利为代表的国家已经明确承认了这一自律性质的国际商人法制度。[①] 未来中国在制定《商法通则》等一系列商事法律的过程中，有必要转变过去“强监管”的立法理念，更多地接受以开放自律为核心的现代商人法理念，这不仅是中国商法与国际商事规则相接轨的需要，更是深化社会主义市场经济改革的本质要求。

（四）法律移植的转型：对过去商事法律移植对象的反思

长期以来，商事法律移植都是中国商法国际化的主要途径，但功利主义的法律移植观最终还是导致中国商法与国际通行规则的“貌合神离”。而OHADA的教训也迫使中国认识到偏离本国经济基础和法律实践的商法移植，最终将事倍功半。因此反思中国未来的商事法律移植模式对《商法通则》的国际化立法就颇有价值。

截至2016年底世界上已有66个国家完成了商法典或商法法案的编纂。[②] 从《商法通则》法律移植的对象上来看，显然数量是充足的，并且其中不乏德国、美国、日本等发达国家。但每个国家的商法典或商事基本法都建立在本国特殊的国情之上，特别是发达国家立法的成功有其特殊的历史背景。因而中国商法移植思路的转型，首先就要求中国抛弃过去“唯发达国家成功立法是从”的思路，中国商法国际化的实现可以借鉴他国的成功经验，但不能唯一借鉴他国的成功经验。因为他国商事立法的成功经验也不一定必然适用于中国，而他国立法的不成功、缺陷或者失败同样不能表明中国可能的不成功，关键在于中国能否通过对世界商法体系的借鉴创造出适合于中国国情的商法制度。[③] 特别是近年来世界商法大国的去法典化和解法典化趋势应当尤其受到中国《商法通则》立法的重视。

此外，中国商法移植也有必要拓宽思路，多加关注以OHADA、东盟经济共同体等发展中国家跨区域性商法国际化组织的成果。因为这些发展中国家与中国的经济发展状况、商事法律传统都具有较多的相似性，其国际化的路径选择更具有现实性和可操作空间，并且这些国家多以大陆法系立法传统为主，与中国的立法传统具有较强的一致性，因而在成文法制定层面也具有更多的参考价值。同时中国也应当尽可能地参与到“一带一路”国际商法规则和《国际商事合同通则》等国际商事公

① 李双元主编：《市场经济与当代国际私法趋同化问题研究》，武汉大学出版社2016年版，第168页。

② 蒋大兴、薛前强：《商法典的世界地图》，载2017年12月30日北京大学商法圆桌论坛，“制定商法典——商法典编纂的全球印象”论文集，第219页。

③ 范健：《当代中国商法发展的几个问题》，载《中国商法年刊创刊号（2001）》暨中国法学会商法学研究会2001年年会会议论文集，第65页。

约的编纂和修订中去，提高中国商法在国际商事规则的辐射和影响，创新法律移植的国际实践。

五、结语

商法的国际性内涵以及商事制度竞争的国际趋势表明了中国商法国际化已是中国商法发展的必然趋势，但长期以来，中国商法在国际化过程中出现的诸多立法困境无不阻碍着中国商法与国际商事规则的顺利接轨。政策性立法模式的过度依赖、商事法律移植的偏失以及中国商法国际互动的失衡这些问题的出现，根本原因都在于中国商法薄弱的立法基础。而过去中国商法在推进国际化的过程中往往忽视本国的商业国情，一直将视野局限于德、法、日等发达资本主义国家，缺少对发展中国家的重视。但近年来，与中国商事立法背景、经济发展需求有较大相似性的 OHADA 国家却通过构建以《一般商法统一法》为核心的商事统一法体系迅速实现了商法国际化的法律目标，其立法经验和教训无疑值得中国镜鉴。未来中国要实现商法国际化的目标，应当参考 OHADA《一般商法统一法》的立法模式，构建以《商法通则》为立法起点的制度逻辑，并合理平衡“本土化与国际化”“监管与开放”的《商法通则》制度特色和立法理念，以此改变过去的政策性立法方式。同时还应当认真反思过去传统商事法律移植模式的弊端，拓宽法律移植的国际视野，并时刻以 OHADA 的法律移植缺陷来警醒自身，最终方能以完善的商事制度体系来回应中国商法国际化的时代呼唤。

（责任编辑：杨硕）

越南《商法通则》创制、修订及立法展望

阮氏惠[*][**]

摘　要：越南商事法律制度的发展伴随越南整个国家的不同历史阶段，经历了法国殖民、战争分裂以及革新开放等多种时势环境，形成了目前的商事法律体系。其《商法通则》的创制与修订，反映了越南在新的经济阶段下受商业驱动的商法快速进化过程。在此基础上，对越南商法法典化及其未来发展进行了探讨和展望。作为与中国在国家历史、社会体制、发展模式上都极具相似性的国家，越南的商法制度及其发展对于中国进一步发展和完善自身的商法体系具有一定的借鉴意义。

关键词：越南；商法；商法通则；法典化

一、越南商业与商法发展史简介

（一）1945年以前

越南历史上一直是一个以农业为主的国家。封建社会时期，越南主要行业为农、工、商，商人社会地位低下，社会商品也非常单一，主要为农业产品及手工艺品；交通闭塞也导致商业活动微弱，整个商业体系一直处于落后和封闭的状态。1149年，越南李朝开放云顿港，允许外国商人在港口进行贸易活动，促进了越南海上贸易的兴起，而那时来越南进行贸易的主要为中国商人。阮朝时（1802—1945），逐渐允许西方商人来越南进行传教和贸易活动。至阮朝后期，法国侵占越南后，为了便于统治及将产品从越南运至法国，开始在越南兴建道路桥梁。殖民活动和交通的便利大大促进了越南的商业发展，但其主要目的是为法国殖民政府攫取利益。法

* 阮氏惠，越南人，南京大学法学院经济法专业在读博士生，研究方向为东南亚商事法律。

** 本文是国家社科基金项目“民法典编纂后的商事立法研究”（17BFX008）、国家社科基金重大研究专项“把社会主义核心价值观融入社会主义市场经济法律制度研究”（18VHJ002）的阶段性成果。

兰西第三共和国第十三任法属印度支那总督保罗·杜梅曾公开称，殖民地的商业不得与法国存在冲突，同时要服务于法国商业的发展。[①]在第一次世界大战初期，越南本土上的商业公司数量屈指可数，较为大型的、对国家经济具有影响力的企业，如电力公司、南定纺织公司、红爱煤炭公司等都是法国公司。因此在该时期，越南商业的发展并未给本国国民带来多少利益，而只是在为法国殖民者“输血”。

在封建专制时期，越南曾出现过数部成文法典，如《宏德律》（黎朝1428—1527，又称《国朝刑律》）、《皇越律例》（阮朝1802—1945）等。这些法例民刑不分，更无基本的商法元素在内。直至法国入侵，越南才开始出现真正意义的商事法律法规。1864年，法国人首次将其《商法典》移植入越南南部，随后1888年将该法典推行至越南北部。1892年，法国颁布了《东亚外国人及居住在法租界的越南人从事商事活动的有关规定》，[②]根据该法令，东亚外国人及居住在法租界的越南人从事商事活动的要遵守法国法律。随后，又分别于1894年颁布《商业票据法》，1909年颁布《商店典当及买卖法》，1921年颁布《商事法令》，1926年颁布《商店所有权保护法》。而在越南中部，1942年阮朝颁布《中部商业法》。该法的内容与法国《商法典》的内容基本相同，并于1944年起在越南中部实施生效。在法国殖民时期，处理商事案件纠纷也主要依照法国法律、东洋全权总统（法属印度支那总督）1910年所颁布的3月16日法令、1942年所颁布的《中部户事[③]与商事诉讼法》（仅使用于越南南部和中部）及其相关文件的规定。

（二）1945年至1975年

1945年越南宣布独立，越南民主共和国诞生。越南政府一方面鼓励成立中小型企业，生产原本只有法国企业才能生产的产品，如油漆、肥皂、香皂等；另一方面对于直接影响国民经济、国防安全及保障国家政府机关、医院、航空公司活动的法国公司，则允许其在政府监管下继续营业。同时，越南政府开始接管国家经济命脉。1946年5月30日，越南政府颁布89号法令，废除法属印度支那总督颁布的垄断开采矿产法令，明确政府享有该项权利，并成立相关的国有企业；同时鼓励私

① 阮志颖、范氏贵：《越南经济史》，国民经济大学出版社2006年版，第291页（Trần Chí Dĩnh, Phạm Thị Qúy: “Gíao trình lịch sử kinh tế Việt Nam”, nhà xuất bản đại học kinh tế quốc dân, năm 2006, trang 291）。

② 法租界包括：河内、海防、岘港。

③ “户事”，原文为“Hộ sự”，越南古文，其含义与“民事”相同。

营企业参与矿产开采①。在这期间，法、日殖民时期的经营限制令、垄断经营权等被取消，国内商事活动按照政府规定遵从自由原则在全国范围内进行货物流通和买卖。为促进商业发展，1946 年 8 月，越南政府成立了国家商业银行，并在各省设立支行。这些政策为国内商事活动创造了良好的发展环境，并促成了越南商人协会及越南商务处等专门的商务机构的成立。

然而，由于第二次世界大战造成的遗留问题，越南南方仍被法国所占据。直到 1955 年，在中国和苏联帮助下，越南取得抗法战争的胜利，越南北方才得以完全解放，而越南南方则在美国支持下成立了越南共和政府，形成了南北越分治的局面。越南北方由越南共产党领导，实行社会主义制度，越南南方则为资本主义制度。

1955 年 8 月，越南共产党第二届八次会议提出 1955 年至 1960 年为恢复经济和进行社会改革的阶段。国家应当将原本服务于帝国、战争及大城市人民的商业转换为服务于全国人民群众生活及生产的商业，同时在加强国民贸易、以国民贸易为主的基础上恢复及发展商业。另外要在已进行土地改革的地区稳定发展贸易合作社。②得益于这些政策，货物价格走向平稳。1956 年，越南共有 67000 个小工业工厂，188000 名劳动者；到 1957 年则有 150000 个工厂，474000 名劳动者。该时期成为越南独立以来小工业发展的辉煌时期，人民生活也越来越富足。越南涉外商业活动也逐渐增加。越南政府先后与法国、印度、印度尼西亚、柬埔寨、伊朗等国政府签订了双边贸易协议，至 1960 年越南已与 22 个国家建立了贸易关系。越南国内

① 载 http://moit.gov.vn/lanh-dao-bo?p_p_id=ECOITQLNhanSu_WAR_ECOITQLNhanSuportlet _INSTANCE _u2M8rXahFhD6&p_p_lifecycle=0&p_p_state=normal&p_p_mode=view&p_p_col_id=column-1&p_p_col_count=1&_ECOITQLNhanSu_WAR_ECOITQLNhanSuportlet_INSTANCE_u2M8rXahFhD6_lichSuId=3&_ECOITQLNhanSu_WAR_ECOITQLNhanSuportlet_INSTANCE_u2M8rXahFhD6_mvcPath=%2Fhtml%2Fshow%2FviewDetailLichSuPhatTrien.jsp，2018 年 12 月 15 日访问。

② 载 http://moit.gov.vn/web/guest/lanh-dao-bo?p_p_id=ECOITQLNhanSu_WAR_ECOITQLNhanSuportlet _INSTANCE_u2M8rXahFhD6&p_p_lifecycle=0&p_p_state=normal&p_p_mode=view&p_p_col_id=column-1&p_p_col_count=1&_ECOITQLNhanSu_WAR_ECOITQLNhanSuportlet_INSTANCE_u2M8rXahFhD6_lichSuId=4&_ECOITQLNhanSu_WAR_ECOITQLNhanSuportlet_INSTANCE_u2M8rXahFhD6_mvcPath=%2Fhtml%2Fshow%2FviewDetailLichSuPhatTrien.jsp&_ECOITQLNhanSu_WAR_ECOITQLNhanSuportlet_INSTANCE_u2M8rXahFhD6_urlTab=%2Flanh-dao-bo%3Fp_p_id%3DECOITQLNhanSu_WAR_ECOITQLNhanSuportlet _INSTANCE_u2M8rXahFhD6%26p_p_lifecycle%3D0%26p_p_state%3Dnormal%26p_p_mode%3Dview%26p_p_col_id%3Dcolumn-1%26p_p_col_count%3D1%26_ECOITQLNhanSu_WAR _ECOITQLNhanSuportlet _ INSTANCE_u2M8rXahFhD6_lichSuId%3D3%26_ECOITQLNhanSu_WAR_ECOITQLNhanSuportlet_INSTANCE_u2M8rXahFhD6_mvcPath%3D%252Fhtml%252Fshow%252FviewDetailLichSuPhatTrien.jsp，2018 年 12 月 15 日访问。

进出口行业开始快速发展。在此阶段，越南成立了多个大型的进出口公司，如石油与机械进出口总公司、矿产出口总公司、煤炭出口总公司等。1965年至1975年越南战争期间，北方的商业活动主要服务于生产及抗美战争，出口活动进入停滞期，进口活动则较为活跃，但进口货物主要为其他国家向越南援助的货物。

由于越南北方实行社会主义计划经济体制，国营经济占据主导地位，同时推行合作社经济模式，因此基本不存在市场化的商业体系环境。在法律层面，所有的经济活动也均依照国家计划和规定进行统一实施与调整，未建立相应的商法体系和规则。而同一时期的越南南方则为资本主义体制，同时受到美国的支持和保护。越南南方商业环境具有天然优势，且长期受法国影响，因此商业比北越发达。在商法法律上，南越政府吸取了法国殖民时期法律的经验，颁布了多部专门的商法法律法规，其中最重要的一部法律为1972年12月20日颁布的《商法通则》。该法分为五册，共有1051项条款。该法不但对商人、商人所从事的商事活动、商人的责任、商店、商事契约、商业票据、丧失清偿能力、破产、司法清算进行了规范，而且在相关条款中还提及商事法庭，具有一定的超前性。这部法律的诞生标志着商事法律在越南的重大进步。

（三）1975年至今

1975年，越南战争结束，越南实现全国统一，并全面推行社会主义。1978年政府统一全国货币，统筹全国商业活动，该政策促进了全国货物流通及商业发展。在此阶段，国营企业快速发展并取得国家经济中的主导地位。1980年越南颁布统一后第一部《宪法》，规定在全国范围内发展计划经济，优先发展国营经济形式；同时强调，仅国家有权进行外贸活动及涉外的其他经济活动，私有生产资料不受宪法承认及保护。越南经济逐渐陷入封闭、迟滞状态。实施计划经济期间，国民经济生活十分艰难，越南经济指数下滑，面临经济通胀、宏观经济指数失控等严峻问题。面对这种情况，1986年，越南政府最终选择了实行革新开放。为吸引外资，越南国会于1987年颁布了《投资法》，为国内外投资者设立投资制度和保障。1990年，越南《公司法》及《私营企业法》出台，正式承认私营经济形式。同时，越南对法院体系进行改革，将法院分为经济法庭、劳动法庭及行政法庭三种，以满足市场经济的发展需要。随后，越南颁布一系列商事法律法规，涉及投资、企业、银行、税务等领域。自此，越南经济活动开始活跃，越南经济走上快速发展之路。

随着越南与中国、美国外交关系恢复正常化，美国解除对越南的部分经济制裁，越南与世界各国之间的贸易往来更加频繁。1992年至1996年期间，越南陆续与斯洛伐克、突尼斯、巴基斯坦、埃及、加拿大等世界多个国家签订双边贸易协议，意味着越南商事活动已广泛扩展至越南境外。为调整越南国内及越南与国外的商事活动，1997年5月，越南制定了自统一以来的第一部《商法通则》，并于1998年1月1日正式生效实施。这些措施，对越南经济发展起到了良性促进作用，据国际货币基金组织（IMF）统计，1991年到2000年十年间越南平均实际GDP年增长率高达7.6%。进入21世纪后，越南政府继续放松商业规则，推行长期私有化举措，于2004年颁布《竞争法》，2005年对《商法通则》进行了补充修改，同年颁布了《企业法》和新的《投资法》。2007年，越南正式加入世界贸易组织（WTO），经济增长潜能进一步得到释放。近十年来，越南GDP平均增速超过6%，远高于全球平均增长水平，目前越南已成为东南亚最有活力的经济区域之一。

经过三十余年的发展，越南不仅在经济和商业发展上取得了巨大进步，同时也基本建立了较为完善的商法体系。越南政府已经意识到商业发展与法律体系是相互促进的，随着经济、社会的进一步变化，法律体系也要进行及时的更新与调整。为了构建更加全面、系统的商业和市场规则，近几年越南正在积极筹备制定一部更为完善的商法法典，以进一步增强商法规则的连续性和权威性。

二、早期的越南商法：被时代及政治操控的法律

封建社会时期，越南商业十分薄弱，基本不存在发展商法的社会环境基础。到了近代，商业发展起步，然而由于长期遭受殖民、战争及分裂，导致国家处于混乱、复杂的状态。虽然期间出现了个别有关商事的法律法规甚至商法典，然而由于政治、制度及目的各异，这些法律法规与当时越南的商业背景和发展需求相脱节，其出现和发展并非由于商业发展规律所致，而更多的是受到政治的操控和时势的制约。

（一）移植而来的法律

在成为法国殖民地之后，越南政府完全沦为法国的傀儡，其在政治、商业、法律、文化等领域毫无发言权。法国一方面攫取越南的农产、矿产等自然资源，为本国发展提供生产资料；另一方面又利用越南的廉价劳动力与市场，生产和消费产品，可以说越南的整个经济和商业体系都完全控制在法国手中。出于保护自己利益和特权的殖民目的，法国将其部分本土法律包括商法典等强制移植到越南（1864年开始适用于越南南部，1888年开始适用于越南北部），同时对越南土地所有制度进行改革并颁布统一关税法令。

1892年法国政府颁布法令，规定居住在法租界的亚裔外国商人、越南商人的商事法律关系由法国法庭按照《法国商法典》的规定处理；其他商人的商事法律关系则按照越南法律的有关规定处理①。然而当时越南没有专门调整商事关系的法律法规，因此其商事法律关系只能按照公法的规定处理。很显然，法国将其《商法典》适用于越南，主要目的还是根据自己本国的需求保护少数商人尤其是法国商人的利

① 黎才展：《越南商法引用及讲解》，金来印馆1972年版，第一册，第21页（Lê Tài Triển: “Luật thương mại việt Nam dẫn giải “, Kim Lai ấn quản năm 1972, quyển 1, trang 21）。

益和特权。

在将法国《商法典》适用于越南的同时，法国政府颁布土地改革法令，将越南土地所有制从公有制改为私有制。因饥饿、战乱而远走他乡的农民的土地被视为荒地，并由法国政府卖给法国商人建设农场、工厂、公司、商店，为法国商人垄断越南市场提供硬件。另外，1887 年法国政府还颁布《统一关税法令》，该法令规定法国公司向越南进口货物时豁免进口税；其他国家向越南进口货物时，应当以货物价值 23%—130% 不等的比例缴纳进口税。

以法律作为掩盖其殖民企图的一种政治手段，法国政府堂而皇之地将越南变成其进口国，其出口货物也因此在越南市场上占有巨大优势。据统计，法国出口到越南的货物在越南总进口货物中的比例从 1894 年的 37% 上升到 1898 年的 50%，至 1930 年达 62%。进口的货物主要服务于居住在越南的法国公民、其他外国公民及少数富裕的越南公民，譬如汽车、布料、罐头、面粉、汽油（占据进口货物的 80%）。而用于发展越南本国经济和国民生活的进口货物仅占 13%。据统计，自 1890 年到 1939 年，在被殖民统治的近五十年的时间里，印度支那包括越南在内的大米出口量占出口货物的 60%，但当地人民却一直处于饥饿、贫困的状态。①

越南国内商业也困难重重。在越南的法国商人由于受到法国法律保护，垄断了整个食用盐、酒、烟叶等市场。法国政府规定生产的全部食用盐必须出售给法国公司，向法国公司以外的其他人出售的，一律违法。法国公司将食用盐以十倍的价格出售，对于酒、烟叶市场也采取同样的手段谋取巨额利润。在这种严重不公平的情况下，越南商人无法正常进行商事活动，许多越南商人的公司、工厂破产，越南商业完全依赖于法国。

综上，在法国殖民时期，越南首次出现和适用了第一部《商法典》。但实际上，由于移植自法国商法，这部《商法典》完全脱离当时越南国情，与越南商业发展脱节，并没有对越南的商业发展作出实质贡献，而是完全服务于殖民者的政治目的。另外，从商事法律理论研究的角度来看，法国强行移植其《商法典》，使越南法律体系中首次出现了商法的概念。这不但丰富了越南法律体系的基础理论素材，而且对越南以后的商法制定和实践产生了重要影响。不过，这种强行移植法律也给越南商事法律理论的发展带来许多弊端。越南作为一个被殖民的国家，在政治动荡时期被动地接受法国商事法律。这种民刑不分的封建社会法律体系直接移植现成的商法典的做法极大地缩短了越南商事法律发展成长时间，越南学者几乎没有机会进行本土商法理论体系的研究和建立；况且，当时法国虽然较为发达但其《商法典》并非

① 阮志颖、范氏贵:《越南经济史》，国民经济大学出版社 2006 年版，第 302 页 (Trần Chí Dĩnh, Phạm Thị Qúy: “Gíao trình lịch sử kinh tế Việt Nam”, nhà xuất bản đại học kinh tế quốc dân, năm 2006, trang 302)。

成熟，其中的一些错误理论也直接影响到越南后来的商法研究者及立法者。譬如，当时法国《商法典》未对商行为作出定义，该法典第632条、第633条仅以列举方式罗列出一系列商行为。后来越南中部于1942年所颁布的《商法典》及南越政府于1972年所颁布的《商法通则》都受该法典影响，也未能够克服这种缺陷。

（二）政治决定的法律

在法国商法典之后，末代阮朝于1942年也在越南中部颁布了一部《商法典》，其基本上完全借鉴了法国《商法典》的内容。然而受限于殖民困境及随后长期的战争混乱，该法典基本未产生实际作用。1955年之后，南北越分治，越南北方政府实行社会主义体制，推行计划经济，其整个法律体系受到同一体制下的苏联和中国的影响，缺乏商业发展和商业立法的政治环境和制度基础。而越南南方受法国殖民影响更加深入，且西贡政府受到美国的支持与保护，其商业基础和政策延续性较好，在商法立法方面也取得了较好发展。1972年，越南南方政府颁布《商法通则》，该法不但对商人、商人所从事的商事活动、商人的责任、商店、商事契约、商业票据、丧失清偿能力、破产、司法清算进行了规范，而且在相关条款中还提及商事法庭，具有一定的超前性。抛开意识形态上固有的偏见，这部法律应该说是越南本土所制定的且当时较为符合越南国情和商业现状的一部相对全面的商事法律。然而，1975年越南统一后开始全面实行社会主义计划经济，整个国家进入新的体制环境和法律体系，这部法律最终未能发挥其应有的作用。但这部《商法通则》的诞生标志着商事法律在越南的重大进步，同时，它也为25年后越南统一后制定第一部《商法通则》奠定了基础。

三、商业驱动的商法发展

1976年，越南社会主义共和国成立，经过长期的分裂及战争，越南终于实现了国家统一。在建国初期，经济活动由国家计划统一安排的经济体制帮助越南迅速从被战争破坏的废墟中走出来，然而长期的计划经济造成体制僵化，人民生活陷入困苦。在这种情况下，越南政府选择革新开放，逐步打开市场，放宽商业规则，使经济重新焕发活力。在商业快速发展的驱动下，商事法律法规也不断得到完善、修改和更新，以保证适应和维护不断发展的商业环境。

（一）1997年《商法通则》

1997年5月，越南国会第九届第十一次会议通过了越南《商法通则》。这部《商法通则》是越南统一后第一部较为完整的商事法律，为日益活跃的越南商事活动提供了制度规范。这部法律在越南革新开放初期起到了重要的促进作用，为越南的经济发展和改革深入做出了重要贡献。

在内容上，1997年《商法通则》首次承认各经济形式之间权利平等及鼓励涉外贸易活动。其作用在于：首先，大大扩展了经营权的范围。在该法颁布之前，经营主体仅有权在“法律允许范围内”进行经营活动，而1997年《商法通则》第6条规定，经营主体可以在“法律不禁止”的行业、领域和地区进行商事活动。这一规定使得商事活动主体能够丰富经营货物和商业种类，提升了越南市场经济的发展空间。另外，1997年《商法通则》中规定，允许外国商人通过其分支机构或者代理商在越南境内从事商事活动（第16条），允许其在越南境内从事货物买卖活动（第127条）。这一规定打破了之前的封闭式贸易格局，加速了越南经济市场的开放过程。

在效果上，由于1997年《商法通则》承认各形式的经济主体开展商事活动，且鼓励涉外贸易，因此大大增强了越南吸引外部资本进入主要经济领域的能力，促进了越南经济结构的变革。在20世纪90年代，越南国家经济升涨指标尚主要体现在农业领域，但自1995年起工业领域的GDP快速升涨，到2001年，工业和制造业领域已占据GDP增长总额的1/2以上。

表：1995年至2001年的GDP升涨比例（百分比）①

	升涨比例	对国家GDP的贡献	GDP中占据的比例	
			1995年	2001年
农业	4.2	17.3	26.3	22.3
工业	10.2	54.1	29.9	37.7
其中制造业	11.5	30.9	15.5	20.1
服务业	4.1	28.6	43.8	40.0
GDP	6.1	100.0	100.0	100.0

另外，1997年《商法通则》也成为国际买卖合同纠纷的处理依据。在该法颁布之前，越南企业与外国企业订立合同时，只能约定适用第三国法律或者外国企业所在国法律处理买卖合同纠纷。1997年《商法通则》中，第46条至第82条作出与货物买卖相关的规定，第80条、第81条和第82条作出与外国商人进行货物买卖活动相关的规定，第222条至第243条作出有关商事处罚制度与商事纠纷之处理的规定。在该法颁布后，自1999年起，越南企业与外国商人订立的货物买卖合同中，大部分都载明了适用越南《商法通则》处理纠纷。2003年颁布的《商事仲裁法令》第7条第2款第2项也规定：“如果国际买卖合同未载明合同所适用的法律，

① 越南统计局:《越南2001年至2010年的经济、社会发展情况》，河内统计出版社2011年版，第10页（Cục thống kê Việt Nam, “Tình hình phát triển kinh tế- xã hội Việt Nam từ năm 2001 đến năm 2010”, Nhà xuất bản Thống Kê, Hà Nội năm 2011, trang 10）。

则越南法院或者仲裁机构可以适用越南《商法通则》处理商事纠纷。”

1997年颁布的《商法通则》为越南的经济发展做出了重要贡献。然而随着经济发展，该部法律的不足之处也逐渐体现出来，具体体现在以下几点：

首先，调整范围过于狭窄。《商法通则》第45条规定该法调整十四种商行为，具体为商事买卖行为及十三种商事买卖的辅助行为，譬如代理、加工等，但生产、运输、银行、建设、保险、证券买卖活动未包含在其调整范围内。然而实际上，随着越南经济的发展，证券、保险、银行、运输等相关行业非常活跃，而《商法通则》的调整范围已不符合越南经济的发展需要。

其次，对“商品”的规定存在缺陷。1997年《商法通则》主要调整商品买卖活动及与其有关的其他商事活动。因此，“商品”的概念对该法而言极为重要。然而，该法第3条第3款对“商品”的规定并不完整：“商品包括可以租赁、购买的用以经营的房屋和在市场上流通的机器、原料、材料及其他动产。”可见1997年《商法通则》中的商品仅包括有形货物，无形货物如股票、债券、知识产权等不在该法调整范围内。

再次，对“商人”的定义存在缺陷。该法第5条第6款规定：“商人包括独立、长期进行商事活动，且已依法办理登记的自然人、法人、合作社及家庭。”这种列举方式直接不承认合名企业、私营企业为商人，即便合名企业办理登记，且独立、长期进行商事活动；同时该法承认合作社为商人，但实际上合作社不需要办理登记。另外何为“独立”“长期”实施商事活动，则该法未作出解释。

此外，1997年《商法通则》也未明确何为“外国商人”。该法未明确长期居住在越南境内的外国自然人能否成为商人，但1999年颁布的《企业法》则允许长期居住在越南境内的外国自然人、组织在越南境内设立私营企业，1998年颁布的《05/CP号法规》第15条也允许长期居住在越南境内的外国自然人在越南境内进行经营活动。1997年《商法通则》仅允许外国商人通过代理机构或分支机构进行活动，不得以联营及全外资企业形式活动。同时该法仅调整十四种商行为，因此外国商人无法在保险、证券等《商法通则》未作出规定的领域从事商事活动。另外，外国商人申请设立代理机构及分支机构的程序规则也十分笼统、僵化。该法第37条规定：“当外国商人具备越南法律规定的条件时，越南政府允许其设立代理机构、分支机构进行商事活动。”

最后，未对电子商业作出规定。虽然发展水平有限，但越南企业已经逐渐开始开展电子商业活动。然而，越南法律对该领域的规定非常有限。1995年颁布的《民法典》中未提及电子商业，《商业票据法》第7条对电子商业作出了极为笼统、毫无实际价值的规定：“与商业票据有关的电子交易由中央政府作出详细规定。”而1997年《商法通则》第49条仅对电子形式的商事合同予以承认，除此以外再无其他相关内容。

（二）2005年《商法通则》

革新开放以来，在经历了十多年持续的快速发展之后，越南面临如何维护革新开放成果和保持持续稳定发展的问题。国际上，进入21世纪，经济全球化趋势进一步加大。加入世界贸易组织（WTO）成为进一步扩大市场和提升国家经济实力的重要举措。这些均要求有更加完善的法律制度以调整更为复杂的经济关系，而越南1997年《商法通则》，其调整范围过于狭窄，除了很多规定不符合WTO的要求之外，更重要的是其已经不再能满足越南进一步发展的需求。因此，在商业规律驱动下，越南对1997年《商法通则》进行了全面的补充和修改，并于2005年通过了修订版的《商法通则》。

2005年的《商法通则》虽然在1997年《商法通则》的基础上进行了修改和完善，更加适应于当时越南的经济发展和商事活动需要，但其仍然存在着一些缺陷。

首先，该法第6条、第7条对商人的规定存在冲突。该法第6条第1款规定："商人包括已办理经营登记，且长期独立进行商事活动的自然人及合法成立的经济组织。"据此可以将商人分为两种，第一种是已办理经营登记，且长期独立进行商事活动的自然人；第二种是合法成立的经济组织。依照越南现行法律，合法成立的经济组织包括：依照《企业法》的规定成立的有限责任公司、股份公司、合名企业、私营企业，以及依照《合作社法》的规定成立的合作社。上述经济组织，根据相应法律的规定，成立时均需要办理登记。由此可见，办理登记是成为商人的必要条件。然而2005年《商法通则》第7条又规定，"商人依法有义务办理登记。未办理登记的商人，仍需依照本法及相关法律的规定为其所实施的活动承担责任。"该规定可以理解为，实际上仍存在无须办理登记的商人，亦是与该法第6条的规定不一致。另外，也使企业及自然人对其是否属于需要办理登记的主体而感到困惑。

其次，对涉外商品买卖的规定存在缺陷。2005年《商法通则》对涉外商品买卖的规定比1997年的规定更为进步，但仍存在缺陷。该缺陷首先体现在举例式条款。该法第27条第1款规定："涉外商品买卖可以通过出口、进口、暂进口再运出口、暂出口再运进口及商品通关活动进行。"可见，这种规定缺乏概括性，依照该法的规定，涉外商品买卖仅能通过规定的五种形式进行，如果在未来出现新的涉外商品买卖形式，那么将不在该法调整范围内，或者需对该法进行补充和调整。

另外，对物流合同的纠纷处理规定也有一定缺陷。2005年《商法通则》对物流业务作出了规定，这一规定非常符合越南发展的需要，但该法及相关法规对如何处理因物流合同所产生的纠纷未作规定。

四、越南商法法典化及对未来发展思考

自法国侵略越南并向越南强制移植法律至今，越南一直存在并使用成文的《商法典》或者《商法通则》，然而限于时代背景和政治因素，真正从商业发展角度立法并持续推行则始于 1997 年颁布的《商法通则》。2005 年《商法通则》对其进行了进一步的完善和修改，以适应新的商业发展需要。为增强相关法律的权威性、全面性和系统性，近几年越南一直在推进法律法典化进程。2012 年 4 月 16 日越南国会常务委员会通过了《法典化法律法令》，并根据该法令的有关规定成立法典部，计划在 10 年内完成 45 个主体法律法典化工作（2014—2023 年），其中包括商法法典化[①]。对于商法来说，相比于法国殖民者曾经移植的《商法典》以及末代阮朝所颁布的有名无实的《商法典》，新编纂的《商法典》将是历经百年后在越南本土出现的第一部根据本国国情、符合本国发展需要和维护越南国家与人民利益的真正意义上的商法典。

（一）商法法典化的必要性

越南现行涉商法律主要是一部《商法通则》，该法与其他商事单行法及民法典一起结合适用（《商法通则》第 4 条规定：商事活动应当遵守商法通则及相关法律的规定；其他法律对特殊商事活动专门作出规定的，则遵守其规定；对于商法通则及相关法律没有作出规定的商事活动，则适用民法典的规定）。由此造成商事关系由《1989 年经济合同法令》《1995 年民法典》《1997 年商法通则》及《1999 年企业法》这几部重要法律竞合调整。这些法律不但没有明确分工，而且没有同步法典化。比如，《1989 年经济合同法令》对经济合同作出一般规定；《1997 年商法通则》及《1995 年民法典》也都有对民事合同及商业合同的一般规定，同时对违反合同责任作出规定。这三部法律中的经济合同、民事合同、商业合同的规定不清晰，相互重叠，造成法律适用混乱。

2014 年到 2015 年是越南法律改革高峰期，越南国会审议通过了许多部法典及单行法，其中包括 2014 年的《企业法》与 2015 年的《民法典》。这两部法律与商法关系密切，而且《民法典》一直被视为越南私法最重要、最为基础的法律，商法及相关法律未做出规定的商事关系都由该法典进行调整。但 2005 年《商法通则》并没有与民法典、企业法及其他相关商事法律单行法同步进行补充修改，造成《商法通则》《企业法》及相关法律中的商人、商行为规定并不一致。因此，制定一部具有权威性的、综合的商法典也有助于民、商关系的厘清与调整。

---

① 载 http://phapdien.moj.gov.vn/qt/tintuc/Pages/gioi-thieu-phap-dien.aspx?ItemID=5，2019 年 1 月 1 日访问。

（二）商法法典化过程中需要完善的法律问题

首先，越南革新开放以来因认识到商法的重要性，而投入大量人力资源，起草、制定各类商法，造成立法泛滥现象。越南应当理智立法。在起草法律时应当全面考虑商法典与民法典及其他相关法律之间的关系，各种规定是否存在冲突、重复，哪些规定需要作出修改、补充等问题。

其次，其需要对最基本的商法理论和概念进行阐述，比如商人的定义。如何定义商人一直是越南商法面临的难题。早期《商法典》及1997年《商法通则》虽然明确了商人的概念，但直到2005年《商法通则》最新修订实际上也未对商人作出完整定义，而仅列出两种属于商人范围内的主体。第一个主体是合法成立的经济机构，第二个主体是独立、长期、经常地进行商事活动和办理经营登记的自然人。这是早期受《法国商法典》影响的立法方式。就现今越南的商业发展情况而言，这种规定仍然不够全面。因为越南实际上存在很多以营利为目的，独立、长期、经常地进行商事活动但不办理经营登记的自然人（这些被越南法律研究者称为资格缺失的商人或实际商人），这种主体实际上更能够体现出越南商业发展的特点，但却不属于《商法通则》所规定的商人。

在商行为方面，需要完善特许经营制度及商人的广告制度。特许经营在2005年才被列入越南《商法通则》中。对特许经营的规定是越南2005年《商法通则》的突破。但《商法通则》经过十三年的实施，且越南近几年签订了TPP协议和EVFTA协议，这些规定已经不再符合实际情况的要求。目前越南《商法通则》未对特许经营活动中外国商人的体现形式作出规定，因此未明确其是否允许外国商人在越南成立分支机构进行特许经营活动。另外，应当明确特许经营各方在法律、财政、经营上的独立性。

《商法通则》第40条允许越南企业以联营方式或者经营合作方式与外国商人进行广告活动。但外国企业在越南境内的代理办事处不能直接参与广告活动，而只能促进广告活动（商法通则第41条）。这一规定不符合越南签订的EVFTA中规定的互惠原则。为了投资协议的要求，越南也需对这部分规定进行修改补充。

（三）越南商法的未来

从越南的商业发展史及商法发展史来看，其法律体系的建立与实施受政治环境及时势所左右，在先天及后天上都存在缺陷与不足。即使在革新开放之后，由于社会与政府长期缺乏法律文化及法治基础，在迅速发展和完善商法体系过程中，依然存在很大的政策风险。当今越南处在和平时期，政治稳定，经济上行，也为商法的未来发展提供了稳定、可持续的政策环境，因此可以期待越南商法将有更开放和适应性的变化。比如，越南商法将有更大的独立发展空间，减少政府干预、监管等。越南商法的法典化也是这一趋势的体现。

缺乏自属性的商法理论基础是越南商法在立法及法典化过程中一直以来需要面

对及克服的难题。早先因为被强制移植法律及盲目借鉴外国法，并没有真正解释明白相关的理论问题，造成越南商法中的商主体、商行为、商事救济及惩罚制度处于模糊不清的状态，没有真正属于越南自己的商事法律概念及制度。虽然随着快速的市场化和商业发展，越南已经逐渐走向商业规律所驱动的法律更新模式，但由于缺乏基础理论的积累，商法体系中仍然存在脱节于越南国情与制度现实的地方，这将是越南商法学界及法典化过程中需要认真研究和解决的问题。

（责任编辑：刘荣）

论坛实录

第二届《商法通则》立法研究学术研讨会会议实录*

开幕式：

主持人：王建文（南京航空航天大学人文与社会科学学院院长、教授）

王腊生（江苏省人大法工委主任）

致　辞：赵旭东（中国法学会商法学研究会会长，中国政法大学民商经济法学院教授）

叶金强（南京大学法学院院长、教授）

范　健（中国法学会商法学研究会副会长，南京大学法学院教授）

主旨报告：

1. 叶　林（中国法学会商法学研究会副会长，中国人民大学法学院教授）

题目：中国商法的时代任务

2. 石少侠（中国法学会商法学研究会副会长，吉林财经大学法学院名誉院长、教授）

题目：关于《商法通则》的体系与范畴

3. 周林彬（中国法学会商法学研究会副会长，中山大学法学院教授）

题目：论《商法通则》对民法典“商事立法剩余”的制度安排

主持人总结：

王腊生（江苏省人大法工委主任）

* 本次论坛于2019年1月5日在南京大学法学院逸夫管理科学楼召开，论坛由中国法学会商法学研究会主办，南京大学商法研究中心承办，中山大学民商法研究所和南京航空航天大学人文与社会科学学院协办。

开幕式

主持人发言

主持人：王建文
（南京航空航天大学人文与社会科学学院院长、教授）

尊敬的赵会长、叶院长、范老师、王主任以及在座的各位上午好！

今晨，细雨朦胧、空气湿润，气温也非常舒适。前几日的南京还有些小雪，但是天公作美，考虑到我们这一场盛会，气温再次回升，才有了今天这样更像是南方才有的舒适天气。今天大家在南京再次以《商法通则》立法为主题展开研讨，到会嘉宾不仅都对商法学有着深入的研究，而且老中青三代学者皆有。商法界的精英云集，高朋满座，堪称盛会。

出席今天学术研讨会的嘉宾有中国法学会商法学研究会会长赵旭东教授，中国法学会商法学研究会副会长、中国人民大学法学院叶林教授，中国法学会商法学研究会副会长、吉林财经大学法学院名誉院长石少侠教授，中国法学会商法学研究会副会长、中山大学法学院周林彬教授，中国法学会商法学研究会副会长、四川省社会科学院周友苏研究员，中国法学会商法学研究会副会长、北京大学法学院刘凯湘教授，中国法学会商法学研究会副会长、西南政法大学民商法学院赵万一教授，中国法学会商法学研究会副会长、中南财经政法大学法学院雷兴虎教授，中国法学会商法学研究会副会长、华东政法大学经济法学院顾功耘教授，中国法学会商法学研究会秘书长、中国政法大学民商经济法学院李建伟教授，等等。学者云集、大咖众多，在此就不一一介绍，大家表示欢迎！

我们在主席台就座的，除了忝列主持人的我之外，都是实务部门和学术界的大家。不多占用时间，下面有请中国法学会商法学研究会会长赵旭东教授为我们致辞。

致开幕词
《商法通则》的理论共识和立法进度

致词人：赵旭东
（中国法学会商法学研究会会长，
中国政法大学民商经济法学院教授）

虽然还是寒冬的季节，但会议的气氛还是十分热烈。这次会议是由商法学研究会作为主办单位，南京大学商法研究中心作为承办单位，中山大学民商法研究所和南京航空航天大学人文与社会科学学院作为协办单位一起共同组织的。在此，我代表中国商法学研究会对出席会议的各位同仁、嘉宾、同学们表示热烈的欢迎和衷心的感谢！为了举办这次研讨会，南京大学和其他两所高校作了精心的组织和安排。虽然范健老师经常组织会议，但这次会议依然准备得非常精心细致，很多会务工作亲自联系安排。因此我也代表商法学研究会对承办单位和协办单位的工作表示衷心的感谢！同时，今天王腊生主任也莅临会场，可以看出江苏省人大法工委对商法研究以及商事立法研究非常重视，对我们商法研究会、商法研究工作也给予了很多支持。特别是在2018年的全国人大会议上，王腊生主任做了十分精细的工作，在跟各位代表沟通的基础上，特别提出关于《商法通则》立法的人大代表团议案。我在此也对王腊生主任表示衷心的感谢！

首先，关于商事立法和《商法通则》的一些研讨是近年来商法学界最为重要的一个研究课题，也是学术研究的一个热点。为此，我们很多高校组织了一系列的专题学术研讨，目前来说至少有七八个，其中包括比较早的由南京大学商法研究中心在前年举办的专题研讨会；随后，吉林大学法学院、中山大学法学院先后各举办一次；北京大学法学院先后举办了两次，而且是从境外、国际商事立法的角度来探讨商事立法；中国政法大学也先后举办过两次，其中还特别地向全国人大法工委、全国人大法律委员会的领导进行了专门沟通和汇报。另外，我们几次商法学年会也把商事立法、《商法通则》的制定作为年会的重要的主题。可以说，对于商事立法和《商法通则》的研究，在民法典启动以来掀起了又一次高潮，可谓是紧锣密鼓、高潮迭起、成果丰硕。

其次，关于商事立法和《商法通则》的理论共识和立法推动的情况。可以说，经过多年的研究，最早从已故的王保树教授开始，即十几年前商法学者就开始了对《商法通则》的立法研究，当时还专门组成了课题组，形成了专门的立法建议。可以说，经过十几年持续不断的学术探讨，在这个问题上学界已经基本达成共识。虽然在有些具体的问题上有一些不同的主张，但是在基本方向上大家都认为确实应当更快地推动商事立法，尽快制定一部一般性的、统领性的《商法通则》。但是，对于中国这样一个大国来说，推动一项立法十分复杂，相当不易。一方面，民法典的编纂为《商法通则》的立法提供了历史契机；但另一方面，我们也面临很多的问题。在这样的背景下，如何来推动商事立法，学界进行了全面、广泛、深入的研究。从宏观的问题到微观的问题，从理论的问题到实务的问题，特别是就立法设计当中的一些问题，学界进行了深入研究，也形成了很多宝贵的见解。

有一次在与法工委主任沈春耀同志汇报工作时，他特别提出，推动一个立法有两个重要的条件：一是解决问题，二是达成共识。基于这样的一种立法的需求，我们特别在《商法通则》立法要解决的重点问题、现实问题等方面做了很多针对性研究。为了达成共识，我们除了在学界凝聚共识外，还与包括立法机关、行政机关在内的相关部门进行了广泛的沟通交流。特别是，我们与人大代表、与地方人大常委会的法制工作机构保持了密切联系和沟通，充分地反映学界关于商事立法的意见，也确实起到了非常明显的工作成效。在 2018 年的全国人大会议上，各个地方的人大代表、人大代表团向大会专门提交了关于商事立法的意见，形成了江苏、广东、黑龙江、河北四个省的人大代表团的议案，还有吉林省代表团中几位人大代表提出的立法建议，还有四川政协委员专门提出了政协的立法提案，并在会议上接受了媒体的采访，作了很多的宣传。可以说，在这方面为了达成共识，我们做出了卓有成效的工作。在此过程中，我们特别与有关国家机关保持密切沟通。例如，去年国家工商行政管理总局以此确立了年度的立法课题，而且专门提出了立法报告和立法建议稿。特别是，我们与法工委主任沈春耀同志专门举行了座谈，在座的多数副会长和常务理事也都参加了那次沟通交流。去年，李飞主任担任新一届的全国人大宪法和法律委员会主任后，我们又约请李飞主任单独座谈，让他们更具体地了解商法学界关于商事立法的研究成果和提出的具体意见。

我们工作取得了很明显的成效，但还是需要进一步的努力。很多商法学会的同仁经常会问我，近段时间的工作进展如何？立法有没有具体的安排？坦诚地说现在还没有具体的立法安排。很多人大代表也表示，对此要有充分的思想准备。在我们国家推动一项立法是相当困难的，需要具备各种条件，有的时候需要经过多年的努力，要经历一届一届、一年一年的反复地提案，最后才有可能推动。尤其是《商法通则》这样一个国家层面上的基本立法，要切实地推动更不是一件易事。我国民法典从建国以来就开始准备立法，结果到几十年之后才得以启动，这还是得益于历史的机遇。所以《商法通则》立法，我们希望可以尽快启动，但是也要做好长期努力的准备。

今天的研讨会就是我们进行长期坚持不懈努力的又一个具体的工作安排。为了这次研讨会的召开，南大法学院范健教授也做了充分的考虑和策划，我们各位与会学者也为这次会议做了充分的研究，提交了丰富的学术成果。希望能够通过这次研讨会的召开，在这个问题上取得进一步的突破进展。同时，在沟通的问题上，除了进行学界内部的交流之外，还需要特别加强与相关方面的沟通。在 2019 年召开的人大会议上，我们也希望人大代表能够再次为《商法通则》立法提出立法议案或者建议，进一步反映学界和社会的呼声。此外，还要进一步加强媒体的宣传，迄今为止，《商法通则》的研究还局限在我们学界范围内，媒体对此的关注和宣传还远远不够，这方面我们还需要做进一步的工作。

在《商法通则》和商事立法的研究方面，以范健教授为代表的南大商法研究中心在商法基本理论方面的研究是国内最早的一个高校，有着长期的积累并取得了丰富的研究成果。可以毫不夸大地说，南大是商法基础理论研究的重要基地和突出代表。这次会议的召开，是新的一年推动商事立法研究的又一个重要的活动，也标志着商法学界对《商法通则》立法问题的研究进入了一个新的阶段。此次会议是高校本学年最后一个会议，同时也是 2019 年的第一次会议，可以说是为新一年商事立法研究又一次吹响了集结号。让我们从今天开始，从南京出发，开始中国商法理论、商事立法研究的新的征程！引用一句经常说的话，我们的目的一定要达到，我们的目的一定能达到！谢谢大家！

致开幕词

致词人：叶金强
（南京大学法学院院长、教授）

尊敬的赵旭东会长、王腊生主任，各位尊敬的来宾，大家早上好。

首先，我谨代表南京大学法学院，欢迎各位嘉宾光临。岁末年初大家都非常繁忙，感谢各位前来赴会。同时非常感谢范老师以及商法学会选择在南京大学法学院举办如此重要的会议，这为我们提供了很好的学习机会。而今天也是我第一次同时遇见如此多顶尖的商法学者，甚是荣幸。

感谢大家一直以来对南大法学院的关心与支持。南大法学可以追溯到 1928 年的中央大学法学院，1952 年院系调整后南大法学学科被合并到了华政，此后在 1981 年开始重建。20 世纪 90 年代初南京大学重新组建法学院，范老师担任法学院第一任院长。南大法学院规模相对较小，整体风格和南大风格接近，比较内敛低调。学院老师不多，但已取得不错的科研成绩。2017 年，我们在 16 种 CLSCI 期刊上的发文数量，在华东地区综合性大学中排名第一。据统计 2018 年也保持了第一名。应该说，我们有一批很优秀的老师，专心在做学问。非常期待各位老师今后继续支持关心南大法学院。

昨天范老师把会议文集发来，我发现文集中有许多非常精细的研究，正如张谷教授在文集中所说的那样——“螺蛳壳里做道场”。立法论领域确实做得越来越精细，学者们花的心思也越来越多，但是我想到一个问题，就是当前立法体制下，我们学者所做的研究、学者开展的工作有没有被认真对待，法工委起草的草案是否参照了学者的草案？目前整个立法过程并不是非常透明，说理也不是很充分，有些立法研讨会都是听意见，后来如何进行修改、是否进行了修改这些情况，其实学者都不是很清楚。从这个角度看，学者们所做的这些精细研究，多少都有一些悲情色彩。

赵旭东老师刚才已经提到商法学界为推动《商法通则》进入立法程序做了大量工作，而我个人也相信《商法通则》最终一定会开展立法工作。今后，商法学会在完成推动《商法通则》进入立法程序的工作之后，有没有可能推动成立一个以学者为主导的草案起草班子，即成立《商法通则》起草委员会，使得整个立法过程建立在充分讨论的基础之上。商法学界这方面的努力，不仅是对商事立法的贡献，也是对整个中国立法的贡献。当然可能有人会说，现实中立法体制所导致的一些问题并无关系，因为我们还有解释论，立法不管结果什么样，将来都可以把它解释好。实践中确实有这种说法，民法上也有例证。最近《南大法律评论》上发表了一篇奥地利学者的文章，他讲到一个奥地利民法的问题：奥地利民法在物权概念上不同于德国法，但后来逐渐被德国法影响，在解释论上形成了与德国法几乎一致的状态。奥地利正在反思这种现状，因为德国法关于物权物债两分的概念是受到了一定批判的。我们从中可以看到，本来的不同的立法起点，最终却可以解释成相同的方向。另外一个例证就是瑞士侵权法，它的模式和德国也不一样，没有德国的三个小一般条款，但是瑞士经过法解释，形成了类似于德国的三个小一般条款。这就是解释论的功能。

在立法阶段，我们可能会聊以自慰地说："没有关系，还有解释论呢。"但解释论也存有缺陷，比方说我们有最高院，而最高院可以制定司法解释，在司法解释之外，还有起草者对司法解释的再解释，这样就会限定学者解释的空间。可见，这样的规则让学者处于一个比较困难的境地，立法论上再怎么努力，空间上也是受到约束的。当我们不能确定自己所做的立法论上的精细研究能否得到认真对待之时，会不会还继续付出十分的努力呢？当我们知道法律会被随时修改的情况下，愿不愿意付出精力做精细的解释论研究呢？如果以上两点都存疑的话，那法学的繁荣就要有待时日了。

当然我们还是应该积极一些，做出自己的努力，继续推动各方面法治建设的进程。我相信今天的会议能在更多、更广的议题上形成共识。学界的共识是非常重要的，经常有一些问题，学者们观点互不相同，立法部门会说你们学界还在打架，民法学界就有这样的问题。商法学界关于《商法通则》是否要立、怎么去立这些问题已有很高的共识了。我期待今天的会议能形成更多新的成果，预祝会议圆满成功！再次感谢大家！

致开幕词

致开幕词：范　健
（中国法学会商法学研究会副会长，南京大学法学院教授）

各位老师、同学们上午好，首先衷心感谢各位老师从全国各地前来参会，给研讨会的召开提供了很大的支持。

我简单介绍一下今天会议的背景。2017 年十月我们召开了第一届《商法通则》立法研讨会，去年年初，赵旭东会长专程来到南京，商议在去年的全国人大会议上提出制定《中国商法通则》议案的事宜。今年全国人大开会前，我和赵会长商量再开一次会议，在可能的情况下，形成商法学界的共识，通过有关途径再次向全国人大呼吁，积极推动《中国商法通则》的创制，这是第一个原因。第二个原因是周林彬教授和我分别主持了国家社科基金项目，周林彬教授主持的是重点项目《中国商法通则》立法研究，我主持的是一般项目《中国商法通则》立法研究，所以我们商量共同来举办这个会，同时，会议召开得到了王建文教授所在的南航法律系研究团队的支持。此次会议前，南京大学商法研究中心的研究团队在网上搜集了国内核心期刊发表的关于商法通则研究的论文 130 多篇，专著、教材 50 多本，以此为范本，寻找对《商法通则》有专门研究、有成果的学者，同时研究会秘书长李建伟教授补充推荐了几位，邀请他们一起前来参会，针对具体问题进行研讨。

我们为什么要连续召开《中国商法通则》立法研讨会？这些年来我一直在思考，中国制定一部《民法典》能不能有效解决民商法的现实问题？中国到底需不需要《商法通则》或者商法典？制定《商法通则》或商法典究竟能解决哪些问题？《商法通则》为何而立？我们认为正在快马加鞭制定的中国《民法典》在调整现实商事关系时存在难以逾越的局限性问题，这是我们主张制定《中国商法通则》的主要原因。中国改革开放四十年，我国市场经济高度发展的同时出现了大量的市场经济秩序问题，主要是商事交易秩序问题，虽然我们颁布了一大批民事基本法和商事部门法，但现实生活中商事纠纷有增无减，对社会的破坏性作用越来越大，商事交易秩序日益严峻，主要原因在于整个商事交易活动缺乏基本原则和统一规则。我们先后制定了三十多万件商事法律法规规章，因为没有一个基本法，法律的碎片化和零乱性造成了规则之间的相互冲突，判决的不统一性导致商事行为的不可预见性是造成社会商事秩序混乱的重要原因。中国商事秩序问题的根源之一在于民事基本法与商事部门法之间存在较大的脱节，存在一个中间带，正是这个中间带造成了商事法律规制和适用方式的一系列问题。这些问题只有通过《商法通则》和商法典才能解决。我们需要通过研究形成建立在《商法通则》基础之上的立法理念，通过《商法通则》确立商法的基本原则，构建商法的规则体系，解决中国和世界商事秩序面临的传统问题和新问题，预见未来商事发展的规则需求，这可能是我们制定出有价值的《商法通则》的理念。

法国、德国、美国为什么能在特定背景之下制定出具有各自特色的商法典？每一个时代的商法是不一样的，其实，人类几千年来一直都在解决商法问题。今天我们谈得比较多的历史现象罗马法，其源头就是从商法开始的，希腊雅典时期形成的商法到罗马帝国时期出现了新问题，商人之间的行为规则被推广到市民社会，罗马法形式上是成功的，其精美的体系和抽象的规范结构为后人所赞美，但罗马法没有能将罗马帝国带入强盛，相反成为罗马帝国灭亡的随葬品，甚至激化了罗马社会矛盾，加速了罗马帝国的消亡。

中国当前研究《商法通则》的学者规模仍然太小。20 世纪上半叶美国起草《统一商法典》过程中，一百多位法学家直接参与了条文的起草，几千名法学家、法官、律师和法律专业人员直接参与了具体条文的设计、讨论和修改，在商法典的通过阶段，纽约曼哈顿岛几万甚至几十万商人等社会各个阶层的人都参与了讨论，然后才制定出商法典。《美国统一商法典》起草者卢埃林在德国、法国研究了 20 年，回到美国后，认为美国需要的不是德国和法国的民法典，而是一部不同于德国和法国的商法典，他相信美国的商法典会改变世界。这部 20 世纪二三十年代后经过长达二十多年的努力制定出的《美国统一商法典》的颁布，奠定了美国国际商事规则制定话语权的基础，推动了《联合国国际货物销售合同公约》的起草，提升了美国作为一个判例法国家在商事成文立法上的国际话语权。在这方面，我们需要研究美国的经验。

值得思考的另一点是民法典和商法典各解决现实社会的什么问题，这是当前重商主义时代我们面临的现实议题。比如，国有企业商主体定位问题、竞争中立问题、民营企业产权和债权的特殊性与其面临的刑事风险和融资风险问题、国际贸易冲突问题，这些问题都不是民法能够解决的。中国社会面临的金融问题、网络问题，核心目的为营利还是公益，这也不是民法能够解决的问题。面对这些新时代的商法问题，如果我们商法学者能够从一定视角推动现代商事法律的起草，那可能不仅会解决中国的问题、发展中国家的问题，甚至会解决发达国家面临的新问题。基于以上原因，希望中国的商事立法能够形成更广阔的视野和共识。

这次会议有不少同志都提交了论文，我们将把这些论文通过法制出版社出版。我和赵旭东会长也商议把这次会议的综述整理出来，向国家有关部门、全国人大、法学会提出来，传出商法界的声音。

再次感谢学者们的光临，谢谢大家！

主旨报告

中国商法的时代任务

发言人：叶　林
（中国法学会商法学研究会副会长，中国人民大学法学院教授）

中国立法机关在准备立法时，首先要考虑的有四点：规范什么、保护什么、维护什么、促进什么，这就是中国立法的八股文。在讨论《商法通则》时，能否回应这四点是非常重要的，这也是我们讨论商事立法的初始点。中国立法机关起草商事法律的初衷是规范商人的行为，还是保护商人的利益？是促进市场经济的发展，还是维护社会秩序？就个人而言，我的想法是比较功利的，中国商法跟其他国家商法不同，我们没有重商主义的阶段，没有商法发展的繁荣历史，更没有建立过较为完善的规则体系。因此，在从零开始的讨论中，探讨中国商法的时代任务可能比较合适。我主要谈四个方面：

第一，把握改革方向，迎接商法转型。早期商法是以自然人为基础来构造商人概念乃至整个商法体系。但在现代社会，以自然人为主体的商法已经转向以企业为主体的商法，以贸易法为主的立法已经转向为以经营为主的立法。中国改革开放以来，无论是20世纪80年代中央发布经济体制改革的决定，还是90年代确立的市场经济体制，乃至2000年后我国加入WTO以及整个中国金融法制的发展历史，都说明一个问题，即改革基本上是围绕着企业进行的。从扩大企业自主权到把企业塑造为独立的民商事主体，企业在中国商法中始终具有核心地位。因此，对于当代中国商法而言，准确把握这种方向转型是很有必要的。

第二，摆正商法地位，厘清政商关系。最近，中国营商环境逐渐受到全社会关注，国务院和最高法发布了促进民营企业发展的《意见》和《通知》。但是，这些意见和通知并未完全触及问题的核心。我认为，目前有几个制度仍在影响着中国商事法律制度的发展：一是行政许可。在中国法律体系中，对营商环境有着至关重要影响的就是《行政许可法》。它管得太多太严，在此基础上难以发展出相对自由的商业。若想改善营商环境，需要对《行政许可法》进行修改。二是市场准入。准入问题不解决，中国就无法形成良好的营商环境。我国以往的准入限制主要集中于外资市场准入，现在已经开始建立了内资负面清单和市场准入等制度，这些措施正在逐步成为影响我国未来经济走向的重要内容。三是“放管服”的说法。我认为“放”和“管”的提法是妥当的。但对“服”的提法不太认可，原因在于政府规模无论多大，都无法做到面面俱到，不可能对每个企业都“服”，一定是有选择的“服”。而有选择的“服”则意味着企业将受到不同对待。所以，我认为“服”不是政府要做的事，主要是社会组织的事务。因此，需要做的是两件事：把不该管的事放掉，把该管的事抓起来。

第三，弘扬法治精神，改善营商环境。我国在最近的市场经济建设中十分强调平等，包括规则平等、机会平等、权利平等。我认为，重要的是各种经济之间的机会平等。具体来说，不应当刻意强调企业的所有制形态，而应当允许各类经济组织以国民身份进入相对不那么敏感的领域。在政府采购过程中，能否给各个类商业主体以均等的商业机会。未来商法发展，还应当强调平等保护，并借此创造良好的竞争环境。中国面临的重大问题是如何把法治精神贯彻到底，这对于改善营商环境非常重要。

第四，构造知识体系，达成学术共识。每个学者都有自己的学术观点和知识体系，都会坚持自己的主张和研究结论。对于商法学者来说，这个问题尤为突出。迄今为止，很难说我们已经在基础理论上达成了重要的共识，未能形成科学的知识体系。最直接的体现是，不同的商法教科书装载了不同的商法知识，表达了不同的商法观念，彼此之间几乎没有可比性，从而成为推动立法的重大障碍。我认为，构造有共识的知识体系，将是我们商法学者需要共同努力的方向。

谢谢大家！

关于《商法通则》的体系与范畴

发言人：石少侠
（中国法学会商法学研究会副会长，
吉林财经大学法学院名誉院长、教授）

结合此次研讨会的主题，我想主要围绕《商法通则》的体系与范畴问题谈点肤浅的意见。

首先，我想就叶林教授刚才的发言做一点回应。叶林教授在发言中提到了为什么要制定《商法通则》，这也是本次会议最主要的议题。对于这个问题，我曾在《国家检察官学院学报》2018 年第 3 期发表相关的文章，对此进行了专门的探讨。我认为制定《商法通则》的主要理由有四：一是对《民法总则》的重要补充；二是对商法体系的自我完善；三是改善营商环境的必要举措；四是完善市场经济立法的基本要求。现在看来这些理由还远远不够，还要补充一条重要的理由，即制定《商法通则》也是对商事主体权益的重要保障，是对商法理念的树立与弘扬。在中国封建的自给自足的自然经济体制下，历朝历代的封建统治者都奉行“农本商末”“重本抑末”“重农抑商”的政策。在抑商、贱商政策的主导下，一方面是商人地位的低下，另一方面则是官商不分。这种状况延续了几千年，而我国搞市场经济却只有短短的四十余年，因此抑商、贱商现象至今仍有表现。对于这些历史沉积的问题仅靠政府出台一些营商政策来解决并非治本之策，要发展市场经济，要切实保障市场经济主体的权益，中国就必须要有商法理念、商法思维，形成全社会尊商、重商的氛围，这就要求必须制定中国的《商法通则》，使营商环境建设纳入法治的轨道。

其次，关于《商法通则》的体系问题。目前，由学者起草的《商法通则》已有五六个，但有影响力的主要有两个：一个是由王保树教授主持起草的《商事通则》的学者建议稿；一个是由赵旭东教授主持起草的《商法通则》立法建议稿。这两部建议稿都有各自的时代背景，《商事通则》的学者建议稿是在本世纪初，由商务部立项并由王保树教授主持起草的；赵旭东教授主持起草的《商法通则》立法建议稿，是作为原国家工商总局立项的研究成果完成的，这充分表现出国家经济主管机关对市场经济商法调整的高度重视和急迫需求。比较《商事通则》和《商法通则》的体系构成，可以看到二者有许多共识。已经达成的共识的内容起码有八个：1.总则（或一般规定）；2.商人（或商事主体）；3.商事登记；4.商号（或商业名称与字号）；5.营业转让（或商事营业与转让）；6.商业账簿（或商事会计账簿与审计）；7.商行为（商事行为）；8.代理商（或商事代理）。有差异的只是对商事公示与商业信用、经理权与其他商事代理权，以及商事争议的解决等，是否要在《商法通则》中加以规定。为了进一步推进《商法通则》的立法工作，我建议在这两稿的基础上，由商法学研究会主持起草并提出新的立法建议稿。

《商法通则》不是商法典，也不是商事特别法的简单堆砌，因此要总结《民法总则》起草中的经验与教训，处理好《商法通则》与商法典、与商事特别法的关系，既不能扩张为商法典，也不能把商事特别法的内容事无巨细都拿过来，要援引有度、有所节制，要充分考虑制度的配套和协调。例如，《商法通则》中的商事登记部分，我主张只需对登记作原则性规定，为统一的、单行的商事登记法的制定留有必要的空间。

最后，我想谈一下关于《商法通则》的范畴问题。范畴与范畴体系不仅是学科构成的基本理论问题，也是法律部门有无特定的调整对象，能否构成独立的部门法的立法实践问题。我的基本观点是，不要简单地将传统商法总则的范畴概念都视为旧东西，更不能不加分析地予以摒弃。有些基本范畴是绕不过去的，也是不可取代的。因为要解决商法的独立性问题，就必须要明确界定一些最基本的概念，比如商人、商行为，否则《商法通则》就不可能成为单行商事特别法的统帅。此外，还有些问题需要进一步研讨，比如“营业”能不能成为商法的基石性范畴，我的基本观点是“营业”在商法中确有十分重要的地位，离开“营业”就无法说清楚什么是商人和商行为，因此可以把“营业”与“商人”“商行为”同等看待，都是《商法通则》中的基石性范畴。但是，能不能因此就用“营业”或“营业行为”来取代“商人”“商行为”，还需要深入研究。总之，《商法通则》要有自己的独立范畴和独立的范畴体系，建议细化对《商法通则》具体范畴的研究，可以就每一个具体的范畴问题进行专题调研，召开专门的研讨会，以达到深入研究、形成共识的目的，为商法学研究会主持起草《商法通则（立法建议稿）》奠定好必要的理论和实务基础。

论《商法通则》对民法典“商事立法剩余”的制度安排

发言人：周林彬
（中国法学会商法学研究会副会长，中山大学法学院教授）

今天我讨论的问题是《商法通则》对民法典“商事立法剩余”的制度安排。在《民法总则》和民法分则中，有很多与商法有关的规范，但都没有贴上商法标签。若要在中国民商合一的背景下完善商事立法，制定《商法通则》则是整个规划中的重要步骤。当我们展开某个问题的讨论时，一定要放在特定语境中，脱离语境讨论问题是没有意义的。那么，在中国语境下，在民法典编纂的语境下，尤其是在如何完善市场经济法律体系的大背景下展开探讨，我们或许可以找到《商法通则》立法的着力点。

第一，需要明确“商事立法剩余”产生的原因。由于我国采用民商合一的立法模式，导致许多本应由商法学者研究的规则，被民法学者认为应通过民法分则来解决。民商合一固有的限制和立法者对民法的路径依赖，导致商事规范无法全数为民法典所吸收，由此产生的商事规范空白可称之为“商事立法剩余”。在民法典时代，有必要采取民法典统领的“剩余立法”模式。在使用《商法通则》吸收“商事立法剩余”时应符合“通、统、补”的理论，特别是要与民法典既定内容妥当衔接。

第二，商事剩余立法的体现。从立法原则来看，民法典吸收了部分商法基本原则，如《民法总则》规定了交易安全原则和企业社会责任原则以及民法典合同编（草案）规定了情势变更原则，这主要是为调整商事领域法律关系而设，但商事主体法定、交易便捷和权利外观等原则，则未能也不宜进入民法典。从商主体角度来看，《民法总则》对营利性法人与非营利性法人、自然人与个体工商户等进行了制度创新，但缺乏对主体的一般性规定，也缺乏营业标准的具体规定，这正是给商法立法留下的剩余思考空间。从商行为角度来看，《民法总则》从意思表示的分类上规定了单方行为、合同与决议，其中合同编也吸收了很多的商法要素，例如草案第 283 条对“互联网 +”时代的电子合同作了回应。因此，从“剩余立法”模式来看,《商法通则》可对决议行为的效力等方面作出更细致的规定，而民法典未涉及的营业行为等内容，也需《商法通则》进行补充。从商事权利角度来看,《民法总则》加入了股权及其他投资权利规定，在很大程度上满足了商事社会条件下的投资权益保护需求。但关于“其他投资性权利”的兜底性条款规定较为粗疏，商事人格权、营业资产权、商事承租权、商事代理补偿请求权、商事主体法定酬金请求权这些不宜视作“投资性权利”的内容无法被涵摄在内。而从商事责任角度来看，商法对民事责任的规定与民法有诸多不同。除了传统的商法责任加重外，金融领域的大规模违约，倒逼金融商法领域出现多元的责任处置制度。同时，商法在发展严格责任制度时，也应包容创业的失败，需要在严格问责与合规免责之间加以均衡。

第三，如何完善剩余立法。完善剩余立法要注意六个协调:（1）注重民商关系的法典与通则的协调。（2）经典商法规范与一般商法规范的协调，例如是否需要“商人”等经典商法规范概念。（3）要注重交易私法自治与商事公法管制的衔接与协调。（4）国际商事规则与中国本土的协调。（5）注重一般条款立法技术与具体商法规范的协调,《商法通则》大部分应该是一般条款。（6）注重商事立法与商事司法适用的协调，实现立法与司法的统一。

第四，剩余立法模式的指导思路。剩余立法模式必须凸显商事制度的特殊性、专业化、现代化，在部分商法制度被民法典接纳后,《商法通则》应吸收不能为民法典所容纳并具有特殊性、专业性的商事制度，同时还应秉持市场的适用性、灵活性原则。例如，为适应互联网、金融科技应用大国的国情，对于新一代技术革新引起的商事交易模式变革需要作出一定回应。此外，我国作为“一带一路”倡议的发起国，可借鉴吸收“一带一路”沿线国家的经贸合作规则和各国交易法中的现代化发展趋势，制定出一部具有共通性、国际性的《商法通则》。我国当前的国际地位、经济发展态势，更要求将商法发展为国际性的法律。

第五，商法通则的框架设计。《商法通则》应立足国情，反映新技术革新引发的商事交易制度创新和金融商法特质，防范系统性风险和在线解决商事争议等内容亦应得到《商法通则》的立法回应。商事立法天然拥有的法律多元主义思维，要求商事特别法和司法判例、民间法与国际法等多个法源都应被关注，进而满足商事实践的立法需求。

主持人总结

主持人：王腊生
（江苏省人大法工委主任）

在总结之前有两句话想要表达：第一，我代表江苏省人大常委会法工委对第二届《商法通则》立法研究学术研讨会在比较温暖的冬天、在江苏南京、在南大召开表示衷心的祝贺。第二，今天我坐在赵会长旁边，与全中国商法界各位专家在同一个会场，作为一名立法人，我感到非常荣幸，这是我们学习的一个好机会。

听了三位报告人非常精彩的报告之后，我想表达三点：

第一，表达感谢。非常感谢范老师、赵老师和在座的各位为我们商事立法呕心沥血，为《商法通则》进入全国人大的立法程序所做的大量工作。刚刚赵会长提到希望大家的立法建议能够尽快地进入全国人大的会议议程。也是为此，赵会长亲自从北京来到南京，来具体指导如何从人大代表、从我们江苏地方的角度为全国人大立法提出建议。我们江苏省人大常委会向全国人大常委会五年立法规划提出了重要立法建议，要求全国人大常委会把《商法通则》立法列于五年立法规划，并且我还到北京参加了全国人大常委会法工会许安标副主任主持的关于地方对全国人大立法规划建议的会议，在会议上，我将赵会长和范老师的立法建议做了重要汇报。

第二，正如赵会长所言，我们推动全国人大代表来提出立法议案。在去年三月召开全国人代会期间，我们与江苏省的部分全国人大代表共同研究，联名向全国人大提出了立法议案。但我们还存在一些不足，对有些重要的专项商事立法问题，并未达成共识，仍存在分歧，尚需要进一步深入研究。我们要在之前努力的基础之上，在已经取得的成果上进一步地、持续地努力。在 2019 年新的历史起点上，完成新时代赋予我们的立法任务。

刚才三位报告人讲得非常好，叶林老师从四个方面对商事立法的时代任务进行了全面阐述，石少侠副会长从为什么要制定《商法通则》，特别是对《商法通则》体系的构建、部门法的构建都提出了很好的建议，周林彬教授从“民法典剩余”的角度来阐述如何补充民法典对于商事立法的不足，并提出了有益见解，对我个人来说深受启发！对于下一步为了推动商事立法工作，特别是使《商法通则》能够尽快地引起全国人大法工委的高度重视、充分注意、进入立法工作的议程上，我觉得有这么几项工作必须要做：

第一，学界的共识，特别是民法学者和商法学界的共识非常重要。全国人大法工委最新增加了宪法史，但是唯独没有商法史，只有民法史和经济法史，可以看出在社会的共识，特别是学界的共识上还有不足。包括中国特色社会主义法律体系下的部门分类中没有商法，只有民法、经济法，这激发我们必须尽快地加快学界的研究，形成共识。

第二，在对全国人大法工委进行汇报为什么制定《商法通则》时，法工委对于《商法通则》在民法典之外到底解决哪些特殊问题提出疑问，正如石老师所言，到底有哪些独立的体系和范畴，刚刚周老师也从“民法典剩余”，也就是补充的角度进行了探讨。总而言之，我们一定要构建独立的体系来说明《商法通则》到底解决哪些独特的问题。我们原先的立法模式是单项立法的模式，包括行政法也如此，应松年教授仍在呼吁制定行政法典，而唯一的例外是民法典，因为这是党中央决策集团的要求，所以我们学界的学者一定要把商法的独立价值和体系的构建研究清楚。

第三，我们还需要继续奔走呼号，包括人大代表在内应当继续提出关于立法的建议，中国商法学会也推出一个精细的法典建议稿，刚才周会长提出发动中国工商联，联合各方人大代表、政协委员、学界、工商联界，大家共同呼吁，共同奔走，共同完成新时代赋予我们的任务！我作为江苏人大法工委的同志也愿意为《商法通则》立法尽微薄之力。

第一单元《商法通则》立法的理论探讨

主持人：

赵万一（中国法学会商法学研究会副会长，西南政法大学民商法学院教授）

刘凯湘（中国法学会商法学研究会副会长，北京大学法学院教授）

发言人：

1. 周友苏（中国法学会商法学研究会副会长，四川省社会科学院研究员）

题目：从国际商法发展动向看我国《商法通则》立法路径选择

2. 雷兴虎（中国法学会商法学研究会副会长，中南财经政法大学法学院教授）

题目：论《商法通则》的缘起及时代价值

3. 张　谷（浙江大学光华法学院教授）

题目：《商法通则》可以做什么

4. 宁金成（郑州大学法学院教授）

题目：《商法通则》中社会责任原则思考

5. 徐强胜（河南财经政法大学民商经济法学院教授）

题目：《商法通则》——通什么？

嘉宾与谈：

管晓峰（中国政法大学民商经济法学院教授）

梁上上（清华大学法学院教授）

胡改蓉（华东政法大学经济法学院教授）

主持人总结：

赵万一（中国法学会商法学研究会副会长，西南政法大学民商法学院教授）

刘凯湘（中国法学会商法学研究会副会长，北京大学法学院教授）

从国际商法发展动向看我国《商法通则》立法路径选择

发言人：周友苏
（中国法学会商法学研究会副会长，四川省社会科学院研究员）

谢谢主持人，谢谢范健教授。我发言的内容主要是谈一下大陆法系中法国、德国、日本三个主要国家商法发展的动向对我们制定《商法通则》的启示。这三个国家的共同特点都是民法典刚刚出台不久或者是基于政策考量临时又出台了商法典，并且在商法典制定出来之后并没有朝着制定之初的体系化目标发展，而是不同程度地出现了去法典化和空洞化的现象。这个现象经查证确实如此，而既然大陆法系国家都是如此情况，那么我们的《商法通则》是否还有制定的必要？这是我提出的一个疑问。我觉得大陆法系三个主要国家在去法典化的同时也出现了以下三个特点：

第一，去法典化不意味着商事的衰落，也不意味着民商合一，更不意味着要取消商法典，而是在原商法典的基础上，部门法脱离了商法典成为单行法。这些脱离商法典的单行法并没有成为民法的组成部分，而仍作为商法的部分继续存在，并且从内容和形式上都更加丰富。法、德、日三个国家的商法典在19世纪出台的时候，都只有几百个条文，而现在单行法的条文已远远超过了商法典中条文的数量。

第二，商法准则始终存在，而且在调整商事关系中发挥着统领的重要功能。比如说商人、商行为、商号、商业账簿、商事代理等内容的系统性的规定，仍然是今天这些国家调整商事关系和处理商事纠纷必须遵循的基本准则。

第三，商法在去法典化的同时也出现了再法典化的发展趋势，该特点以法国最为典型。法国2009年推出了现行的《商法典》，这个《商法典》由九卷构成，是一个开放性的体例，纳入了旧法典没有规范的新内容。这样一些发展的动向都说明，商法并没有因为去法典化或者空洞化这样一个现象而变得不重要。

我想谈的第二大问题是：大陆法系商法的演变态势对我国商事立法的启示。由于时间关系，我就谈一个理念，我认为中国商事立法要做到三个坚持：

第一，坚持商事立法在我国具有独立地位和独立价值的观点。中国的民商合一实际上是民法典与独立的商事单行法并存的局面。大陆法系主要国家的商事发展动向与中国这一现状刚好相符，也正好成为中国《商法通则》立法必要性和可行性的佐证。中国不能也不可能实现真正的民商合一，民法典无论是总则还是分则的制定，都不能取代商法的地位和作用。

第二，坚持《商法通则》是当前最迫切需要完成的商事立法。商法学界有些观点认为应该起草一部商法典，我觉得当下还是需要一个统领性的商事基本法。《商法通则》的制定可以使中国现行的单行法实现系统化、协调化。当务之急需要说服立法机关，将《商法通则》尽快纳入国家立法的议事日程。

第三，坚持做好《商法通则》进入国家立法的基础性的工作。针对这一坚持，我们本次会议就是一个很好的基础性的工作。此外，我认为还有几个方面的问题可以加强：第一，加强对民法和商法区分的理论与实务的研究，这一点上尤其要注重实践方面，特别是对同案不同判的案例我们要进行梳理。第二，就是需要更多的统一发声。我同意石少侠教授的观点，我们可以形成一个商法学会的统一发声，年轻学者也应进行一些基础性的研究，拿出一个有分量的成果。第三，加强我国立法机关的公关工作。我们可以利用现有的资源和人脉，与国家政策结合起来，如改善营商环境、加强“一带一路”建设、扩大对外开放等，以增强话语权和认同感。

论《商法通则》的缘起及时代价值

发言人：雷兴虎
（中国法学会商法学研究会副会长，中南财经政法大学法学院教授）

我国《商法通则》的制定需要正确认识和处理“三来”问题：由来、外来和未来。首先，追溯由来。我国《商法通则》的制定可以追溯到清朝末年，清末已有《商法通则》的立法实践。其次，我们要借鉴外来。现行《日本商法典》共有三编，第一编是总则，第二编是商行为，第三编是海商。《日本商法典》虽然从形式上看是“法典”，但抛开第三编海商，从内容上看，与我们将要制定的《商法通则》的内容非常相似，因此值得我们借鉴。此外，我从论文集中看到阮氏惠博士关于越南《商法通则》的介绍，越南在1997年5月就已通过《商法通则》，2005年进行了修订，这与我们将要制定的《商法通则》在名称上相同，也很值得我们借鉴。最后，就像赵旭东会长所说的那样，我们要展望未来。我希望《商法通则》能够尽快列入全国人大的立法计划，这也还需要各位同仁的努力。同时，我也期待具有中国特色的、吸收中国传统商法风格的《商法通则》能够呈现在世人面前。我的本次报告主要分为以下三个部分。

第一部分是关于《商法通则》立法命题的演进历程。通过对我国《商法通则》立法过程的梳理，可以说我国《商法通则》的立法实践源远流长，大致可以分为五个阶段：第一阶段，是清末《商人通例》立法阶段。光绪二十九年颁布的《商人通例》，对商人的概念、权利、商号、商人账簿等问题进行了明确规定。到了宣统二年，又起草了《商事总则》。《商事总则》分7章，共计84条，但很遗憾没有通过。第二阶段，是民国初年的《商人通则》立法阶段。1914年将清末的《商事总则》改为《商人通则》，分7章，共计73条。第三阶段，是《民法典》编纂之前的《商事通则》的立法研究阶段。这一阶段是由王保树教授领衔，进行《商事通则》的立法研究工作。《商事通则》的专家建议稿已在2010年正式对外公开，这也是我们商事立法研究的一个重要的阶段性成果。第四阶段，是《民法典》编纂背景下的《商法通则》的立法研究工作。《民法典》编纂背景下的立法研究工作是由赵旭东会长领衔，在2017年圆满结项，也已经面世。第五个阶段，是《民法典》通过后《商法通则》的立法研究阶段。《民法典》明年要出台，出台之后，我们将开展新一轮的《商法通则》立法研究。我希望以中国法学会商法学研究会的名义，尽快制定出《商法通则》的立法建议稿。

第二部分是关于《商法通则》立法的现实空间与可能。《民法总则》调整了部分商事关系，也为《商法通则》的立法预留了现实空间和可能。第一，《民法总则》没有完全涵盖商法的基本原则，像营业自由原则、商事交易简便迅捷原则等都没有体现出来。第二，《民法总则》在“法人”这一章中大量“复印”公司法的有关条文。第三，《民法总则》在“民事法律行为”这一章中，其商法规范也是缺失的。虽然把公司的决议行为纳入了民事法律行为，但是它毕竟与传统意思表示行为是不一样的。第四，《民法总则》对商事登记制度没有做统一安排。第五，《民法总则》对商事代理的特殊性关照不足。从这五个方面来讲，《民法总则》为我们《商法通则》的立法留有了现实空间和可能。

第三部分是关于《商法通则》立法的时代价值。主要表现在以下几个方面。第一，《商法通则》是对民法典的必要补充和完善。第二，《商法通则》是固化商事制度改革成果的最佳方式。第三，《商法通则》是优化营商环境的重要举措。营商环境的改善需要《商法通则》这样的一个基础性法律。第四，《商法通则》是完善中国特色社会主义法律体系的现实需求。第五，《商法通则》是推进国家治理体系和治理能力现代化的题中之意。由于时间关系就谈这些，谢谢大家。

《商法通则》可以做什么

发言人：张　谷
（浙江大学光华法学院教授）

由于长期从事民法工作，同时也教授了一些商法课程，所以可以说我是亦民亦商，加之没有参加任何学会，这也是我能够参加这个会议很重要的一个前提。以下我谈三点个人想法：

第一，《商法通则》的制定一定要以传统商法作为参照。传统商法也不是一朝一夕成就的，不管是《法国商法典》《德国商法典》，还是东亚国家中日本、韩国的《商法典》，它都是以传统商法作为参照的。传统商法是在中世纪晚期城市产生并发展以后，更多地由商人这个群体自己创造出来的规范体系。这套规范体系是以意大利法为基础发展起来的，所以《德国商法典》中的很多概念都是来自意大利。以传统商法中的德国法为例，其将给中国的法律制定提供一些基本方向的参考。《德国商法典》原来包括海商，后来这部分独立出来了；原来也包括不同的商事组织形式，可是后来其中有关资合公司的内容又单独成了单行法，甚至成为一个专门的学科。如今的《德国商法典》不断地在纯化，其真正保留下来的就像刚才前面几个专家所谈到的那样，是它的商法总则部分。因此这对中国的《商法通则》具有非常重大的启示意义。之前叶林教授谈的很对，《德国商法典》采取的商业概念，是以那个时代的小商人为形象来建构的，可是1998年《德国商法典》改革后，对于商人的概念作出重大变革。这种重大变革完全可以看作把现代企业作为中心，现代商事主体的最基本属性被包含了进来。德国的商人概念，它不仅仅是以商为中心，以传统的行业的区分来进行建构，其同时也在形式上将不从事商业活动，但是通过自由登记形式的对象纳入商法调整的范围之中。并且通过可登记的商人制度，让农业、手工业中的一些愿意接受商法规范制约的小规模商人，通过登记的方式来实现商法的调整，因此《德国商法典》的包容力是非常强大的。从这个意义上来说，传统商法所提供的这些宝贵的经验我们不能轻易扔掉，否则可能要付出惨重的代价。

当然在传统商法里面，它总是以商人和商行为为中心来建构，现在我们《商法通则》立法草案中也基本上参照商人和商行为这两块来建构，可能稍有不同，但也只不过把商人部分的商人构成要素拆分开来，分别作为各章来写罢了。

第二，由于现在民法典编纂工作基本完成，因此商事立法必须要在《民法总则》和民法分编为我们勾勒出来的生存空间内做文章。正像周林彬教授还有很多学者都谈到的，到底商法立法还有什么剩余？我认为对于商人的组织形式，中国不需要再进行专门规定，因为我国的《合伙企业法》是单行的，并且《公司法》也是单行的，没有必要再把它们纳入上位空间，而是要把所有不同的商事组织中的共通性问题进行规定，比如商号问题。商号不仅是商人从事营业的表彰，更为重要的是在企业全部或者部分跟随商号转移的过程中，所涉及的债权移转和债务承担问题，它与《合同法》里面的债权让与、债务承担的规则完全不同。再比如商事登记，我觉得没必要进行专门的《商事登记法》立法。在商事登记中我们要明确营业自由的内容，因为营业自由在中国的宪法里是缺失的，我们应该通过《商法通则》把它固定下来。在商事登记制度中，《商法通则》既不能取代公司登记的有关条例，也不能取代合伙企业登记、个体工商户的登记规则，而是要在这些规则的基础上把其中最缺乏的商事登记效力的部分进行规定，而这一点恰恰也是《民法总则》的不足之处。当然这里面还有很多其他的问题，由于时间关系没有办法详细讲述。总之，打个比喻就是在“螺蛳壳里做道场”的时候，我们一定要对商行为部分作出详细规定，但是现在已有的几版《商法通则》立法草案里边对这部分的关注还远远不足。当然这里面包括沉默能不能作为承诺的手段、哪些情况可以作为承诺的手段、商人之间的交易违约金是否可以调整等一系列问题。现今的中国《合同法》规定违约金除了可以下调之外，甚至还可以进行上调，但实践中，世界上没有一个国家这样做，在这种情况下如果商人之间的违约金可以被调整，那么商法的快捷性就将完全被解体。

第三，我认为中国商事立法需要与时俱进。举例来说就是商事辅助人现有规定存在明显的不足。在《德国商法典》中规定了代理商、行纪商和居间商的内容，但是它没有关注到在现代社会还有很多的经销商，但是在当下的德国商法研究中，德国法学家们是有专门提出经销商（Kommissionsagentur）这一概念的。因此我们在参考《德国商法典》规定商事辅助人的内容时，应该把经销商的相关内容补充进来。

以上种种可以归纳为一句话：希望我们的商事立法研究要经由传统而超越传统，最终制定出精彩的中国的《商法通则》。

《商法通则》中社会责任原则思考

发言人：宁金成
（郑州大学法学院教授）

各位老师和同学，大家上午好！感谢范老师的盛情邀请和热情接待，今天上午我想谈谈《商法通则》中社会责任原则的问题。我国学术界对于公司承担社会责任问题已经有了较为深入的研究，2005年修改的《公司法》和刚刚通过的《民法总则》都把社会责任作为一般性条款进行了规定。但在学术上我对这些规定并不赞成，虽然我认为《商法通则》也应该将企业社会责任写进去，但如果将其作为《商法通则》中的基本原则，我认为并不妥当，以下是我的一些思考：

第一，社会责任的概念本身非常模糊，即使赞成企业和社会团体承担社会责任的学者对社会责任的认识也不一致。美国的一个企业治理研究中心对社会责任就归纳了几十种定义，欧洲学者与我国学者对这一概念的内涵认识差别也很大。

第二，企业承担社会责任的条款不具有可操作性，在司法过程中也难以适用。通过查阅案例，我们没有发现在《公司法》颁布后，法院适用该条款进行裁判的情况。企业承担社会责任作为商法基本原则对商法制度缺乏价值引领作用，也难以作为商法的理念贯彻始终。

第三，企业承担社会责任与商法整体理念相悖。民法强调伦理性，与民法相比，商法的伦理性是极弱的。三年前在郑州的商法年会上，张文显教授甚至明确提出“商法没有伦理性”，商法是市场经济中最重要的法律部门，所以商法应该是市场经济规则、规律和市场行为逻辑的内在反映和表达。市场经济中强调的主体地位平等以及私有财产权的保护，其核心内容是保护平等且自由的竞争，市场竞争的规律是优胜劣汰，商场如战场。在市场经济规律作用下，让效益好的企业得到发展，让效益不好的企业退出市场。商法作为市场经济规则、行为逻辑的基本表达，其伦理性应该是很弱的。而社会责任原则作为一个特别强调伦理性的条款，与商法的基本理念和市场经济的行为逻辑不相协调。

第四，公司承担社会责任不主要来自法律的约束和企业的自觉，而是受到来自市场竞争的刚性约束。例如，华为这几年越来越强大，其技术的创新、员工的培训、员工共同分享企业发展的成果，这些都是来自市场的刚性约束，没有这些约束，企业也很难做大做强。

第五，道德价值应该与商业价值分离。商人应该“在商言商”，其必须争取行为利益最大化，至于财产利益如何分配是商人自己的事情。这两种价值应该分离而不应该被整合在一起。

赞成社会责任学者认为，环保问题、生产安全问题、食品药品安全问题等一系列相关问题是由企业社会责任的承担不足导致的。此言差矣，以上问题的主要原因是政府制度供给不足、监管不到位，甚至对企业提供非法保护。芝加哥大学经济学教授弗里德曼曾经鲜明地指出企业社会责任条款的弊端，我国学者张维迎、吴敬琏等也都明确反对企业承担社会责任。从实践角度来看，这一条款甚至成为侵占私人财产的合法依据。因此，我认为社会责任原则不宜作为《商法通则》中的基本原则。

商法通则——通什么？

发言人：徐强胜
（河南财经政法大学民商经济法学院教授）

大家的基本观点是《商法通则》是民法典后的关于商事的共通性规定，《商法通则》的制定必须考虑民法典关于民商合一的规定。基于此，我想谈这几个方面的问题：

一是主观主义与客观主义的问题。不同国家由于历史原因，采取了不同做法，但他们都强调商法是规范商人营业行为的规则。从《民法通则》开始，我国民事立法基本采民商合一体例，已经制定的《民法总则》及正在编纂和审议的民法典分则也更为重视民商合一问题，尽管其中有不当的地方。我们注意到民法典其实也在追求尽量减少因主体身份的认定和变化带来的规则的不同。个人认为，我国可规定："本通则调整经营者的营业行为；非经营者的行为具有营业性质的，也受本通则规范。"也就是尽量摆脱传统的主观与客观主义模式，这种相对模糊的做法可能更加符合我国现实情况。

二是商主体、商人、企业、经营者概念的问题。对于《商法通则》涉及的传统商人和商行为表达的问题，《民法总则》规定了具体的民事主体，个体工商户和农村承包经营户虽具有经营性，但都被列为自然人的范畴。我认为：首先，"商主体"的概念是不适合的，因为《民法总则》已经确认了他们具有营业性质，而且"商主体"是个从理论上抽象出来的概念，在我国立法及民法理论上，不存在民事主体之外的所谓"商事主体"或"商主体"的概念。其次，"商人"的概念是基于传统自然人概念的基础，而我国没有这方面的基础，所以我认为也是不适合用的。另外，国外试图以"企业"的概念重新构建商法的体系。但《民法总则》通过后并没有"企业法人"的概念。据考证，"企业"这一词汇没有被系统地立法构建，这说明这一概念没法涵盖众多商主体，而且现代高科技的发展也使得该概念无法包含那些非企业的个体经营者甚至是虚拟的经营者。所以，可能用"经营者"概念来表达更为合适。

总体上来讲,《商法通则》可以用“经营者”概念表述相关主体及行为者，对于“经营者”,《商法通则》可以先行予以统一界定；其次，对于《民法总则》中所称的营利法人及营利性非法人组织，可规定为“必然经营者”而适用本法；对于个体工商户，基于其经营的谋生性，可做一定的限制；对于农村承包经营户，则一般不认为其为经营者，仅在其从事商业经营时，方可视为经营者而适用本法。再次，对于非营利法人与特别法人，可规定，当其从事经营性活动时，除法律、行政法规另有规定外，适用本法。

三是关于《商法通则》基本原则的问题。按照我国立法的惯常做法常常需要明确基本原则，以示其普遍性价值与意义。对于《商法通则》，其属于调整商事活动的基本法律，有明显不同于民法之处，诸如商事外观主义、经营者严格责任、经营者社会责任等。但这是不是意味着《商法通则》应当规定相应基本原则，以有效地规范和指引商事活动呢?

我认为：首先,《民法总则》关于民事活动的基本原则足以指导商事活动，无须《商法通则》另行规定所谓商法的基本原则。至于被公认为最能体现商事活动特点的外观主义，则是通过民商法一系列规则体现出来的，无法或不宜通过一句话的表述来表达。其次，从比较法角度看,《法国商法》《德国商法》和《日本商法》均遵循规则优先和习惯优先。而规则优先与习惯优先的实质是尊重商人的创新，去除世俗偏见，鼓励并保护交易。在一定意义上，基本原则常常是一种说教，而非清晰的规则指引。再次，从商法自身发展看，其表现出一种导向，即创造满足“实际需要”的“具体的法”，将“更为高尚的追求目标”留给其他学科。也即，商法以解决实际问题为导向，更需要解决问题的具体规则，而非基于某个“高大上”的理由进行推论的基本原则。综上,《商法通则》不适合规定基本原则。

四是民事法律行为与商行为的问题，这是需要特别关注的问题。商事行为具有特殊性，那是否意味着能够找出商行为与民事行为不同的地方呢? 事实上，基于现在的《民法总则》和《合同法》，很多问题都能得到解决。如果真的要制定《商法典》，则需认真研究《民法典》中商法立法的剩余在何处，这是商事法律编纂最为重点和最容易产生争议的地方。

所以我的基本观点是:《商法通则》的立法需要基于民法，同时还要跳出民法。谢谢大家!

嘉宾与谈

与谈人：管晓峰
（中国政法大学民商经济法学院教授）

我主要谈下对刚才六位发言人的报告的感想。

第一位是周友苏老师，他的观点是从国际商法的发展动向看我国《商法通则》立法，用比较法论证我国的立法合理性。我国经济发展迅速，但由于很多法律制度未能与经济的发展相协调，已经产生了很多问题。2018 年出现的经济下行、部分中小企业的生产危机，以及一些上市公司的大股东的股份质押等问题，都与相关法律制度的缺失存在关系。因此，从比较法角度提出立法的完善建议，弥补可能的法律漏洞是很有必要的。

第二位是雷兴虎教授，雷教授从历史维度考察了《商法通则》的历史渊源，具有很强的说服力。但我想补充一点，传统的商法是为商业文明、工业文明设置的，然而今天随着经济模式的变革，已经出现了电子文明、网络文明（或者叫 4G、5G 文明），传统的法律制度也出现了与当下互联网交易模式不适配的内容。所以我们是不是应该把《电子商务法》中的一部分内容纳入《商法通则》里，将新的科学技术和经济模式在立法中予以体现，反映超越商业文明和工业文明的内容。

第三位是张谷教授，张谷教授以一个民法学者身份提出了《商法通则》可以做什么，正如张教授所言，《商法通则》可以为经济发展提供法律保障，这并不是在玩文字游戏，也不是为了争口气，根本在于《民法典》没有将诸多商法的内容体现出来。周林彬教授提出商法做的就是《民法典》的剩余，也从侧面印证了这一点。商法的目标在于服务经济发展，今天《商法通则》立法同样如此。

第四位是宁金成教授，宁老师认为当下公司的公共社会责任在《公司法》仅有一条规定，且因为没有具体规定责任范围、责任对象和责任救济，可操作性不强。企业的社会责任原本只是一种道德上的要求，但《公司法》这一规定使其变成法律责任。但因为这一法律责任既无范围，又无边界与惩罚，可靠性不强。因此，关注这一问题是很重要的，社会责任在法律上应当具有相对明确的边界，这才是好法律。

最后谈一下樊涛老师的观点。樊涛老师在《民法典》立法的基础上，提出了《商法通则》的必要性。《民法典》立法虽然纳入了一些商法的内容，但这种纳入很多是不成功的，比如说营利性法人的规定，大量借鉴《公司法》条款，对以后的司法都是不利的，很可能引发法律适用上的冲突。此外，还有大量商法的内容未能体现，从这个角度来看，《商法通则》立法还是有必要的。

谢谢大家。

嘉宾与谈

与谈人：梁上上
（清华大学法学院教授）

我主要受徐强胜教授此前发言的启发，来谈一下自己的一些感想。

第一，有关民法和商法的关系问题。就我个人的感觉，民法扮演一般私法的角色，给我们提供基本的概念和基本规则，这些基本的概念和规则是私人社会的规则，这与商人社会有不一样的地方。其实在1986年《民法通则》制定之前，民商关系问题就发生过很大的争论，这个争论最终以民法的胜利结束，它说的是“民法调整的是平等主体之间的财产关系和人身关系”，这一表达确实可以作为民法和经济法区分的标准。这个标准的功能其实是将私人社会和政治国家做了一个区分，私人社会是平等的，政治国家是纵向的、管理的，但将社会关系分为平等关系和纵向关系的话，这种分类就太为简单，不符合我们对现实生活的认知。所以这种平等关系的界定和分类留下很多的后遗症，如导致商事关系很难从民事关系中提炼出来，这也需要我们去反思法律部门的具体划分问题。

第二，从商法角度看，商法这个法律领域和商人、经营活动密切相关，所以我非常反对用法律关系作为划分法律领域的标准，因为用调整对象进行划分存在很大的问题，例如环境法、体育法等法律的调整对象虽然也是平等法律关系，但我们事实上认可环境法、体育法以及很多其他法律部门的存在，不可否认民法的平等关系给我们造成了很多负面效果。

第三，有关《商事通则》的问题。从我个人的理解来看，我们应该更强调理念的提炼，如信赖问题、外观主义等。更多地从这些方面提炼，即切实地与商事活动的本质联系，如保函问题、保险法中的信用保险问题，信用保证究竟是保证还是保险这些问题，当然现在已经明确它是保险。所以如果我们往回走，走到民法里面就会遇到很多问题，商事规则中有些本质的构成，需要我们很好地提炼，这些可以体现在《商法通则》中。我特别赞同樊涛教授的观点，从商事裁判的角度来看，我们有一些基本的原则和规则，对商法的裁判方法是有帮助的，当然我不同意他说的《民法总则》就是《商法通则》的观点。

第四，《商事通则》的立法需要注意几个问题。大致从逻辑来讲就是演绎和归纳，但有时候我们的归纳不是特别准确，我们要注意不要过度地归纳，比如有学者提到经营者严格责任，经营者严格责任有时不一定是商法的一般规则，例如董监高的注意义务，这难道是严格责任吗？我们是用商事判断规则将其抽取出来，觉得不能适用严格责任。因此有的规则在商事行为中可以适用，但有些规则不能适用，在归纳的时候我们要注意，样本要足够大才可以。如有学者说“民法是赋权法，商法是限权法”，这种说法有待商榷，我们说营业自由是商法的基本原则，所以能说商法是限权法吗？所以我们创造一些新概念的时候需要与整个私法体系进行协调。

嘉宾与谈

与谈人：胡改蓉
（华东政法大学经济法学院教授）

我主要想谈三点：第一，民商法的差异是一种客观存在，并非简单的学术地盘之争；第二，在目前民商合一的立法大背景下，《民法总则》及正在制定的各编分则是否科学、合理地彰显了这种差异；第三，如果以《民法总则》为代表的民法典内容没有很好地彰显这种差异，那应如何进行有效的制度补正。

第一点，民法主要是对自然人的调整，是市民社会的基本生活规则，基于的是人本主义的立法理念，更加注重伦理道德与公平；而商法则是以企业为主的商业社会运营规则的调整，注重的是经济利益和商业逻辑，以效率为目标。我记得范健老师在其文章中提到过，如果将二者混淆，不做应有的区分，那么民法理念会抑制商业社会的发展，而商法理念则会拉低市民社会的道德底线。此外，民商差异的这种客观存在也会造成二者在行为规则上的差异。以违背真意的法律行为为例，从民法角度看，重大误解等违反行为人内心真意的行为往往是可撤销的；但在商事交易中，鉴于商主体良好的谈判能力、商业经验、风险承受能力，往往被赋予了严格责任，强调外观主义和风险自负。以日本著名的瑞穗证券公司错误交易指令案为例，该案中，交易员原本是想以 61 万日元卖一股 J-COM 公司股票，结果错误输入为以 1 日元卖 61 万股股票，这显然违背了其真实意思，但该交易仍然正常进行，最终造成了瑞穗证券近四百亿的损失。由此可见，民商法一个注重意思自治，一个注重交易安全与效率，二者的差异是不可否认的客观存在。

第二点，在目前民商合一的立法大背景下，《民法总则》及正在制定的各编分则一定程度上彰显了这种差异，但却存在彰显过度、彰显不足以及彰显错位的情形。《民法总则》中对于营利法人、非营利法人、非法人组织以及个体工商户等做出的规定，对决议行为、关联交易的规范都一定程度上体现出了商主体和商行为的制度特色，但这种差异的彰显却并不理想。例如，将《公司法》中的例外制度——

法人人格否认制度规定在具有普适性功能的民法总则中，显然不妥；将公司决议行为规定在民事法律行为中，明显是对公司组织团体性的忽略。之所以会出现这些制度不足，主要原因还是在于民法学者对民商差异的认识存在摇摆或不清晰。目前合同编的编撰也可以说明这点。以保证合同为例，《征求意见稿》规定在没有明确约定是连带保证还是一般保证的情形下，民事主体和商事主体是应当有区别的，但在草案二审稿中却删掉了这种区分；在借款合同中，《征求意见稿》也区别对待了民事主体和商事主体，但在草案二审稿中，这种区别却变得微小了。

第三点，在《民法总则》和各编没有很好地彰显此种差异时，弥补方案是什么。这就是今天的主题，即《商法通则》的嵌入。今后，整个商法制度体系可能主要就是由《民法总则》、《商法通则》、商事单行法和商事习惯组成。这里需要特别强调商事习惯。《日本商法典》第 1 条第 2 款的修改，规定商事习惯优先于民法适用，体现出了对商业社会特殊性规则的尊重。此时《商法通则》就起到在《民法总则》和商事单行法以及商事习惯之间的桥梁作用，《商法通则》是对《民法总则》的完善。对于不适宜或无法在《民法总则》中规定的商事特别制度，尤其是营业制度、账簿制度、商事登记制度等体现交易安全和效率的制度应当在《商法通则》中得以彰显。

主持人总结

主持人：赵万一
（中国法学会商法学研究会副会长，西南政法大学民商法学院教授）

前面几位发言人和评议人的发言都很精彩，我作为主持人不再作进一步评论。下面我准备用几分钟时间谈一下我对《商法通则》制定的一些看法。

第一，如何正确评价或者说准确定位目前阶段我国民商之间的关系。对目前我国的民商关系，理论界和实务界有某些共识，但也有不同看法。理论界特别是民法学界基本上都认同是民商合一，在实务界大多数人也是这个看法。这种观点虽然没得到正式的立法确认，但立法机关基本上也是这个态度。最为典型的是全国人大副委员长李建国在第十二届全国人民代表大会第五次会议上所作的关于《中华人民共和国民法总则（草案）》的说明中，对制定民法总则的必要性表述为："我国民事立法秉持民商合一的传统，通过编纂民法典，完善我国民商事领域的基本规则，为民商事活动提供基本遵循。"即立法机关也是认可民商合一的。但我一直不太赞成这个说法，按照我的理解，我国既不是实行的民商合一，也不是采取的民商分立，而是采取的民商不分或民商混同的模式。换言之，我国目前尚处于较低阶段的民商混同水平，还没有达到较高的民商合一的程度。因为目前我们所说的民商分立和民商合一都有特指的含义，且是近代以来对民商关系所进行的科学描述，是各国为应对市场经济发展给社会经济关系所带来的挑战而进行的一种立法选择。因此，无论是民商分立还是民商合一，都是建立在民事立法和商事立法得到充分发展，私权理念得到充分弘扬的前提之下，是各国基于自己的法律传统、独特国情和对法律作用的认识所进行的立法选择。从时间进程来说是先有民商分立，再有民商合一。如果说民商分立是对传统的民商不分立法模式的否定的话，那么民商合一就是在更高程度上对民商分立所进行的否定之否定。其结果不是回归到民商不分的原点，而是实现更高程度科学分工基础上的民商关系的有机统一。而我国目前尚处在比较低级的民商不分阶段，基本的民商关系尚未得到有效确立，作为民商法存在基石的私权观念尚未得到普遍承认。因此我国民商关系的处理应着眼于是否有利于促进市场经济的发展，是否有利于私权观念的弘扬，是否有利于和谐社会的构建。

第二，商法有什么用。我的一个基本观点是：商法是市场经济的基本法。无论从商法的历史起源还是从商法的发展脉络来看，商法都是与市场经济密不可分的。现代意义的商法产生于市场经济的萌芽阶段，并伴随市场经济的发展不断壮大和完善。从另一个方面来说，商法存在的使命就在于促进市场经济的发展，从这个意义上说，商法是直接以市场经济作为调整对象和调整内容的法律，是市场经济关系的内在需求直接翻译成法律的产物。不仅如此，商法的完善程度也直接影响到市场经济的发展程度。通过观察世界各国的经济发展史我们不难发现，一国商法的完善程度和该国市场经济的发达程度是成正比的，市场经济最发达的国家（美国、日本、德国）同时也是商法制度最发达的国家。这也印证了那句话：市场经济同时也是法治经济。从这个意义上说，中国要建立发达的市场经济必须建立完善的商法制度。

第三，民法为什么不能代替商法。刚才梁上上教授提出我们应当反思现行立法中对民法的界定，即把平等关系作为民法的本质特征和判断民法区别于其他法律关系的一个重要指标，因为平等关系说会把所有的平等社会关系都纳入民法的调整范围，从而侵蚀了其他法律的生存空间。这个说法有一定道理，我基本赞成梁上上教授的观点。值得说明的是，民法调整对象平等关系说的形成有其特定的时代背景，主要是为了区分民法和经济法之间的关系。这一学说最早由金平教授和我等人所提出，当时我们写了篇文章:《论我国民法的调整对象》，发表在《法学研究》1985 年第 1 期，提出民法调整的是公民、法人间的平等的财产关系和人身关系，后来为 1986 年的《民法通则》所原则采纳，表述为民法调整平等主体间的财产关系和人身关系。平等关系说最大的贡献就是把民法与经济法作了有效区分，终止了民法和经济法有关调整对象的争议。关于民法的调整对象，当时还有另一种比较有影响的学说，那就是由佟柔教授等人提出的商品关系说，即民法调整的是商品经济关系。应该说这个观点是非常有见地的，也抓住了民法的本质。在这次民法典编纂的讨论过程中，我也曾写过一篇文章，专门探讨我国民法的基本原则，认为应该对《民法通则》所确立的民法基本原则进行必要反思，把真正能够体现民法特点和作用且具有明显区分度的原则确定为民法的基本原则。以此为标准，我认为民法中最应当确立的是私权优先（而不是单纯的私权保护优先）和民事权利神圣（私权神圣）原则。而包括平等原则在内的一些原则应当从民法基本原则中取消。为什么这样说呢？因为平等并非民法的特有要求，也不具有必要的可辨识性。实际上，民法与商品经济的联系更为密切，直接产生于商品经济的要求，直接服务于商品交换关系，这点在马恩经典著作中已有了非常精辟的论述。因此我的基本的观点是：民法是商品经济的基本法，而商法是市场经济的基本法。另外，我们还需要明确一个观点：民法典并不完全等同于民法，民法典也不完全等同于私法典。民法的概念广于民法典，而私法应当是一个更广义的概念，除包含了民法的内容，也包含了其他的私法内容，甚至包含了国际性的私法内容。我们现在的问题是用民法典取代了民法，甚至用民法典取代了私法，这对我们私法观念的培养和促进市场经济的发展都是极为不利的。因为市场经济有自己的运行规律，有自己的行为逻辑和价值评判规则。虽然我们不能笼统地说市场经济不讲伦理，但可以肯定地说，市场经济伦理并不等同于普通的社会伦理，市场经济的逐利性也会对人伦关系产生重大冲击，在某种程度上说市场经济也是反不讲人本主义的甚至是反人文主义的。如果民法完全屈从于市场经济的要求，那么会对人本身的发展、人本身的价值产生重大影响，整个社会将会堕入唯利是图的悲惨境况。我一直呼吁民法必须保持强烈的人文主义精神和人本主义理念，民法必须尽量纯粹，必须与市场经济保持适当距离。因此，应当严格限制民法的适用空间，重塑民法的权利法属性，保护人民生存，实现人的价值。值得说明的是，按照我的理解，民法的各项制度都是把自然人作为设立的基点和原点，法人组织仅仅是自然人的例外或者说是类存在。在现代市场经济背景下，复杂的交易关系，因技术进步和科技进步而产生的新型社会关系（典型的如电子商务关系），组织体的内外部关系等，都是传统民法所无法容纳和调整的。

第四，中国应当制定一部什么样的商法典或《商法通则》。关于民商之间的关系，这个单元和上个单元的很多专家都提出了自己的观点，很多观点使我很受启发，当然有些观点不完全同意。我认为，商法要想独立于民法而存在，必须有自己独立的调整对象、调整方法和严密科学的体系。从法制史的角度来看，商法之所以产生并不是因为民法谦虚不愿意调整，而是因为民法心有余而力不足实在无力调整。此后商法在许多国家之所以没被民法收编，能够独立存在于民法之外，也是因为商法制度很难融入民法的理念和制度框架体系之中。即使在民商合一的国家，民法典对商事单行法的影响力也是非常弱的。并且实行民商合一的典型国家无论是瑞士还是意大利或荷兰都没有能够真正引领世界经济的发展，也没有给世界带来多少有价值的法律制度。与此相反，高度重视商法建设的国家，无论是大陆法系的德国和日本还是海洋法系的美国都一直在引领世界市场经济的发展走向。因此是否应当有商法典不但是一个学理问题，而且更是一个关系国家经济发展前途和中国梦是否能实现的问题。当然究竟是制定商法典还是制定《商法通则》，是以主体为主线还是以行为为主线进行立法，都是可以进一步探讨的问题。

第五，商法典制定中应当妥善处理的几个问题。要想制定出一部既有一定科学性又有一定针对性的商法典，需要明确以下几个方面的问题：第一，我们在制定商法典或《商法通则》时到底是强调它的规则属性还是它的原则属性，或者说我们究竟是制定一部以规则为主的商法，还是一部以原则为主的商法。我想这个问题可能会因立法选择的不同而有所差异，如果是选择制定商法典，那么可能应该以制定规则为主；如果选择制定《商法通则》，那么可以考虑以非规则性的原则为主或原则与规则相结合的模式。第二，我们商法典或《商法通则》的具体内容到底是仅包含实体法部分还是应同时包含实体法和程序法两方面的内容。按照我的理解，商法和民法不但在实体规则上有重大的差异性，而且在程序规则包括诉讼和仲裁方面也有明显不同，因此我们的商法典应同时涵盖实体法和程序法的双重内容。第三，我们的商法典或《商法通则》在性质上究竟是定位为纯国内法还是兼具有国内法和国际法双重属性的综合性法律。按照我的理解，商法本身就包含了较多的国际性因素，因此我们的商法典应当是除了能够满足国内商事活动的需要之外，还必须是能够为国际商事活动提供必要法律保障的制度设计，即商法典中应同时包含国内商法和国际商法的内容。第四，我们的商法典或《商法通则》能够为国家的经济建设和社会发展提供哪些独特的制度供给。这是国家支持进行商事立法的基础和前提。我认为商法能够提供的最有效制度供给就是对新型市场交易关系进行规范，从而促进市场经济的良性发展。当然可能还有其他方面的作用。因时间关系我就简单讲到这里。谢谢大家。

主持人总结

主持人：刘凯湘
（中国法学会商法学研究会副会长，北京大学法学院教授）

感谢几位报告人和与谈人的发言，关于《商法通则》制定的一些基本问题，大家都分享了自己的想法。其实，商法学界这些年来，不论是在年会，还是在小型研讨会上，围绕民法典编纂中民法与商法的关系问题，我们展开了很多讨论。

我一直在思考一个问题，这些年我们商法学界主要是想推动商事立法，特别是《商法通则》立法，但是我们真正的使命是什么？这个问题的回答可能涉及法律体系，尤其是市场经济法律体系的合理建构问题。我们的贡献不应该是一种门户之争，我们的使命不应该是《商法典》还是《商法通则》的形式之争，而应该是一个更加合理的、和谐的法律体系的构建，最终的目标是促进我们国家市场经济的发展，进而使我们的财产权利、经营自由等得到保障，人的尊严、人的价值得到实现。所以商法的使命首先是市场经济的发展，更重要的是整个国家的现代化包括民主法治进程的发展。

几位报告人和与谈人，不管是赞成抑或反对，也不论是从过去的、现在的，还是未来的角度出发，关于《商法通则》与《商法典》形式之争，以及对商法与民法关系的讨论，有两个学者的发言让我印象深刻。

第一个是周友苏教授。大陆法系自民法典与商法典同时制定的近一个世纪以来，商法典的立法形式变迁呈现出怎样的规律？许多大陆法系国家确实出现了大量的解法典化现象，但这些国家宣布废除商法典了吗？没有。英美法系国家如范健教授所提及的美国，也制定了《美国统一商法典》。因此，我们能够得出一个结论：商法典并没有过时。

第二个是张谷教授。我一直反对商法是民法的特别法这种表述，其实说商法是民法的特别法也成立，但这个民法不是狭义民法典意义上的民法，而是私法意义上的民法。从这个角度出发，在私法体系中，民法是基本法，商法是特别法，这样理解更合理。整个私法涉及自然人、人身权、财产权、公序良俗、平等、私法自治等，而商法更注重经营自由、交易的便捷安全、交易发展。私法的根本理念是意思自治、私权神圣。私法和商法关系如何区分，是一个值得注意的问题。例如合同、私人借贷，就因情境不同存在不同理解，借钱买房和借钱投资金融也显著不同。因此，我们需要通过不同学派的观点进一步明晰民商之间的关系。

第二单元《商法通则》与民法典编纂及其他部门法的关系

主持人：

赵旭东（中国法学会商法学研究会会长，中国政法大学民商经济法学院教授）

顾功耘（中国法学会商法学研究会副会长，华东政法大学经济法学院教授）

发言人：

1. 吕来明（北京工商大学法学院教授）

题目：民法典编纂背景下制定《商法通则》重点解决的问题

2. 刘凯湘（中国法学会商法学研究会副会长，北京大学法学院教授）

题目：民法典编纂后的民商关系再思考

3. 李建伟（中国法学会商法学研究会秘书长，中国政法大学民商经济法学院教授）

题目：民法典后的《商法通则》立法契机

4. 李后龙（江苏省人大法工委副主任）

题目：从民法典合同编相关内容演变展望商事合同制度研究

5. 钱玉林（华东政法大学经济法学院副院长、教授）

题目：商主体立法改造与《商事通则》的立法安排

6. 崔文玉（上海大学法学院教授）

题目：商事登记制度存在的问题与对策

7. 夏小雄（中国社会科学院法学研究所副研究员）

题目：民商合一民法典和商法典的生存空间

嘉宾与谈：

刘文科（法律出版社副编审）

季奎明（华东政法大学经济法学院副教授）

林少伟（西南政法大学民商法学院副教授）

魏　岚（河南财经政法大学民商经济法学院副教授）

主持人总结：

顾功耘（中国法学会商法学研究会副会长，华东政法大学经济法学院教授）

民法典编纂背景下制定《商法通则》重点解决的问题

发言人：吕来明
（北京工商大学法学院教授）

感谢范老师的邀请！我今天发言的主题是在《民法典》编纂背景下《商法通则》所要解决的问题。一直以来，我都十分关注《商法通则》的制定。以前我认为《商法通则》的制定应当按照商法学的规范体系构建，形成一个相对完整的结构体系，分为四个部分：商事主体、权利、行为和责任。但在《民法总则》颁布之后，特别是《民法分则（草案）征求意见稿》颁布以后，我改变了原来的想法。考虑到《民法总则》以及《民法分则（草案）征求意见稿》规定了一些我们公认的商法内容，在这个背景之下，我们要探讨的是《商法通则》究竟要解决什么样的问题。

制定《商法通则》是商法学界的共识，虽然对于具体内容如何规定存在差异，但对于核心内容学界基本达成一致。《商法通则》之所以迟迟没有进入国家立法计划，原因之一是需要形成社会共识，这一点经过宣传以及市场实践我们已经越来越接近。更为重要的原因是需要引起立法决策者们的高度重视，应当从解决重大现实问题的角度让立法机关理解《商法通则》到底要解决什么样的问题，且这些问题必须是现在的民法典所不能解决的。这样才有可能得到立法机关的重视，特别是立法高层的重视。民法典的制定历程比较漫长，在十八届四中全会中提上日程后才加速推进。中国的立法，在必然性中存在偶然性以及路径选择是否恰当的问题。在民法典基本框架已经确定的情况下，《商法通则》应当主要针对民法典没有解决或没有系统解决的问题。我认为以下三个方面是民法典没有解决、也不能解决，而必须通过制定《商法通则》解决的问题。

第一，商事制度改革实践取得的成果和进一步深入推进需要得到法律的确认和巩固。商事制度的改革是我国创造良好的营商环境，激发市场活力的重要战略举措，为国家决策层面高度重视。既包括传统商事层面的商事登记、主体等这些内容的改革，也包括一些新制度、新举措的引入。从2012年至2017年，我们实际完成了第一个阶段的改革，主要以市场主体准入退出制度改革为核心。从2018年以后进入第二个阶段，目标是为市场主体活跃、经济持续繁荣发展夯实微观基础。在这个阶段，我认为有四个方面需要回应：（1）商事制度改革中市场主体准入和退出制度方面的内容，这本身就是传统商事登记制度的领域，需要结合我国的改革实践加以改造，在法律层面上确认改革成果，例如简化市场主体登记手续、电子营业执照、审核原则的改变、多证合一、住所与经营场所区分、企业名称登记改革、简易注销程序等。（2）商事制度改革的信用公示和信用监管，是互联网时代下市场主体活动中特有的保障交易安全的重要手段。在强调商事主体意思自治、加强事中事后监管的情况下，信息公示信用治理是一种以互联网技术为基础，保障交易安全的基础性制度，需要在法律层面上规定其基本原则和主要内容。（3）商事制度改革中出现了一些新型的权益，如企业的信息保护权。这些权利的内容、行使界限、行使途径、失信惩戒以及当事人的信用权利保护问题都需要明确回应。（4）商事制度改革中提出“放管服”理念、创造有利于营商的良好环境，这需要在法律中规定具有刚性约束力的制度予以巩固。上面的问题在民法典中并没有反映也不可专门反映。

第二，商业模式创新实践过程中经营者权利的保护问题，需要通过制定《商法通则》予以解决。民法典中可能也有个别制度涉及，但不会整体关注。我虽然认同商事权利的概念，但在立法层面，经营者权利的概念或许更容易被接受。近几年随着市场化的推动，商业形态、商业模式不断创新，主要表现在两个方面：一是互联网技术与应用产业结合的各种共享经济；二是金融领域方面的各种创新。创新突破了原有的模式，面临着合法性的界定不清和权利内容性质缺失明确规范的问题。虽然在包容审慎的监管理念下创新有存在的空间，但由于政策调整频繁不稳定，各地把握不一致，在合法性认定上容易从一个极端走向另一个极端，严重影响市场主体的行为预期和投资者的交易热情。例如，近年来金融领域资本市场，监管尺度前后变化很大，业界有反映说有点无所适从，不知道该怎么办。因此，我们需要通过法律的形式将这些新型的权利作为一种独立的制度确定下来，明确界限，从而为市场发展提供一个稳定的环境。此外，实践中存在不少侵害经营者合法权益、侵害企业及企业家权益的情况，由于法律上没有独立的营业权制度，从而得不到保护。因此，除了确认创新实践中的新型权利外，还应制定一种一般的基础性制度，建立经营者或商事主体的营业权保护制度，以对抗侵害经营者权利的行为，并建立因公共利益影响营业权时的补偿制度。这对于创造良好的营商环境具有非常重要的意义，但这不是民法的主要任务，在民法典中也不会专门规定，需要商法来实现这一目标。

第三，商事审判实践中形成的理念思维需要转化为具体的法律规范。从司法实践上来说，我国的商事审判通过大量的判例和裁判规则，已经形成了一些商事审判规则的理念和相关的技术，这对我们目前的经济发展起到很好的促进作用。但这些理念毕竟是模糊抽象的，在实践中，法官仍然面临着找法和法律适用的问题。此时需要把一些理念转化为相应的规则加以确定，来保证市场的发展和良好的营商环境。

因此，建议从以上三个角度来确立《商法通则》的主要内容。概括性的建议是，《商法通则》的主体内容分为五个方面：1. 一般规定，明确立法目的、调整范围、原则与法律适用问题。2. 商事登记，围绕商事制度改革实践的相关内容规定相应制度。3. 商事主体信息公示与信用治理，对信息公示、信用管理、信息数据权益保护、失信惩戒与信用权益等内容作出规定。4. 经营者权利保护，主要规定营业权及救济、商业模式中经营者的新型权利等。5. 商业活动中的一般交易规则，主要是将商事审判中形成的被普遍认可的裁判理念规则转化为法律规范。

以上就是我对制定《商法通则》的一点思考。谢谢大家！

民法典编纂后的民商关系再思考

发言人：刘凯湘
（中国法学会商法学研究会副会长，北京大学法学院教授）

我将从以下四个角度分享《民法总则》甚至之后的民法典对商事立法，以及商法教学可能产生的影响的思考。

第一，从现有的已经颁布的《民法总则》以及分则中的合同编、人格权编以及物权编等角度来看，将来的民法典对商事立法的基本判断在于以下几个方面。第一，周林彬学者认为，民法典的颁布对商法的影响，是既有加入过度，也有加入不足的问题。对此，我认为民法的规定对商事立法而言仅仅是不足，并不存在过度问题。周林彬学者认为当前的《民法总则》对于商法规范、商法理念的规定过少，对于商事问题的解决是不足够的。但是我认为此种观点是不适当的。上述问题的解决应当依靠商法典来解决，而不是民法典。这些规定不应当加入民法典中的，这并非是不足的问题，而是民法中过多地加入了商事规则的问题。第二，我认为在民法典中不仅过度加入了商事规则，而且添加了很多不科学的地方。例如法人制度，不仅将其规定在《公司法》之中，而且将其规定为民事一般规则进入《民法总则》中去。第三，此种规定不仅使民商关系不清，而且损害了民法的纯净性。这不仅仅使民法规则变得更加含混杂乱，而且使得民法的纯净性受到很大的损害。因此，当前的《民法总则》甚至是民法分则在处理民法和商法关系上存在问题，该问题使当前渐渐清晰的民商关系变得更加模糊不清，这给法律的适用也带来了很多的问题。

第二，民法典颁布后对民法教育和商法教育的可能影响。我在教学实践中发现，现在的《民法总则》中有大量的《公司法》规范，这对《民法总则》的教学是一种很大的挑战。这些规定，对于研究传统民法的教师而言，由于其很可能对《公司法》缺乏深入的研究，所以很难在教学中详细阐述。不过从民法本身来看，《民法总则》中的法人制度，特别是营利法人制度又是其重要的组成部分。从商法教育来看，特别是在商法总论教学中，《公司法》也是其中的重要组成部分。此种情况下，民商法的教育界限难以界定。公私法界限不明对学生的理论养成的影响值得思考。现在民法中《公司法》的规定对于商法之后的教育是一种挑战。因此，为了防止混乱，对于之后的法人制度立法，特别是营利性法人制度，可以将其划分在商法之中，这或许是一种更好的选择。

第三，关于民商合一体例的问题，我持反对民商合一的观点。因为除了合同编，民法典的其他编并不存在所谓的可以体现民商法合一的制度。合同编很难进行民商分立，只能在民商合一的情况下，考虑合同编如何分别体现民事合同和商事合同，包括在法律适用和法律教学中应该如何界定。单纯地认为仅仅通过民法规则就可以解决民商区分，并不能应对现实中出现的种种问题。所以，还是有必要区分民法和商法的规则。

第四，商事立法的发展趋势，我认为主要有以下四个过程：第一步从改革开放到现在的《民法通则》加商事单行法。第二步是民法典加商事单行法。第三步是建立《商事通则》加商事单行法。这是我们目前所鼓励建立的制度。第四步是建立商法典。这是商法设置的终极计划，我认为，要始终怀有信心，就如同《民法通则》能够颁布，并最终制定了民法典，我们也应该相信《商法通则》能够制定，最终也能够颁布《商法典》。

民法典后的《商法通则》立法契机

发言人：李建伟
（中国法学会商法学研究会秘书长，中国政法大学民商经济法学院教授）

《商法通则》立法是近十多年来商法学界的学术研究热点之一，并且已经引起了立法机关的一定关注。但是《商法通则》抑或《商法典》（二者并称，下面只提《商法通则》）的立法要想真正进入立法者的视野，还需要等待民法典编纂完成这一时机。其原因有三：

第一，《民法典》的制定有诸多遗憾，这正为《商法通则》的制定提供了重要的历史机遇。观察民法典的编纂情况可以看出，《民法典》的立法实质，不是一次法典编纂，而是对现有民事法律规范的一次汇编，且是一次短平快的汇编。从立法者来讲，这是一次既定立法任务的按期完成。在民法学术界的不少人看来，无论是其内部结构的自洽，还是整个私法关系的时代表述，都难担大任，甚至很多地方是令人失望的。

第二，从《商法通则》的立法历史机遇的角度来看，《民法典》正式出台后将给商法带来新的立法机遇。商法学界长期以来主要从必要性和可行性两个角度来论证《商法通则》立法，且主要集中精力研究必要性。但随着《民法典》的颁布，《商法通则》的立法必要性将会很快地突显出来。这是因为，长期以来我国立法存在的民商不分的痼疾在民法典中未得到缓解或根本改善。由于理论的准备不足或者对于民商区分的漠视，民商不分问题未获民法典编纂的应有重视。或许通过立法解释，可以很大程度上弥合民事法律规范体系内部的立法裂痕，但是无法根本解决民商不分（合同编总则、分则，物权编等；违约金调整；保证方式的推定）的规范群落带来的私法规范的适用混乱问题。此外，仅有民法典，尚不能供给市场经济生活的基本商法规范之需求，诸如商事交易安全、商事登记、营业及其转让相关规范、商事账簿、商号的具体规则供给，以及商人、商行为的基本原则与规则，始终是无法回避的我国现行私法体系之重大缺漏。而在民法典颁布后，随着对《民法典》运行情况的观察和反思，相信人们会逐渐认识到《民法典》存在的诸多弊病。商法基本原则与基本规则的缺失，将在《民法典》颁布后集中凸显出来；伴随着对于《民法典》的种种失望，人们会很快发现一部《商法通则》不仅重要而且必要，且能够很大程度上解决商法典的缺漏；而《商法通则》定位于《民法典》的补充，这一定位是谦卑而理性的、现实主义的、持中守正的。缺乏《商法通则》这样的总纲性商事立法，已经造成而且将继续造成更大的立法体系的诸多自洽难题。例如，由于立法机关、社会公众缺乏商法的观念，在《电子商务法》的制定过程中出现了很多认识分歧与理解悬殊的问题。各部门法的学者都对《电子商务法》的相关规则展开激烈的争论。其实《电子商务法》的制定给了我们很大的启示，即《电子商务法》中基本原则、规则的解释、实现乃至面向大众的普法，一步都离不开商法基本理念。比如对于其第 38 条连带责任与相应责任的争论，就离不开商人加重责任原则。我们理应相信，商法基本理念的形成是一个逐步发展的过程，市场经济、社会生活、商事审判的客观需求是无法阻遏的；对比 15 年前与现在的情形来看，商事审判之思维方式、原则、理念、规范等，就会发现其经历了一个渐次深入人心的历程。因此，《商法通则》的立法必要性，不仅不会随着《民法典》的颁布而毁灭，反而会在《民法典》颁行后人们的观察与反思中得到验证。

第三，《商法通则》的制定也要抓住社会发展的机遇。营商环境是近年来的热门话题而且是一个大话题，在政商两界皆热。营商环境的核心是政商关系。当前我国政商关系的核心问题是商对政的依附关系（行政审批、关键上游资源的垄断、国企民企抑或说国资民资的不平等法律地位）。商事立法的主要推动力在社会，尤其是以企业、企业家为代表的新时代商人群体（阶层）。目前，商人的社会角色之觉醒明显，其社会地位也在显著提升。而商法是一部定位于为商人利益鼓与呼的法律，是坚定保障商人合法的营利诉求的法律。因此，商法学界要想推动《商法通则》进入立法者的视野，应该紧密联系全国工商联为代表的各类、各级商会组织的力量，汇聚商业动力，凝聚关注力，推动学术进展，形成全社会共识。

最后，还要表达的另一层意思是，就当代商法学界、学人的历史使命与学术责任而言，目前我们仍然需要艰苦细致的学术努力，需要千百的学术大咖与学术新秀的协同努力。某种意义上，《民法典》的出台将为我们解决必要性问题，但还要脚踏实地地解决《商法通则》/《商法典》的可行性问题。而就《商法通则》的可行性问题，商法学界似乎并未做好充分准备。例如，关于商法的基本原则的讨论就有众多的无谓分歧。这不是一个成熟学科应有的现象。因此，《商法通则》的制定的可行性论证仍然需要吾辈继续努力。

从民法典合同编相关内容演变展望商事合同制度研究

发言人：李后龙
（江苏省人大法工委副主任）

很高兴能与各位专家交流关于《商法通则》立法的一些想法，我报告的题目是《从民法典合同编相关内容演变展望商事合同制度研究》，认为民法典合同编有四方面的规定与民商理念区分有关。

第一，两个规定渐行渐远。

（1）关于对支付利息约定不明时确定利息是否区分金融借款合同和民间借贷合同。征求意见稿第226条的规定体现了商法中的保护营利理念，即民事活动若无特别规定应作无偿推定，而商主体和商行为都以追逐利润为目的，商事合同中当事人对有偿还是无偿没有约定的，一般应推定为有偿。草案一审稿第470条回避了两种类型借款合同的明确区分，仅就自然人之间的借款合同对支付利息没有约定或约定不明视为不支付利息作了规定；对除自然人之间借贷外的其他借款合同，在对支付利息没有约定或约定不明时是否推定为有利息，草案一审稿态度不明。草案二审稿第470条则在规定自然人之间的借款合同对利息约定不明时视为没有利息的同时，直接明确借款合同对支付利息没有约定的视为没有利息，进一步限制了自然人之间的借贷与其他借款合同适用不同规则的范围，从根本上忽视了商事合同的有偿性特点。事实上，从我国的情况来看，借款合同主要有四种类型：金融机构的借款合同、准金融机构的借款合同、企业之间的借款合同、民间借贷合同。征求意见稿试图对借款合同区分民事与商事并作出不同规定，但到二审稿时基本放弃这种区分了。事实上后面两种借款合同也难以区分商事与民事。例如企业之间的借款合同一定就是商事合同，自然人之间的借贷合同一定不是商事合同吗？这个条文不好规定，原来的规定不符合现实情况，但是现在的规定也有瑕疵，反而束缚了执法者手脚。

（2）关于推定保证责任方式是否考虑保证人是商主体还是民事主体。征求意见稿针对保证合同中对保证方式没有约定或者约定不明确的情况下如何确定保证人的保证方式，区分自然人之间保证合同与非自然人之间的保证合同适用不同的认定规则。这一规定基于商主体不享有先诉抗辩权这一商法制度，对民事保证与商事保证作出不同规定，是对过去《民法通则》与《担保法》两极化规定的一次很好的纠偏。但草案二审稿不再区分是否是自然人之间的保证合同，而是一刀切地规定当事人对保证方式没有约定或者约定不明确时，推定为一般保证，又回到了《担保法》的规定。这给我们带来值得思考的问题，征求意见稿和草案均以是否是自然人之间的保证合同为标准来区分认定保证方式的规则的逻辑在哪？我们在谈论商法上的保证人无法定的先诉抗辩权问题时，要不要考虑主合同是不是商事合同，要不要考虑保证行为是不是经营行为？草案规定保证合同对保证方式约定不明时一概推定为一般保证，有无考虑到当前存在着大量的以担保为业的担保公司的担保？

第二，两个规定意义深远。（1）关于规定房屋租赁合同承租人优先承租权的商法意义。征求意见稿、草案一审稿、二审稿的规定弥补了《合同法》仅规定房屋租赁合同的承租人享有优先购买权，而没有优先承租权的问题。虽然上述规定未区分商事承租与民事承租，经营场所承租与居所承租，但对于解决商事承租人或经营场所承租人的利益保护问题，确保商主体的持续经营利益免受损害具有重要意义。（2）委托人行使委托合同任意解除权时是否需要赔偿受托人的可得利益。民法典合同编草案第716条的修改，不仅对于保护商事代理关系的稳定性，防止违约、毁约的出现具有重要意义，对于其他兼有民事和商事性质的合同类型，细化相关规范以更好适应实践需求也有重要的借鉴意义。

第三，合同类型喜忧参半。商业特许经营合同是商事合同，关键是该种合同涉及商法上营业资产、营业转让等理论和实践问题。我国法律目前尚未对营业资产做统一规定，仅在《破产法》第69条第1款第3项（全部库存或者营业的转让），《反垄断法》第48条（限制转让营业）等极少的规定中，使用了营业转让的表述。可以想见，商业特许经营合同一旦作为法定合同种类，将会极大地推动商法学界对营业资产、营业转让的研究。但草案一审稿未见商业特许经营合同的踪影，原因不明，令人遗憾！商业保理合同也是商事合同，将保理合同作为一种独立的有名合同，无论是对于相关行为的规范以及纠纷解决，还是对于集多种法律关系于一体的商事合同的研究，都是利好，如融资性交易合同、对赌协议等。

第四，几点思考（需要研究的问题）：（1）如何区分商事合同与民事合同？（2）合同法总则或《商法通则》应有哪些针对商事合同的特别规定？（3）有名合同中哪些是商事合同，哪些是民事合同？（4）兼有民事合同与商事合同，有哪些区别适用的规定？

商主体立法改造与《商事通则》的立法安排

发言人：钱玉林
（华东政法大学经济法学院副院长、教授）

从2008年在宁波大学开始启动调研至今，有关《商法通则》的研究和讨论已有十年时间，所以严格意义上说我们不是在民法典编纂背景下要求制定《商法通则》的，那个时候对于民法典的编纂还没有形成共识，制定《商法通则》完全是商事实践的需求。《商法通则》从2008年启动到今天印证了一个道理，即便是制定了民法典总则和民法典分编，仍然没有解决《商法通则》试图解决的问题，因此制定《商法通则》是有必要的。对于《商法通则》的立法路径，我认为可以通过商事主体立法改造来完成《商法通则》的立法安排，简言之就是“借壳上市”。

第一，关于商事主体的立法改造。我很赞成王保树老师、赵旭东老师提出的《商法通则立法建议稿》，整体而言，两个版本的建议稿内容基本一致，这些文本可以作为立法的建议稿被提出来，我是在此基础上谈论今天的话题。目前，现行法上商事主体法律形态主要有个人独资企业、合伙企业（包括普通合伙企业和有限合伙企业）以及公司（有限责任公司、股份有限公司）。我认为可以把个人独资企业和合伙企业改造为无限公司和两合公司，即把整个商事主体公司化。实际上无限公司和两合公司就是个人独资企业和合伙企业的替代产品。从全球来看，有合伙企业法的国家没有无限公司、两合公司形态，有无限公司、两合公司的国家没有合伙企业法。从这个角度而言，我们应当回归到无限公司、两合公司，将有限责任公司、股份有限公司一并改造为闭锁公司、公开公司，并以此为基础来制定《公司法典》。

第二，以改造后的商事主体制定《公司法典》，将《商法通则》的内容作为《公司法典》的总则予以规定。《民法总则》制定后我们发现现行《公司法》总则22条中有11条的内容已经被纳入《民法总则》。《民法总则》中“营利法人”一节共11条规定，其中有10条规定来源于《公司法》。《公司法》总则仅剩为数不多的定义性条款、说明性条款和原则性条款，用“总则”章名已经名不副实。所以我们有必要对现行《公司法》总则重新整合。《日本公司法典》为我们提供了很好的参考文本。日本有《商法典》，但2005年《公司法》从《商法典》中独立出来，同时并没有废止《商法典》。日本《公司法》总则中的通则部分内容恰恰是我国商法学界主张的《商法通则》的核心内容。因此，我有理由相信，如果我们制定这样一部《公司法典》，基于我国《公司法》总则空洞化的现实情况，我们不妨借鉴《日本公司法典》总则中的通则部分，把我国学者所主张的《商法通则》的内容纳入《公司法典》的总则之中。这样一来，通过“借壳上市”的方式来完成我们实质意义上的《商法通则》内容在立法上的表达。虽然这与我们形式上需求的《商法通则》或者《商法典》距离有点远，但这一立法途径相对比较现实，因为《公司法》确实需要重新整合。我认为这样一种模式对回应商事审判需求、体现商法学者担当还是可取的。

以上是一点不成熟的想法，谢谢大家！

商事登记制度存在的问题与对策

——兼论公证制度的战略性功能

发言人：崔文玉
（上海大学法学院教授）

今天我发言的主题源自之前对“公证能否代替司法审查”这一问题的思考，通过研究发现，公证制度其实是有战略性功能的。

第一，关于商事登记制度的局限性问题。我认为，商事登记制度的局限性主要体现在运行过程中的局限性和事后章程变更的局限性两大方面，因为它不是合法性审查，而是准则主义的行政审查。而司法审查是对章程合法性的审查，因此这两个环节对章程审查的侧重存在不同。在中国，对章程合法性审查主要从行政审查和司法审查两方面展开，其他国家还存在公证审查这一制度。在这一制度下，公司章程只有在公证之后才能进行登记，否则公司章程是无效的。这种规定的制度前提是股份公司的高阶信用度，因为在市场交易的过程中股份公司是最具信用度的一种公司类型，但这一信用往往会被滥用于掩盖欺诈消费者的犯罪、欺诈性劝诱性投资、洗钱等犯罪行为。因此，1989 年在巴黎成立的反洗钱金融行动特别工作组出于防治犯罪分子的目的，要求建立公证制度来检查公司背后的实际控制人。近年来，在中美贸易纠纷的背景下，美国一直要求欧盟各国建立外资审查制度，日本也面临同样的问题。

第二，关于司法审查的问题。首先，从目前世界范围内来看，德国、比利时、荷兰、西班牙等国家都具有维持章程公证的制度。奥地利则认为小规模企业不需要章程公证，其要求持有具备真实性的身份证及签字，到金融机构进行验证的制度，以此代替公证人的功能；卢森堡也设置了相应的公证审查规则。韩国和日本则在《公司法》中专门规定了章程若无公证则不发生效力的条款。在公证审查的发展过程当中，日本开始也认为这一规则是有碍商法技术性和简便性原则的，但 2017 年出现的两个有关公司治理结构内部权利结构分配的案件，使日本认识到将公司内部事项提升到司法审查的层面，显然过度浪费了司法资源，并且也缺乏预防性，出现功能上的局限性。工商登记的局限性体现在于变更登记，内部治理结构设计中任意性规范和强制性规范的衔接缺乏灵活性和专业性。例如，将董事会的权限通过章程变更为股东会权限，就无法通过工商登记，因为《公司法》明文规定代表董事由董事会选任和解任。但公证机关更具有法律专业性，通过解释论灵活判断章程的合法性，进而对公司治理的灵活性、技术性、战略性安排提供法律依据，保障公司交易的安全和稳定。

根据韩国和日本法律规定，章程公证是指在法人的设立程序中，公证人确认章程的真实性、创业者的真意、记载内容的合法性的程序。股份有限公司的原始章程，不经公证登记也不发生效力。工商登记实务中，代表董事的登记或变更登记，根据《公司法》规定在董事会权限、股东会权限范围内进行登记。但是这也存在局限性，其既不承认股东大会决议选任的代表董事，也不承认股东大会决议选出代表董事的章程规定。

第三，关于章程公证的内容、方式和目的问题。首先是确定实际控制人的判断标准，日本主要设置了三大标准。一是直接或间接持有超过 25% 表决权的自然人；二是通过出资、融资等对公司决策有影响的自然人；三是代表法人、执行业务的自然人。这一标准主要是通过间接拒绝外国或者不欢迎投资国家的模式来进行判定。在此基础上，日本构造了实际控制人的电子数据库，将公司实际控制人的信息通过电子公证系统申报，公证人将公证内容数据库化，分享给公共单位或者各国家机关，同时，世界各国也能配合共享数据。

公证人章程审查的作用有四点，分别是：确保真实性、审查合法性、预防欺诈、冲突和维护交易安全。公证人也当然地负有以下义务：禁止泄露义务、个人信息保护、防止损害消费者以及持续掌握设立后的信息。

关于实际控制人的形式审查，主要分为两种方式：一是实际控制人本人的确认。公证人根据公证实行规则的要求来确认章程公证内容，符合一定的风险指标时，由申报实际控制人本人确认。二是实际控制人的背后调查，即对实际控制人不属于反社会势力的申报。公证人将首先基于收集的信息进行判断，如判断属于反社会实力的情形，则要与警察联合进行第二次搜查。形式审查的目的在于提高申报公司实际控制人的信任，而不是提高商法适用的简便性。

第四，关于公司章程合法性审查的重要性和必要性，以及提高股份公司透明性的国际性评价问题。这主要从对内和对外两个角度展开，对外需要在对外投资和跨国并购活动中增强章程的合法性；对内则需要引进章程公证制度，以此防止欺诈和非必要纠纷，进一步维护交易安全。

因此，我国引进公证制度不仅有助于优化企业环境，而且可以提高商事制度的国际竞争力。

民商合一民法典和商法典的生存空间

——以巴西商法典草案为核心

发言人：夏小雄
（中国社会科学院法学研究所副研究员）

在民商合一体例下的民法典之外是否还有商法典的生存空间？这是民法典编纂过程中需要讨论的一个问题。从采纳民商合一立法体例的国家来看，意大利商法学界普遍认为应把商法再法典化，巴西目前已经制定了商法典草案并提交给了立法机关审议。可以说，民商合一立体下的民法典和商法典之间并不存在直接冲突。接下来我简要介绍下巴西的经验。

首先我们需要了解下巴西从民商分立直至民商合一的历史背景。

有两位著名的意大利法学家对巴西从民商分立到民商合一的转变产生了重要影响。第一位是 Cesare Vivante 教授，他提出要统一巴西的债法，并且实现民商合一，这对 19 世纪末 20 世纪初巴西私法立法产生了重要影响。第二位是 Vivante 教授的学生 Tullio Ascarelli 教授，Tullio Ascarelli 教授在“二战”期间流亡到巴西，并把意大利有关民商合一的学说理论和立法理念带到了巴西，最终推动了巴西民商合一立法理念的形成。

巴西民商分立立法体例的历史建构有其自身特征。巴西在 1850 年就制定了《商法典》，然后直至 1916 年才制定了《民法典》，可见经济发展对于商法规则的需求更为急迫，市民生活即便长期缺乏《民法典》也不至于完全失序。《巴西商法典》立法因为受法国、西班牙、葡萄牙等国商法典的影响，采取了以“商行为”为核心，坚持客观主义的立法模式，但它是以“贸易型商行为”为主要规制对象，对于逐渐兴起的以“企业”为核心的商品生产、服务提供未能提供有效规范，因此渐渐不能适应商事实践的客观需要，立法机构不得不制定大量的特别商事立法来填补其体系漏洞。于是乎，理论界和实务界也开始考虑系统化重构私法规范体系。

为了弥补私法规范体系的漏洞，在经过几十年努力之后，巴西在2002年通过了民商合一的《民法典》。这部《民法典》将民法规则和商法规则全部纳入，但与1850年《商法典》不同的是，它不再以“商行为”概念而是以“企业”概念为核心作为商法规则体系化的基础，这在很大程度上是受到了《意大利民法典》立法模式的影响。但是，《民法典》中商法规范并不多，不足以全面规范和调整商事活动，很多制度设计还存在缺陷和不足，另外也有学者认为民商合一的《民法典》影响到了商法的独立性。

在此背景下，巴西学界从2003年开始讨论统一商法典的制定问题，此后的2011年和2013年，商法典草案被提交给众议院和参议院进行审议。制定商法典有五个目的：一是增强商法确定性，全面调整商事法律关系；二是推动商法现代化，提升商事制度的科技含量；三是强化商事习惯和自治规范的价值；四是简化商法规则，优化商事制度；五是改善商业法治环境，提升国家化程度。

在上述立法目的的指导下，立法者试图对巴西的商法体系构成进行调整：第一是引入商法基本原则。在现代法律价值、法律原则和法律规范构成的体系中，原则在法律解释适用中更加必要，主要包括商法一般原则和其他原则。第二是明确商法典调整范围界定的混合标准。即对于自然人企业主采用“实质性标准”，对于组织性企业主采用“形式性标准”。第三是简化公司法律规则。原先公司法规定七种公司类型，但是商法典对公司法规定进行一定程度的简化，比之前更加具有灵活性和适用性。第四则是强调自治规则和习惯法的重要性。

关于巴西商法典具体制度的创新：一是完善有限责任公司的法律规则，强化其灵活性和适应性；二是完善法人否认制度，抑制了实践中公权力机构的权力滥用现象；三是完善专业公司法律规则；四是完善商行为法律制度，重视商行为效力评价的特殊性，弱化法官对于契约自治的不当干预，增加信托、保理、直销等合同类型；五是完善农业交易、海商、商事程序法律规则。

当然，对该商法典巴西学界也存在批评的声音，比如认为它是“新瓶装旧酒”、没有太多创新价值，但是支持者认为，通过商法典的制度创新可以推动商法规则体系化和现代化，同时有多方面积极意义。

有关巴西私法立法经验的反思对于我国私法体系的优化特别是商法立法的完善具有积极意义。

嘉宾与谈

与谈人：刘文科
（法律出版社副编审）

首先，我想通过几个范畴来对题目进行阐述。

第一，是民法和商法的关系。我个人认为民法属于一般法，商法属于特别法。一般法和特别法是一个法律适用的问题，当特别法没有规定的时候，应当适用一般法。如果说要是把私法看作一般法，那么从法律适用角度来看，我们作为一般法适用的私法它又在哪儿呢？

第二，是商主体：涉及商人、经营者、企业主这些问题。关于商主体问题的讨论到现在也未形成定论。实际上，我觉得这个归根究底也是一个法律适用的问题。无论是《商法典》还是《商事通则》，包括这个借壳上市的《公司法典》，其最基础性的问题是：这个法制定出来是给谁适用的？我们将《德国商法典》定义为主观主义商法典，是因为《德国商法典》在第一条就界定了什么是商人。如果一个主体符合该条属性，那么他就是商主体，应当适用商法规范，如果不是，那么则不适用。我认为这个非常清晰。其次是《法国商法典》，《法国商法典》以客观主义原则为核心，只要从事了商行为，无论你是谁，都应当适用商法典的规范，我认为这个也非常清晰。因此，我觉得有关商主体的问题是一个法律适用的问题。当说到商行为，就会有所谓的一般商行为和特殊商行为。特殊商行为，也就是现在合同编里我们说的行纪合同等。对于特殊商行为的界定，我认为是以行为为标准的。那么，我们应当如何通过商人或者是经营者这些概念的界定，来区分法律的适用呢？

第三，是涉及民事活动和商事活动的问题。实际上，应当是民事合同和商事合同的关系问题。设想一下，我今年 36 岁，至今只发生过一次较大的法律行为，那就是买房，而且还是通过商事中介买的。除此之外我没有经历过自然人之间的买卖活动，虽然多次尝试，但是都未成功。因此我觉得，说得极端一点，现在的《合同法》，实际上是一个调整 B2B 关系的法律，应当在这个前提下去考虑民事合同和商事合同的关系。

第四，如何看待作为一般法的民法。其实我觉得在《商法通则》的制定和民法典编纂的视角下作为一般法的民法是什么样的？以及我国董事和公司之间的关系是什么样的？这些在民法中都不能找到答案。《公司法》第 49 条规定董事会聘任经理，那么经理和公司的关系又是怎么样的？这在民法上也找不到答案。因此，民法在编纂的过程中并没有做好一个一般法的典范。刚才听到李主任介绍合同法的分编，有很多民法学者钻研商法规则，他们已经钻研得很细了。其实合同法分编的大部分内容都是民法学者提供的，实际上《商法通则》应该是商法学者和民法学者一起去推进的东西。商法中的应有规范是什么？有些规则是否已经过时，不应该再出现在商法规则中？还有的东西是不是我们还是没有想明白？需要学者一起研究。

我记得王保树老师生前一直问我的一个问题：在如今的金融交易、商事交易变成了以金融交易为主的情况下，我们的商事规则应该是什么样的？再一个问题是我认为民法中对主体的定义是含糊的，比如法人、非法人组织这两种都是民法上的主体，但是民法又否认他们的主体地位，不承认其权利能力。其实这一点放在商法上是非常好界定的，比如将其都定义为公司。公司不是民法上的完全主体，但是却是商法上的完全主体。商法只要做这一件事就行了。

其实，我们对商法技术性规范的研究还有所欠缺。传统意义上的民商分立和民商合一，讨论的不过是民法规范和商法规范是分开规定还是合在一块规定的问题，把民法规范和商法规范全部都规定在民法典里，过去只有这样才能叫作民商合一。而现在，有话语权的民法学者希望通过以《民法总则》充当商事单行法的总则，然后逐渐达到一种取消商法独立性的效果。这样的民商合一，我觉得走了歪路。

嘉宾与谈

与谈人：季奎明
（华东政法大学经济法学院副教授）

我想在有限的时间里围绕三个关键词简单谈一下个人感受。

第一个关键词是“消化不良”。从《民法总则》（征求意见稿）到《民法总则》颁布实施公布的新闻通稿中，都反复强调“民法是市场经济的基本法”。按照今天上午的讨论，这一说法是错误的。但是为什么很多人接受这一说法呢？这就回到了一个本源性的问题——“民法”究竟是什么？这其实存在概念偷换的问题。民法学者一直不承认一种夸张的说法——“民法帝国主义”，“帝国主义”这个说法纵然有些过分，但民法愈加商法化，自身的调整范围越来越扩张，却是一个不争的事实。《民法总则》中移植了大量《公司法》规范，《物权法》中也关注到了企业之间的商事担保问题，《合同法》更为突出，大量的有名合同都是商事合同，目前民法典合同编也吸收了大量新型商事合同。然而，民法当中吸收的各种商法规则是否消化良好呢？目前看来答案是否定的，这种“扩张”暴露出许多很明显的弊端，比如，条款冲突。《民法总则》当中提到了营利法人的清算问题，《公司法》中有公司清算的问题，显然这两者就有冲突，规范不完全一致。《民法总则》是新法，但是为一般法，《公司法》是旧法，但是为特别法。究竟适用哪部法律去解决实践中的问题呢？《民法总则》中还出现了一个有意思的现象，其中规定，营利法人中规定不详尽，可以参照适用《公司法》。这是什么样的一种逻辑——一般法未尽之处参照适用特别法，恐怕极少出现这样的立法例。我觉得这其实是一种消化不良的表现。

消化不良应该怎么解决呢？从治病的角度来讲，应该把吃多的东西吐出来。但是目前在《民法总则》中进行删改俨然是不可能的，那么我们只能做点增量。就像我们今天谈到的《商法通则》制定的必要性问题。但其中有个小问题，一年前，讨论这个我们一直心心念念的规范性文件时，对其名称有不同称谓：有的叫《商法通则》，有的叫《商事通则》，当然商事的范围可能比商法更广泛一些；有的叫总则，有的叫通则，隐含的意思也不太一样。通则可能与《民法通则》意思类似，既有总则的内容，也有拾遗补阙的内容。总则的叫法可能隐含着将来我们制定商法典的美好愿景，有了总则，商法典就不是不可实现的愿望。究竟应该选择何种称谓？这个称谓不仅蕴含了我们对商法立法体系构建的认识，也可能对立法机关的接受程度有所影响。从技术上看，名称的选择是一个需要斟酌的问题。

第二个关键词是“卓尔不群”。我们制定商法典受到很多学者批判，他们所理解的商法典是传统大陆法系的商法典。我们为什么要搞传统大陆法系的商法典？范老师上午指出，《美国统一商法典》改变了世界贸易规则，改变了整个世界经济的运行秩序。为什么我们中国不能结合自身特色制定一部独具特色的商法典呢？它的体系规则为什么必须跟传统大陆法系国家，例如德国、日本、法国的商法典一致呢？如果考虑到这一问题，具有中国特色的商法典的突破点可能是什么？不外乎商主体和商行为两方面。我个人认为，从商行为突破难度较大：一是因为商行为自身的单行法多，比较成熟发达，想再去突破发展出一些特色很难；二是因为不同商行为之间的差异性比较大，从法典化的角度来说，商行为很零散，不宜做过分的抽象。另外，商行为与非商行为其实很难界定。例如，很多金融合同、金融交易行为究竟是消费行为还是投资行为？是商行为还是民事行为？在商法金融化色彩越发浓郁的今天，执着于从商行为突破，非但不利于解决问题，还增添了很多麻烦。因此，可能还是应该考虑从商主体突破。

商主体如何突破？刚才钱老师谈到用《公司法》“借壳上市”，这里我简单补充两点。显然商自然人也是商主体，但商自然人要突破恐怕很难，更多地要从商组织去突破。对于商组织我们需要考虑几点：首先，是否应该恪守那些定型化的商组织？定型化的第一层含义是商组织类型定型。我们国家现在法定允许的商主体类型其实不多。那些事实上具有主体地位的商组织没有被重视，像投资基金、专项理财计划、信托产品等它们本身也具有交易主体地位，甚至可以参与上市公司收购，它们是否是商主体？这些客观存在的商组织可能是我们需要重视的。第二层含义是，在已经允许的商主体类型内部，必须要对它的组织结构作过多的定型化规定吗？双重股权结构就是一个很好的例证。其次，商事组织是否一定要通过行政干预，类似行政登记的方式，才能够进行确认。有无让当事人自己去创立，有争议的时候再进行司法确认这种可能性？这也是对于营商自由的一种法律尊重。我们的《商法通则》或者商法典应该在诸如此类的商主体领域进行创新性的规定，增加市场的活力，提高商法规则的弹性，这才是我们真正需要、期盼的“卓尔不群”的商法典。

第三个关键词是“补阙拾遗”。《商法通则》的任务之一是根据市场的发展对特殊规则予以明确的肯认，以弥补民法与传统商法规则的不足。首先，有些补阙拾遗可能是我们关注到却缺乏抽象的问题，比如说，我们谈商人的能力，更多是谈资格的问题，一种抽象资格。商人究竟有什么特殊的能力呢？对于《公司法》的第16

条规定，有人认为，如果是商人作为担保权人，必须尽到审查公司股东会决议是否存在的义务。这实际隐含着对商人某些具体能力的预设，商人因这种能力预设而负担特殊义务，此等义务可能源自特别法的规定，也可能源自交易习惯或者专业资质。这样的能力及其带来的特殊义务，是民法规则无法覆盖的，这是《商法通则》制定时需要完成的重要任务之一。其次，有些补阙拾遗是我们在思维上有遗漏、局限的问题，比如商事登记。登记是不是等同于行政许可？现在我们实际上是滥用了登记制度，混同了行政许可式的登记与备案确认式的登记，甚至以备案之名行许可之实，将商事登记最本源的对抗效力偷换成了“生效主义”。我们在私法典中谈登记问题难道不应当回到私法典的本质诉求吗？登记制度究竟是为了促进自由还是限缩自由？是为了降低交易成本还是增加额外的寻租成本？在《商法通则》中我们不应该过多强调如何登记的技术性细节，而是应重点关注什么时候必须登记，不登记的法律后果如何等问题，排除掉不必要的行政干预，这才是回归了商事登记的基本价值本位。

嘉宾与谈

与谈人：林少伟
（西南政法大学民商法学院副教授）

民法典编纂背景之下商法何去何从，对这个问题的回答有两个维度。第一个维度是从宏大叙事的角度来说，《民法总则》颁发后，不少学者认为中国已采取民商合一的立法体例，然而在场的部分学者可能不赞同这种观点，他们认为中国采取的是“形式民商合一，实质民商分立”。今天上午，赵老师则提出另一个观点，即中国的模式既非民商合一，也非民商分立，而是一种民商混合。我个人认为，这种争论，其实没多大必要，为什么？因为从实然的角度来说，至少从现行法律文本的内容而言，我们完全可以勇敢、大胆、无畏地承认，目前我国实行的就是民商合一的立法体例，问题的核心在于，在这么一种立法模式和体例之下，商法也有其独立存在的空间，或者说不排除《商法通则》或《商法典》的可能性、可行性以及必要性。这也是我们今天以及我们这个组所讨论的核心点，比如说，刘凯湘教授所提出来的民法典制定以后对商事立法，特别是对商法教育所产生的一个影响；比如说李建伟教授提出的后民法典时代背景之下，商法通则的立法契机应当是在民法典颁发之后。我觉得，更为用心良苦的是夏小雄研究员，他选择了巴西这个国家来论证已经是实行民商合一并且依然有民法典的情况之下为什么还要选择制定商法典。这种论述背后的核心和目的实际上只有一个：那就是中国在民法典出台以后仍然有《商法通则》或者《商法典》的空间。

第二个维度就是在制定《商法通则》或《商法典》的宏大叙事的共识之下，《商法通则》或《商法典》的具体技术路线问题。今天上午，叶林教授提出来一个“放管服”的问题，他在他的发言中表示不太赞同这个观点，我们这个组的吕来明教授也提出了“放管服”的问题。在我看来，“放管服”的核心在于前面两个字，一个是“放”，一个是“管”，只有在“放”和“管”妥善安排之下才能产生“服”的效果。因此，我们这个技术路线主要是指哪些东西、哪些问题需要“放”，哪些规则需要“管”，“放”与“管”之间的边界何在。只有在边界清晰把握准确之后，才会产生“服”的效果。在此，我对钱玉林老师刚刚所提的一个观点稍微具体地评论一下，他认为可以把个人独资企业和合伙企业改造成无限公司和两合公司，并将此放到《公司法》里面去，我个人认为，他这么一个做法显然意图和动机都是美好的，这个立法的角度是很理想的。但如果从现实角度来说，我可能觉得有问题，为什么？第一，我们看一下民法典的编纂历史，可以看到，江平教授在评论《民法总则》的时候提了八个字，“守成有余，创新不足”。在我看来，这恰恰是立法者的意图，我们就不要太多的创新，因为太多的创新在很大程度上会影响民法典的立法进度，因为太多的创新可能会引起更大的争议。所以，如果从我国民法典编纂历程来看，我们以后的《商法通则》或《商法典》，实际上也应当采取一个现实主义的立法途径。第二，钱玉林教授提出，现在的民法规则把《公司法》给掏空了，确实是如此。但如果把个人独资企业改造成无限公司和两合公司，那么很可能会出现《公司法》要掏空商事基本法律部门的后果。我认为，我们这个组的发言，无论是从宏大叙事来看，还是从具体技术路线而言，实际上他们都是从商事理念、商事实践、商事规则和商事审判这四个元素来论证《商法通则》或《商法典》的可能性与必要性。我们商法学者应当有一种强烈的时代感、重大的责任感和紧迫的使命感。为此，在策略上我们应当学习商事审判的一种理念，即“内外有别”，采取“攘外最好先安内”的路径，即我们在讨论《商法通则》立法时，在内部的学术讨论可以针锋相对，但对外我们的声音应当一致，因为声音只有一致，才会响亮。从这个意义上来说，《商法通则》的立法，宏大叙事比技术路线更为重要，达成共识比解决问题更为紧迫。

最后就是我们推动《商法通则》或《商法典》立法时，除了立法技术之外，我们还会通过其他方面来推动，比如通过游说人大代表、政协委员以及李建伟教授所提出来的通过商会等来推动。但除此之外，还有一个可能被忽视的元素，那就是新闻媒体或舆论报道。我在梳理《美国公司法》演变历程当中发现，《美国公司法》之所以出现联邦主义的结果，背后的舆论煽动不可谓不重要。比如，1899 年芝加哥托拉斯会议和后面的工业委员会会议，讨论如何监管大公司和是否应当制定联邦统一公司法时，纽约时报和华尔街日报对此持不同观点，并相互“对骂”。这两个主流媒体代表了不同的阵营，业界、立法届在对战的同时，他们两个也在“打架”。媒体的“打架”，最终哪一方能赢，很可能取决于哪个媒体坚持到底。从这个角度来说，我们《商法通则》或商法的立法研究不应当忽视媒体和舆论的报道，如此一来，才能较快实现吕来明教授所说的形成《商法通则》立法的社会共识。

嘉宾与谈

与谈人：魏　岚
（河南财经政法大学民商经济法学院副教授）

今天各位老师的发言对我的启发很大，下面我简要汇报一下自己的学习感受。

第一，《商法通则》的体系内容应该如何展开？体系建构是法律科学中最有智慧的研究，今天的研讨也非常关注这一问题。上午第一单元的讨论集中在《商法通则》立法的出发点，也就是“是什么”和“为什么”的问题。第二单元讨论的是商法和其他法律部门之间的关系，澄清《商法通则》“不是什么”和“不应怎样”的问题。关于《商法通则》立法与民法典编纂的衔接，刘凯湘老师在文章中提出了“三个不能”；李建伟老师亦对商法的基本原则的标准与安排提出了思考，对理念原则的子原则进行了解构。这些观点对于我们厘清《商法通则》的内容边界和体系构造都是很有价值的。

第二，民法与商法的联系与区别究竟是什么？尽管在民商法律关系中“你中有我，我中有你”是一个非常现实的问题，但对于我们学术研究来说，梳理和总结民法与商法的区别，并在此基础上构建商法体系可能更为重要。刚才吕来明教授分享了关于《商法通则》体系构建以及《商法通则》中商事登记制度、信用监管制度的思考。体现的就是关注民商之间联系与区别的思路，非常值得我学习。

除了理论上的联系和区别之外，区分以后制度安排上的差异同样值得关注。举个例子，法律对于单方商行为和双方商行为应做出制度上的区分，对于双方商行为应当给予更多的自由，而单方商行为情形下商人一方应非常严格，这在商人的严格责任、证券市场的信息披露的制度设计上都已经达成了共识。李后龙老师在文章中提到了合同编草案二关于利息约定不明和推定保证法律责任方式的条款。就个人而言，我是赞同合同编草案二的态度的，因为借款合同对支付利息没有约定，法律推定为没有利息对于商人来说并不是不公平，这反倒要求商人应该更尊重外观、更谨慎于意思表示，这样才能让处于市场中的商主体更理解规则本身。对于严格意义上的商人应该适用商法的内核，而对于从事商行为的自然人，可以在行为的效力上给予一定民法弹性。

在我看来，如果将商事法律的体系建构比作一幅绘画作品的话，民法就是一张空白的画布，而《商法通则》是这幅画的底色，各商事单行法是画中的故事，而拿着画笔的是在座的各位专家。《商法通则》不仅要构图，还要考虑到商事单行法的统筹和协调，色彩的融合之处。

最后是我自己的一点小的思考。我在阅读一些商事案例的时候，发现法官更容易用《合同法》的思维看待公司纠纷。《商法通则》关于组织法的讨论不是特别多，比如，团体意志表达形式是否应该进行明确的确认？决议应该发生怎样的效力？不公平损害的构成要件等。钱玉林教授的文章中关于原始章程和章程修正案的解构，既是《公司法》的精细化研究，也是对《商法通则》组织法思维的一个回应。

主持人总结

主持人：顾功耘
（中国法学会商法学研究会副会长，华东政法大学经济法学院教授）

第一，在我看来前面的很多发言都是相当具有价值的，未来我们在进行《商法通则》立法时应当将其吸收。长期以来，我一直都在思考一个问题：为何我们国家一直到现在有关民商关系的问题都没有认识清楚？就像前面有的学者所言，我们国家在立法实践中实际上是民商不分的，而并非简单的民商分立和民商合一这一理论问题。因为不管是民商分立还是民商合一，“民”和“商”的界限是明确存在的，即使是在民商合一的情况下，这一界限也不会消失。民商合一和民商分立无非是形式上采用合并立法还是分别立法的问题，而这一问题的前提要求“民”和“商”两者是明确区分的，但中国的“民”和“商”一直是不区分的。

针对中国民商不分的这一问题，我们可能要从商品经济发展到市场经济这一历史过程来进行考察。商法实际上是从西方尤其是欧洲一些国家商品经济发展过程中产生的，实际上并不是我们一般意义上认为的“因为民法调整的内容过多，进而从中分离出了商法”。欧洲国家在很早的时候，就已经发展出了商法，后来才逐渐有了民法。而商法的产生是跟商品经济的发展和市场经济的发展联系在一起的，但中国一直以来并不认可商品经济，而市场经济也是在20世纪90年代中国明确提出建立市场经济体制后才逐渐形成的，所以中国民商不分的情况与长期不重视发展商品经济、缺乏市场经济体制的情况密不可分。我们很难想象在这样的一种体制下，中国的民法学家能够对商法有深刻的认识，而中国法学会商法学研究会是在2001年才开始成立并着手进行相关研究。因此，商法学的研究也存在相类似的情况。由于中国商品经济的不发达，所以中国民商不分的认识问题很难不被这样的现实所局限，这也是我们需要注意到的问题。

第二，现在我们研究的商法问题，在中国要受到应有的重视，尤其是在现代国际贸易竞争的大环境下，更应该注重商法的发展。正如我们所知，英美国家并没有民法典，但是它们基本上都有商法或者商法成文法。而大陆法系中的德国、法国、日本也都拥有商法典和民法典。即使是在像非洲这样的欠发达国家或地区，相当多的国家都是有商法典的，并且非洲还有专门的非洲商法协调组织，其已经制定了专门的非洲统一商法。目前非洲统一商法制定的步伐非常迅速，已经制定并颁布了十部有关商事领域的统一商法，其中还有一部专门的商事基本法，即《非洲一般商法统一法》。中国当前在国际交往过程中遇到的很多投资、贸易、基本规则等问题，实际本质上也都是商法问题，在这一方面中国的规则制度太过落后，明显缺少在国际商事制度中的发言权。在这种情况之下，如果中国还不加大对商法本身的立法重视，那么未来中国在国际经济交往中将非常被动。正如范健教授介绍的那般，亚洲的一些国家现在也都在酝酿如何在商法领域实现规则的统一，但中国在这一领域却始终都是作为局外人，很少参与其中，这显然是不合理的。

第三，在我看来，我们商法学者需要仔细考虑：现在我们所推动制定的商法，究竟是要解决什么问题？中国《民法总则》第一条的立法宗旨这样表述：“保护民事主体的合法权益，调整民事关系，维护社会和经济秩序，适应中国特色社会主义发展要求，弘扬社会主义核心价值观，根据宪法制定本法。”在立法宗旨中有关商事活动的内容仅仅在于前半句话中“经济”两个字，其他诸如“适应中国特色社会主义发展要求，弘扬社会主义核心价值观”的内容基本上和商事活动关系都不是很大。这实际上就很明显地表达了民法的立法宗旨就是调整民事关系，保护民事主体合法权益，维护社会和经济秩序，弘扬社会主义核心价值观。中国商法我认为应该要提出跟民法立法宗旨不同的内容。我曾经在此前的一个会议中提过“中国应当在商法立法宗旨上多加考虑”这一观点，而这实际上也是我们现实中需要解决的问题。我们应当强调以保护商人的利益、保障营业自由、优化资源配置、促进社会财富的增长这些理念来作为中国商法的立法宗旨，并以此区分民商法之间的立法宗旨。相信在民商立法宗旨相互区分的指导思想下，商法学者对“商法究竟需要具体解决哪些问题”这一疑问将有更为清晰的解答，这也将进一步凸显中国商法实现立法独立的必要性。因为时间关系，我就讲这么几点浅显的认识，欢迎大家批评，谢谢。

第三单元《商法通则》体系结构与规则表达

主持人：

石少侠（中国法学会商法学研究会副会长，吉林财经大学法学院院长、教授）

周林彬（中国法学会商法学研究会副会长，中山大学法学院教授）

发言人：

1. 蒋大兴（北京大学法学院教授）

题目：《商法通则》的可能体系

2. 陈　醇（浙江师范大学法政学院教授）

题目：《商法通则》的框架与部分条款

3. 肖海军（湖南大学法学院教授）

题目：商法基本范畴的理论展开与立法建构

4. 曹兴权（西南政法大学民商法学院教授）

题目：《商法通则》中的商事习惯规则群

5. 赵　磊（中国社会科学院法学研究所副研究员）

题目：《商法通则》的体系

6. 宋　鹏（兰州大学法学院副教授）

题目：《商法通则》制定的历史基础、现实依据与理念展开

7. 李　磊（外交学院国际法系讲师）

题目：主体、身份抑或组织：商主体制度的反思与重构

嘉宾与谈：

伍　坚（华东政法大学经济法学院副院长、副教授）

廖艳嫔（中山大学法学院副教授）

谢　静（甘肃政法学院民商经济法学院副教授）

薛　波（深圳大学法学院助理教授）

主持人总结：

周林彬（中国法学会商法学研究会副会长，中山大学法学院教授）

《商法通则》的可能体系

——为什么我们认为七编是合适的

发言人：蒋大兴
（北京大学法学院教授）

关于《商法通则》的体系，学术界已经有一定的研究。我认为，《商法通则》的体系应该是七编制，其具体内容是：第一编、立法目的及原则（涉及商法通则的立法目的、商事交易效率原则及交易规制原则等）；第二编、商人及商号（涉及商主体的一般条款及商号、商人的权利规范）；第三编、营业行为（涉及商行为的一般条款及营业、营业行为的界定；以及特别营业资产的运用——不动产租赁、企业租赁、营业转让，以及组织性代理、代理商、金融商行为、电子营业行为、商业账簿等特别商行为进行规则）；第四编、商事登记／备案（包括主体性登记、行为性登记及特定商事主体及交易行为的备案制度，涉及登记机关、登记行为类型、登记行为的效力）；第五编、不当交易规制（涉及不正当竞争、反垄断、企业合规等商事交易规制）；第六编、纠纷解决（涉及商事调解、商事仲裁及商事法院／法庭的一般规则）；第七编、附则（涉及商法通则的生效及解释等规范）。

这样的安排主要是从目的、功能和原则的角度去调整和规范商事主体、商事行为，其内在逻辑可以归纳为“主体＋行为＋规制”。至于为何没有对商事权利和商事责任作出特别规定，其主要原因在于，有关“商事权利”的条款可能较少，不适宜单独作为一编，在条文规范中突出对商事权利的保护即可。商事责任则尽管具有特殊性，但已被大量的商事单行法所规定，所以《商法通则》最多也只能规定商事责任中少量的、具有共同性的内容，该部分可以置于“纠纷解决”一编。

从比较法的角度考察，可以发现各国对于《商法典》/《商业法》以及“类商法通则”的体例安排呈现三个特点。第一，《商法典》商事立法的编目具有多元性。各国章节安排有九章、四章、五章、六章、十编、十一编、三册、四册、预备性章节＋九编等多种类型。第二，《商法典》编目安排具有地方性。如韩国将海商、航空独立成编可能在于二者在韩国经济中的重要作用。再如马耳他作为临海国家，海运／航运对其十分重要，故在马耳他2009年商法典中第二部分是“海上贸易及航行”。与此类似的还包括巴布亚新几内亚。第三，最新《商法典》编目安排还可能具有“行政推动”性。如非洲17国一般商法统一法中“国家登记处”和“区域登记处”实质为借助商法典对17国行政机构的约束。因此，从比较法的经验可以推知中国制定《商法通则》，必须符合我国的基本国情，反映时代特色。

此外，《商法通则》还有诸多核心问题需要加以回应。第一，《商法通则》如何体现“商法的原则”。商法的诸多原则有位阶之分，按照原则的级别，可以将商法的原则分为顶级原则、二级原则和三级原则。顶级原则几乎贯穿了商事主体法和行为法的所有领域，因此《商法通则》应当规定顶级原则或称元原则问题，即交易效率／自由原则和交易安全原则。而二级原则和三级原则只是在主体法或行为法的某个领域发挥作用，因此，不宜直接规定在《商法通则》中。第二，《商法通则》如何规范商主体。赵旭东教授主张采“商事主体”的概念，叶林教授主张采“企业”概念，王建文教授主张采“经营者”概念。我认为采“商人”概念较好，其原因有三：其一，“商事主体”“商事组织”“商个人”比较“学理化”，直接将其转移为立法概念，难以理解和解释。其二，“商人”概念比“企业”更具包容性。商人不仅包括商事组织，还包括个体工商户等自然人商人。其三，“商人”在社会生活中被广泛接受，不会产生理解困难。第三，《商法通则》如何规范营业行为。首先是概念问题，个人觉得“营业行为”比“商行为”概念更优越，营业行为比商行为更易理解。其次是财产问题，应区分民事财产与营业财产，这就要求法律对夫妻商行为、家庭商行为作出明确的规定，在保护居住权利和交易性权利方面也应当凸显出差异。再者是特别营业问题，有必要区分普通营业与特别营业，尤其是对金融营业、电商营业等新型的营业类型要做原则性安排。另外还有营业的内外部问题，应当区分内部决议行为与该行为在营业上的外部效力，应重视组织法上的意思表示和个人法上的意思表示的差异。最后是营业转让问题，《商法通则》应当区分营业转让的集中规制与等值规制。第四，《商法通则》如何规范商事登记行为。《商法通则》应区分主体性登记和行为性登记，尤其是外国企业直接注册；应对商事备案行为进行规范，解决自愿备案获得公示效果的问题；应明确登记／备案行为的公示效力／不鼓励隐名交易／让公开交易具有优先效力。第五，《商法通则》如何规范不正当交易行为。《商法通则》对不正当交易行为的规制，应采取原则性、体系性、弹性规制的方式。主要应采取原则性条款，应凸显正当竞争、公平的原则，建立正当营业的标准——不损害其他经营者／消费者的合法权益。第六，《商法通则》如何规范交易纠纷之公平／快速解决纠纷。《商法通则》应当规定非经商事诉讼／仲裁不得进入刑事程序；商事犯罪的界定要符合私法的基础安排；商事法院应当独立化。

《商法通则》的框架与部分条款

发言人：陈　醇
（浙江师范大学法政学院教授）

《商法通则》的制定目标可以归纳为通、统、补、提、转。本人对于《商法通则》的制定从怀疑逐渐转向支持态度。我国目前的商法文件呈现规则散乱、重复、空白的情形。例如，银监会网站“政策法规”栏共355个有效文件，其中一个是《商业银行资本管理办法（试行）》，有23543字、180条，而我国现行的《公司法》是24934字、218条，由此可以推知金融领域中存在大量法律规范。《德国商法典》中的规范还停留在“企业法”时代，而《美国商法典》中有大量金融因素。因此，要制定《商法通则》，不可忽视金融法中已经存在的商法规范。《商法通则》的制定不是凭空创造出新的规范，而是要对既有的法律规范进行整理和汇编。《公司法》确实存在被掏空的现象，但是在金融商法领域中，还有大量规范需要加以整理，进而归纳出商事领域的一般性规范。此外，形成《商法通则》要重视两大方法的运用。一是归纳法，要注意从既有商法文件中归纳出《商法通则》；二是系统论，《商法通则》要有宏观性，能够全面调整商事关系。

在基本原则方面，要注意引入商事效率原则、商事安全原则、诚实信用原则、商事自治原则、商事公平原则共同组成的商法基本原则。其中，商事安全原则的确仍将有利于防范系统性金融风险。商法基本原则要突出价值性，不能混淆事实表述和价值表述，还要重视基本原则表达的全面性。此外，商事安全原则不能简单地等同于交易安全。在适用时的冲突规则方面，要确立四大规则：第一，价值底线不可突破规则；第二，原则平衡规则，如反对帝王条款等；第三，稀缺价值优先规则；第四，冲突最小化规则。

在《商法通则》的体系方面，应当坚持六编制的框架，即一般规定，包括规定基本原则、术语与适用范围等内容；商主体；商事权利；商行为；商事责任；附则。

在商主体方面，要做到区分民商，体现商法本质。具体而言，其一，体现商主体的客观与主观属性。民法规范更强调当事人的意思，而商法规范更加重视资本，商主体编的规范内容要做到资本与意思并重。其二，商主体的典型形态是企业，不是自然人，商主体制度应当以企业为标本形成。其三，商主体不等于交易主体，也不等于独立主体。

在商事权利方面，首先应当关注到商事权利的数量性、整体性、结构性与动态性特征。商法重视财富的增值，因此，商事权利的保护必须重视对财富数量的保护，以此与民法相区分。而营业权是商主体整体性的权利，依其权能，可分为决策权、执行权、监督权等；依其客体，可分为知识产权、商业秘密权、商号权等；依其目标，可分为融资权、规则制定权、形态变动权、特殊缔约权等。财会制度是一种权利记载制度。商主体应当依法建立财务会计制度，以计量商主体的财产权。商主体拥有财会制度与相关资料的制作、保存、使用与收益权，并依法享有处分权。

在商行为制度方面，商行为是具有职业性、群体性与程序性的资本运营行为。商行为制度规范必须重视程序规则，商行为必须遵守法定或约定的程序。决议程序可以划分为简易程序、一般程序和复杂程序。

在商事责任制度方面，首先应当重视责任处置制度的多元化。目前民事责任是以违约责任和侵权责任为核心构建的二元责任体系，没有注意到违反决议的责任制度，《商法通则》应当规定违反决议的民事责任制度。《商法通则》还应当对金融商法已经建立的复杂的多元处置制度予以提炼，以此完善责任制度。此外，《商法通则》应重视商法的责任加重制度。具体而言，应当规定法定连带责任；实施民事“双罚制”，雇主与处于重要职位的雇员、控股股东等同时承担责任；建立适当的惩罚性赔偿制度。最后，根据现行法，可以总结出商事责任预防制度。商事责任预防制度可以分为履约准备金规范、资本充足率要求、杠杆率限制、流动性要求、合同规模限制、关联度限制、系统重要性交易主体制度等类型。

商法基本范畴的理论展开与立法建构

——以营业为切点的分析

发言人：肖海军
（湖南大学法学院教授）

衷心感谢范老师的邀请，谢谢石老师，谢谢周老师。我今天谈的题目是“商法基本范畴的理论展开与立法建构——以营业为切点的分析”。

首先是问题的提出，主要有三个问题：第一是后《民法典》时代商法的理论构建与立法空间。无论是民商分立，民商合一，还是民商混同，民与商在私法领域里还是有区分的。就如同男人与女人，虽然都是人，但男人与女人是有本质上的不同，商法在私法上代表着进取、开拓，就如同男人，为众法之父，怎么才能与女性般慈善、温柔、关怀的万法之母民法进行区分呢？第二是商法与民法的法域关系与区分路径；第三是商法独特性的逻辑基点。这三个问题具有相同点：一是既有立法语境中的民法学理概念与范畴的非特定性。我们知道民法学理与立法实践中有很多民法概念，比如民事主体、民事行为。这些概念实际上是民法领域的，那么商法学理和商法学人该如何解释与适用，如何在民法上位概念之下进行创新。二是传统商法理论与立法体系中商主体与商行为的局限性。这种局限性早在20世纪70年代就被英国学者施米托夫所批判。三是部分学者所提的市场、企业、经营、经营者或经营行为的不周延性。四是1999年以来部分学者提出的营业概念与范畴。而最早提出营业概念的两本书分别是1999年王保树老师主编的《中国商事法》和中国人民大学赵中孚老师主编的《商法总论》。

第二大问题是营业。我认为营业对商法具有基础意义，下面从三个方面进行说明：第一，以营业为视角可以厘定商法的调整对象与法域边界。即商法就是调整营业关系的法；商法所调整的商事关系就是营业关系；营业的边界就是商法的调整范围与法域边界。第二，商法所调整的营业是民事主体进入营业领域从事以营利为目的的私人经济活动和特殊民事行为。也就是说，个人认为只有用民法的上位概念来定义商法的下位概念，才能准确界定商法的特殊性与非特殊性。营业到底是怎样的行为呢？可以用三个词或三句话来概括，即“始于投资，形于经营，成于交易”。概括来说，营业具体表现为投资行为、经营行为和交易行为这三大过程或三种行为。第三，营业是识别商法古典性的身份标签。总结一下，即（1）营业是商法基本的调整对象；（2）营业是民法与商法的分水岭；（3）营业是商事关系构建的基点；（4）营业是商事制度创设的切点；（5）营业是确立商法理念、价值、原则与规则的逻辑起点；（6）营业是商法子部门法细分的实态依据。

第三个大问题是要以营业为核心概念与范畴，建立起商法独特的概念范畴和话语体系。在现代私法中，对商法而言没有任何一种概念或范畴，比营业更具有基础性和根据性。它的引进至少可以达到以下五个立论：一是营业最大限度体现了商法、商主体、商行为的本质。我的观点是，商事主体的概念就是民事主体进入营业领域实施投资、经营、交易等营业行为的主体转换形式，这些投资、经营、交易的主体就是营业主体，即商事主体；二是营业为民事主体——营业行为——商事主体之间的对接与贯通建立了内在逻辑关系；三是营业可作为识别和分类商事主体和商事行为的核心要素；四是在民商一体的大私法中更显示商法的独特性和基础性；五是可以避免法律适用上的尴尬和困境。

我的基本观点是以营业为基础范畴，来构建出商法的基本理念、基本价值、基本原则、基本规则体系。即：商法的基本理念应是以鼓励、促进、确认、维持、保护、救济营业为主旨。也就是说要为商人创建一个自由、宽松、有序的营商环境，让商人能赚到该赚到的、可能赚到的更多的钱，而不是相反！商法的基础价值就是营业自由，商法应建立起以营业自由为基点，以交易效益为目标，以竞争公平、市场秩序为约束和保障的价值体系；商法应遵循营业自由、营业公开、营业正当、营业维持、营业效益、营业安全等基本原则；商法的规则体系应更具自治性、效率性、便利性、可行性、技术性和裁判性，我们经常讲到的外观主义规则、文义主义性规则，实际上就是强调商法的裁判规则。

总之，商法作为调整营业关系之法，决定了营业对商法而言具有基础性意义。营业是商法调整的基本对象，是民法与商法的分水岭，是商事关系构建的基点，是商事制度创设的切入点。质言之，营业理所应当成为商法最基本、最核心的法概念和法范畴。以营业为基本范畴、基础概念、逻辑起点，使之融入商法的概念体系、理论体系、价值体系，并通过立法设计使之融入商法的法律原则、法律规范和具体规则之中，如此，商法具逻辑自洽性和实然解释力的理论大厦和规范体系才可令人信服地构建起来！

谢谢大家！

《商法通则》中的商事习惯规则群

发言人：曹兴权
（西南政法大学民商法学院教授）

谢谢各位！我向大家汇报的题目是《〈商法通则〉中的商事习惯规则群》。这个报告针对的是《民法总则》第10条：处理纠纷可以规定的适用习惯，主要关注其在商业领域的适用问题以及解决之道。

主要有三点：第一，为什么需要构建关于商事习惯的新制度；第二，为什么需要经由商事一般法来供给新制度；第三，如果构建这个一般规则，该如何构建。

我思考的缘起在于：我们现在研究《商法通则》，其实是制定商法的一般法。对于如何制定，理论中主要有两种讨论模式：一是演绎法之宏大叙事，二是归纳法之个案考察。在我看来，现在可能需要的是后者，而不是前者。当然，商法一般法的制定也要考虑前者。同时，制定商法一般法可能还要关注现行民法典制定的基本逻辑，即已经选择了的民商合一的模式。民商合一分为两种模式，第一种是理想状态下的模式，第二种是实用主义的模式。个人认为：我们事实上采取的是实用主义的模式，没有实现规则在提取公因式下的统一，而是抽取重要规则进行聚合。问题在于这种处理本身是否理性：在现行《民法总则》模式下，我们能不能够让现有规则与预期目标达成一致。如果不能，制度就是非理性的。借助韦伯关于法律类型的理论去考察，《民法总则》第10条既有实质的非理性，又有形式的非理性。

如果从规则构建理性的角度考虑，习惯制度需要三个规则：一是适用前提；二是法院的态度，即应当适用或可以适用以及查证问题；三是合法性审查标准。

回答这些问题，还要关注商本身的运行逻辑以及习惯的内在逻辑。为此，要考察这样几点：第一，应当尊重商业规律，这是商法的前提；第二，商事习惯和商事规律需要考察其可能反映的商业活动的基本常理；第三，该常理可能用习惯的方式加以表达。这些内容，在判断什么是法源习惯时具有意义。至少，当事人之间的习惯不可能构成第10条中的习惯。

民法总则中的习惯制度，如果从制度规则与我们预期目标之间的必然性角度考察，我们的商事习惯实际上是有缺陷的。缺陷是什么？在我看来，首先，它在形式意义上的规则是缺乏的，比如说类型规则不足，法律启动的查证规则不够，审查标准太过单一，如果按照这种模式考虑，可能会出现审判当中对商事尝试和专业的不尊重。

关于如何完善法律制度，填补《民法总则》第10条的不足，有三种路径：第一个路径是立法论。首先，直接修改《民法总则》第10条，提升其本身涵摄力。但从现在看来，该方式比较困难，因为《民法总则》习惯更像一种地域意义上的习惯，没有关注专业方面的特殊性。这也是民事习惯与商事习惯的本质区别。其次，在第10条之外增加例外性规定来涵盖现实中的不足。但这会比较麻烦，因为关系到立法者理性和立法技术的难题。第二个路径是解释论。但解释会面临法律不确定性的理性难题，同时可能面临良性违法的悖论。基于这两个考虑，可能基于第三种路径，即商事一般法的路径方式比较科学，一方面可矫正和填补第10条的不足，同时还可让习惯充分发挥到促进商事制度内生发展的机制功能。当然，该方式也有缺陷。比如习惯优先性的边界该如何确定，是优先于民法的强制性规定，优先于任意法的强制性规定，优于商事特别法的强制性规定，还是优先于商事特别法的任意性规定。前提是民商分开，但目前并没法分开，构建起来比较困难。但是我们会考虑从审查机制的优化、前提机制的宽松相联动的角度思考如何克服。

基于这个考虑，完善习惯规则群，要关注以下几点：第一，按照类型划分：民事习惯与商事习惯、法源性事实与习惯性事实、行业习惯与当事人之间的习惯、交易习惯与组织习惯、成文习惯与非成文习惯、国内习惯与国际习惯，这些事实上都具有规则构建的实在意义。基于这一实在意义，我们需要考察其适用顺序、法院查证与审查标准。第二，从不同习惯的分类及其法律意义中推导出顺位规则、启动规则、查证规则、审查规则如何完善的具体建议。根据以上分析我列举了5条，具体见会议资料，不再逐一表述了。仅举一条，比如说第5条第2款，当事人之间习惯与法源习惯的关系。当事人之间的习惯可以作为确定当事人之间法律关系的事实适用，并且在与行业习惯相冲突时可以优先适用。这个规则在解释论当中是不可能推导出来的，须通过立法的方式加以规定。

谢谢各位，敬请批判！

《商法通则》的体系

——法的理性视角的观察

发言人：赵 磊
（中国社会科学院法学研究所副研究员）

过去我对《商法通则》（商事通则）立法一直持比较消极的态度，多年前还就这一问题专门撰文《反思“商事通则”立法——从商法形式理性出发》，发表在《法律科学》2013 年第 4 期。但是党的十八届四中全会决定编纂民法典以后，特别是《民法总则》正式出台以后，我的观点产生了一些变化：在没有完成民商法体系化工作的前提下，制定一个总纲式的商事法律文件是必要的。为此，我专门撰写了一篇论文《民法典编纂中的立法模式悖论——基于商法规范如何安排的视角》，该文发表在《北方法学》2017 年第 3 期。该文的观点与张谷老师所谈到的观点大致相同，即目前我国的民法典立法是以“民商分立”的思维模式试图制定一部“民商合一”的民法典。

从目前的情况来看，我国的立法模式走了“民商合一”的道路，但却用了“民商分立”的方案设计，这在《民法总则》部分表现得尤为明显。采用民商合一模式的《瑞士民法典》《意大利民法典》并无“总则”的设置。也就是说，我们一方面坚持认为我国应走民商合一的道路，另一方面又采纳了民商分立模式下的方案设计。这种自相矛盾的做法，使得我国民法典在体系上注定会成为“异类”，这就形成了一个悖论。但人大法工委认为这是创新，符合我国国情。因此我们必须考虑是否有必要对“民商合一”或“民商分立”的立法模式做出划分。有学者认为没有意义，但我认为恰恰十分有必要。立法模式的选择决定了采用怎样的方式完成民商法体系化的目标。如果没有搞清楚立法模式，如何安排这些规范？这是至关重要的根本性问题。如果不解决这一问题，我们制定出来的规范就会出现冲突，既有的立法目标就难以完成。从《民法总则》的现有条文来看，它搞混了我们的立法模式，对于合一还是分立，态度犹豫不决。对于《商法通则》的制定，以下主要从法的理性角度来讨论：

所谓法的理性可以分为形式理性和实质理性。有的学者认为形式理性就是法典化，但我认为形式理性是规则的体系化，而非追求形式上的法典；实质理性则是指如何建立符合逻辑的体系。域外民法典的制定也是理性的产物，理性就是要追求抽象、体系，将一些具体的条文抽象出来形成一个新的民法，所以我们有了总则和分则。制定《商法通则》必须要回答我们试图建立怎样的体系。目前的问题是能否从商事法律体系中抽象出商法总则，以此指导所有商事单行法；还是仅仅将这种总纲式的商事规范作为商法中的一个部分。这本质上需要回答《商法通则》与其他商事规范是“整体—部分”还是“部分—部分”的关系。从今天的讨论来看，目前难以概括出像《民法总则》那样的抽象性规范群形成《商法总则》。《商法通则》虽然借鉴了《民法通则》的名称，但是《商法通则》不可能像《民法通则》涵盖民事法律基本制度那样，全面囊括商法基本制度规范。

《商法通则》要完成规范内容的体系化需要考虑三个方面的问题。第一，概念的界定，即要考虑如何规定与安排商主体与商行为；第二，规范的类型化，对于商主体与商行为要做什么样的类型化划分；第三，从功能主义入手，厘清《商法通则》应当规定什么，应当舍弃什么。《商法通则》的制定必须面向实践，不能脱离实证检验。比如，失地农民为了谋生做小生意，其和航空公司都为商人，但实际情况却有天壤之别，我们应该如何规范如此不同的商主体，这是非常复杂的问题。

此外，我认为制定《商法通则》要处理好三对关系。第一，要处理好《民法总则》和《商法通则》的关系。《民法总则》没有很好地处理民法和商法的关系。例如，《民法总则》中规定了个体工商户，还规定了非法人组织、个人独资企业。个人独资企业和个体工商户，除了在办理工商登记时有差异，我认为在责任承担和主体的权利义务方面不存在本质区别。《商法通则》如何处理类似的问题一直困扰着商法学界。第二，要处理好《商法通则》与商事单行法之间的关系。我们要清楚回答二者到底是“总则——分则”，还是“整体—部分”，抑或是“部分—部分”关系的问题。第三，要处理好制定法与习惯法的关系。

就《商法通则》的体系而言，其实范健教授的“五编制”与蒋大兴教授的“七编制”在内容上并无本质区别。我个人比较赞成范健老师“五编制”的观点。蒋大兴教授认为商事登记应当单独成编，我认为商事登记可以与商主体规定在一编中。当然，无论是哪种模式，具体内容有待认真打磨和锤炼。

《商法通则》制定的历史基础、现实依据与理念展开

发言人：宋 鹏
（兰州大学法学院副教授）

感谢赵老师！感谢范老师！感谢周老师！感谢中国商法学会提供宝贵的学习交流机会。我发言的题目是《〈商法通则〉制定的历史基础、现实依据与理念展开》。

第一个问题，《商法通则》制定的历史基础：从“独立品格”到“中国道路”。从学理的角度而言，商法与民法在学术基础上具有同质性。但必须指出，商法与民法的同质性是多种因素叠加的现象。商法以及商法规范从自身的产生、发展到成熟，并不必然依赖于民法。中世纪商人自治规范和商人习惯法勃兴之际，民法的经典逻辑体系尚未形成确立，商法却拥有其独立的品格与气质。19 世纪理性主义思潮主导下的法典化运动，客观上将商法与民法紧密联系在了一起。基于国家对市民生活进行法律控制的需要，加之商人无法延续绝对独立的政治身份等诸多原因，民法典成为私法领域的主角。最为关键的是，民法基础理论逐步成熟，在潘德克顿（Pandekten）概念法学的极致演绎下，民法基础概念的包容性及解释张力变得极为强大，不管是从主体制度还是行为制度，商法在基础理论上都被民法超越并覆盖，商法作为民法的特别法的观点逐渐得以确立。不论是民商合一，抑或民商分立，最重要的影响因素是历史和传统，中国既然没有这份历史积淀，也就没有必要背负“民商二元论”纠结的历史包袱。当下的中国需要何种形式的商法？商法的上层设计不应当追求概念演绎的完美主义，而应当重视实用主义哲学，应当回归现实依据，走“中国道路”。即从时代的需求出发，准确归纳、总结、巩固市场经济法律体系的建设工作取得的重要成果，同时准确及时有效地解决市场经济法律体系的建设过程中民法典无法解决的重要问题，从而充分发挥商法对于“建设现代化经济体系”不可替代的制度供给作用。

第二个问题，《商法通则》的现实依据：从“两大要素”到“不可替代”。民法和商法是社会主义市场经济法律体系的两大要素，同时发挥着引领创新、配置资

源、保障市场经济发展的关键作用，二者紧密联系、但各有侧重。在市场经济法律体系逐步完善背景下，特别是民法典编纂工作已经稳步开展，应当更加重视商法的作用，并积极推进商法立法建设。而推进商法立法建设的重中之重，则是尽快制定《商法通则》。自《中共中央关于全面推进依法治国若干重大问题的决定》强调“法治在市场经济建设中的基础性地位与决定性作用”以来，我国市场经济法律体系的建设工作取得了很多重要成果，如商事制度改革卓有成效，但也存在很多不足。不论是成果的巩固还是问题的解决，都很难依靠民法总则或民法典来完成，这就需要《商法通则》发挥其不可替代的作用，即必须通过全国人大立法、以《商法通则》的形式，解决规范商事主体、营商行为、营业财产、商事权利以及商事争议解决等营商领域的一般性问题，从而充分发挥我国市场经济法律体系对于“建设现代化经济体系”的制度供给作用。

第三个问题，《商法通则》的理念展开：从“抽象理念”到“具体技术”。《商法通则》作为商法的一般性条款，其重要任务就是为商事特别法的实施预留解释空间，为商法漏洞填补提供法律适用依据和方法。这就需要《商法通则》准确界定商法的理念，并将抽象的商法理念体现在具体的立法技术和规则表达。商法通则的理念表现为四个方面：（1）尊重并保护商事利益。《商法通则》的设计，如完善商事登记、公示公信、外观信赖规则等，要为事实推定以及权利拟制的适用技术手段预留法律适用空间。（2）尊重并贯彻商事逻辑。商法最重要的逻辑就是尊重商人的营业自由和尊重商人的自我决定，因此在这个理念之下需要注意商法的外源性法律漏洞填补以及内源性法律漏洞填补。外源性法律漏洞填补，即商事习惯、商事自治规范和企业章程应该优先适用于民事法律，尤其注意区分民俗习惯与商事习惯；内源性法律漏洞填补，《商法通则》的立法应当合理设计“准用条款”。“准用条款”是商法类推的重要标志和依据。商法理念要求商法类推采取严格主义的态度和立场，尽量适用商法规则，尽一切可能避免向民法规范逃逸。（3）尊重并体现商事价值。《商法通则》的制定要处理好三对矛盾：效益与安全的矛盾；商事自治与国家管制的矛盾；自治性与强制性的矛盾。体现在具体技术上，《商法通则》要准确、明晰地做好区分任意性商事规范与强制性商事规范的识别、判断特征。《商法通则》制定，还应明确商法的基本原则条款。尤其要注重经济效益和社会效益的有机统一，注重经济发展与社会责任的有机统一，从而使《商法通则》立法与培育弘扬社会主义核心价值观之间形成良好的价值导向和利益机制。（4）尊重并服务商事创新。《商法通则》的制定除了法律判断的考量之外，还应当给予广义“商业判断”更大的空间，回归商业逻辑、经济逻辑。

时间所限，无法逐一详尽展开。今年本人主持的教育部课题争取顺利结项成果出版专著，恳请各位学术先进继续关注、指导、批评！谢谢大家！

主体、身份抑或组织：商主体制度的反思与重构

发言人：李　磊
（外交学院国际法系讲师）

感谢范健老师、王建文老师的邀请，感谢本单元的主持人石少侠老师、周林彬老师。我报告的主题是《主体、身份抑或组织：商主体制度的反思与重构》。

但在此之前，我想先谈一谈本次研讨会上一单元学者报告的内容。钱玉林老师的观点给了我很大的启发，他的观点是目前我听起来最具有商人思维和商法思维的立法策略，我赞同“通过制定《公司法典》的形式将商主体制度率先搭建起来”的观点。在我看来，钱老师的思路并不是用《公司法典》替代《商法通则》，而是通过《公司法典》的形式先将商主体的结构确立下来。

季奎明老师强调的观点，让我想起商法与民法在面对共同的商业世界的时候，会产生解释权的争夺问题，并且在这种争夺过程中，民法学者常常会偷换概念，侵占商法学解释的空间。而今天我的报告与以上两位学者的观点也是有着一定的联系，以下是我的报告内容：

在进行商主体规范构建时，商主体概念的选择模式有主体法、身份法、组织法三种。主体法方面，主体法可分为主观主义、客观主义与折中主义三种；身份法方面，其以企业和经营者作为核心规制对象；最后一种是采用组织法的方式，这种方式以美国为典型，主要是通过资产分割与信义义务程度来区分不同商组织。学者们进行争论的时候，大多是从反思我们采用的工具在何种程度上能够反映我们当代的特色方面出发，但实际上，本人认为，这些工具的正当性也需要加以考量。商主体体系化的正当性追问有两个层次，即所谓的自身正当性和相对关系的正当性。而商法与民法相对关系的正当性，比自身正当性的考量更为重要。

现实的一个问题就是，在民法与商法学界的互动过程中，商法处于劣势地位，并因此受到损害。学者将商业社会中民法规制对象的扩张总结为“民法的商法化”，这在最终结果上会导致商法理论对民法理论的单向价值输出。许多商法价值被民法

理论理所当然地占用，出现民法的“拿来主义”和“价值的单边主义”的现象。这种现象在规范领域的表现有表见代理、交易安全、效率意识、外观主义、商事组织法等。正如PPT所展示的那样，表见代理制度源于1870年德国帝国法院商事案例，到20世纪50年代逐渐演变为德国民法总论中的主要概念。

在交易安全方面，针对20世纪商业交易的发展，民法对于财产制度的保护由静态安全转向动态安全，并使之成为基本原则。在方法论方面，比如最近人民大学熊丙万老师的《中国民法学的效率意识》一文反映出效率意识这种商法取向的理念已经成为民法方法论的讨论范畴。外观主义方面，德国民法学者拉伦茨的高徒Leenen在对传统法律行为进行改造后，提出将内心意思与法律行为分开，从而降低内心意思对法律行为生效的干扰。虽然我们很难说Lennen对法律行为概念的改造已经商法化，因为法律行为概念是民法体系中最核心的概念，但可以从解释论上说，Lennen开始更加注重法律行为对现实商业活动的解释力。另外，现在还有学者已经在引用商事组织法的概念来探讨“非法人组织”问题，例如张新宝老师的最新文章，在非法人组织的探讨中，运用了商法组织法中的资产分割理论，但在价值取向上却忽略非法人组织中存在许多商组织的可能。以上种种例证都反映了众多商法前沿理论正在对民法做单向的价值输出这一现象。

而从民法对商法的影响角度来看，我们会发现民法对商法的发展并未发挥较好的促进作用。例如《民法总则》对法人的分类，实际上会对《商法通则》中商主体划分产生不当的约束。从营利法人、非营利法人、特别法人和法人组织中，我们都能找到商主体的痕迹，因此这个分类其实在商主体的划分上并不彻底。因此，受到民法影响，我们也许会考虑商主体应该法人化，其实这种想法忽略了大量的非典型商组织，其实是民法中法人概念对我们的限制。

商法与民法的关系的互动实际上是独立话语体系的对抗。在主体法、身份法、组织法的选择当中，主体法的思路由于其抽象程度较高，在进行描述时，会与其他方法不同。但两者之间实际上没有优劣之分，而可能只是一个价值判断的问题。最重要的是，在商法对民法做单向的价值输出的过程中，我们要特别关注商法之“壳”是否足够坚硬，能否抵御民法的侵蚀。我们发现在商主体方面，民法传统规则的主体法思路基本难以满足需求。但是在身份法方面，也就是企业或经营者方面，民法会强调对法律主体进行区分对待，这种价值输出其实是有意义的。但这会带来一个问题，即在以特殊身份进行活动时这种规则可能会被扩展为特别民法或者民法的特别法，依然有被偷换概念的危险。而在组织法的角度上，商法仍然可以对传统民法进行价值输出，但最终可能会导致民法中法人分类的瓦解，因为非法人组织可能因此取得法人效果，这种效果其实最有利于商法体系的构建。

总的来说，在进行商主体体系化的构建过程中，一定要对商法自身价值体系有深刻的认识，选择最有利于商法自身价值保护的概念框架，否则就有可能会被民法的扩张性解释所吸收。因而我非常赞成钱玉林老师的观点。因为他回应了多年前张谷老师那篇文章中的问题，即商法这只寄居蟹，在物种上是没问题的，但是壳不是别人（民法）的，而是自己创造的。钱老师提出的重构公司法典的设想，实质上是为商主体构造找到了一个非常坚硬的“壳”，因为公司法是标准的商事组织法，是很难为民法理论扩张所击穿的。

这就是我对商主体的一些不成熟的看法，谢谢各位。

嘉宾与谈

与谈人：伍　坚
（华东政法大学经济法学院副院长、副教授）

因为我对这一块的研究不多，所以只能简要地谈一下学习的体会。

第一个感想是：我们有很多老师上午讲到商法的体系结构，虽然看起来和下午的联系不是很大，但我觉得核心内容都是一样的，包括商主体、登记、行为等内容。我个人比较认同实用主义的立场，没有必要追求概念体系的完整。但是，凡是能够体现商法特殊性的制度，是一定要有的，比如商事借贷、商事保证、商事留置等，这些制度都需要精心设计。

第二个体会是：原则冲突如何解决？赵万一老师上午提到一个问题：我们要不要考虑商法的原则？顾功耘老师也谈到了商法的宗旨。我在这里不再区分原则、宗旨、价值取向等概念。实际上很多老师也研究了商法的原则，从1个原则到9个原则，非常混乱。不过，至少有两个原则是学界基本认可的，这就是刚才蒋大兴老师讲的顶级原则：效率与交易安全。但是，这两个原则之间的位阶如何呢？遇到规则出现矛盾，我们需要借助原则予以解决，但是原则出现冲突又该如何解决？民法中有一个帝王原则——诚实信用，但在商法中可能就出现混乱地带。举个例子，法定代表人越权担保，相对人是否有审查义务？有很多人反对审查义务，主要原因是，若对相对人科以审查义务则会增加相对人的交易成本，带来不必要的负担。但是其实可以反过来想想，一方面，这种所谓的增加的交易成本是微乎其微的，特别是与进入诉讼后高额的诉讼费相比；另一方面，即便增加了交易成本，审查义务也能更大程度地确保交易安全。此时就需要对两种原则进行权衡。

第三个想法是：我们商法讲的交易安全、效率原则，在民法学领域也是广为讨论，所以我在思考，我们是否可以提出新的概念。比如在《公司法》第16条的对外担保方面，通过施加审查义务，看起来增加了交易成本，但会提高交易安全，那么是否同样会带来社会整体收益的增加？换言之，我们是否可以不再沿用交易效率，而从社会收益角度进行评价？这是我听完发言人报告之后的一个想法。另外一个想法跟证券交易有关：证券错误交易的处置问题。我们知道，民法上重大错误可以撤销，但《证券法》的规定是，一般情况下证券交易达成之后是不可撤销的。通常认为这体现了商法的外观主义。外观主义有助于交易安全，实际上也带来了交易效率的提高。上午胡改蓉教授的发言由于时间关系没有展开，我在此补充一下。实际上在交易所的规定中，如果存在重大错误，仍然是可以撤销的。交易所规定的撤销，难道就是民法中的重大误解吗？是为了保护发生错误的当事人吗？答案可能并不是如此。换个角度来说，这个可能是为了整体经济的安全。因为证券交易中，金额特别巨大的交易如果发生错误，很难通过其他方法解决。如果不能解决，重大违约就可能发生，重大违约发生之后，就可能影响金融秩序。这种证券交易重大错误的撤销，是否代表着商法还有一种超脱于民法个体交易安全之上的，更为宏观的，对整体社会经济安全因素的考量。

还有一个我非常想讨论的话题：我们能否在商法基本原则——效率、安全、自由之上，再创造一个新的原则？这个新的原则，可以从社会整体经济的角度出发。当然我不排斥个案中的效率与安全，但我们可以通过构建这样的原则，凸显商法的特殊性。

以上就是我的一些不成熟的想法，谢谢！

嘉宾与谈

与谈人：廖艳嫔
（中山大学法学院副教授）

这个环节讨论的是商法的体系结构和规则表达，蒋老师和陈老师分别从体系结构进行报告，个人比较赞同蒋老师的“七编制”的体系，在分编里面一定要有总则、主体、行为和有关争议解决这几部分。

首先，在有关行为这一方面，我特别认同蒋老师谈到的对特别营业的规制问题，其中包含经销商的问题。现在我们的微信朋友圈有很多人打着微商的旗号在卖保健品，而微商又分为两种，一种叫直销，一种叫传销，传销就是不合法的直销。这样就给我们带来一个思考，对于特别营业，譬如谈到金融与电商的时候，是不是在立法的时候还要细化一下，以及如何把现行法没有规定的这些行为在商法总则中进行规定。个人认为，对于这些在新的营销环境中所出现的行为，还是要在商事总则的具体规定中得以体现。在这个过程中，商行为这一章，首要的就是提炼民事、商事兼而有之的规则，在商事总则里面的商行为这一章中作出特别规定。这是一项非常艰巨又精细的工作，如何将商事和民事兼而有之的规范类型化地提炼出来，是立法所面临的一大问题。

其次，有关商主体这一方面，个人认为我们要有中国特色。现在民法中的两户制度、特别法人制度，都是中国特色的体现，但是这种中国特色的体现，在《民法总则》及其分编的规定里面，以及单行法规定里面，都不能完整地体现具有中国特色的主体是有商主体的特征的。比如农村集体经济组织的商业化操作而带来的，作为一个社员，在股权转让过程中，这种社员的权利在取得、继承、转让过程中是如何去处理的，其实它是可以参照商法的有关规则进行适用的，只是不能完全适用。这些都极具中国特色，是中国计划经济向市场经济转化的过程中带来的产物。

此外，其他老师也给了很多感触和启发，但是时间到了，我的与谈就到此结束，谢谢大家。

嘉宾与谈

与谈人：谢　静
（甘肃政法学院民商经济法学院副教授）

谢谢主持人！感谢范老师和王老师给我提供如此宝贵的学习机会。

本单元的主题是“《商法通则》体系结构与规则表达”，体系结构和规则表达是外在的，但是外在表达背后承载的却是内在理念与逻辑。在该环节中，多位老师都提到了一些弱势群体（譬如失地农民、流动商贩）在从商过程中的法律地位十分卑微这一问题，我们今日所讨论的《商法通则》实际上就是为让这些辛勤劳作的普通百姓更好地“营生”而谋划更具法律保障的制度路径。刚才肖海军老师从“营业”的角度进行切入，阐释了商法基本范畴的相关理论和立法建构，而宋鹏老师也讲到了商法理念的内涵与类型化问题。我觉得无论商法还是民法其关注点都是民生领域，所以各位老师探讨的论题，就是在努力地为普通民众的经商活动、谋生之道保驾护航，为如何实现藏富于民而献计献策。

我个人感觉《商法通则》在整个商事法律制度中的价值有点像《民法总则》之于民法典的统领作用和基石地位，是对商法规则的体系性整合与一般性统摄。虽然现在《商法通则》还只是一个愿景，但对于《商法通则》的制定我本人还是比较乐观的。正如刘凯湘老师提到的“推进出台《商法通则》只是拉开序幕，我们最终的目标是创制符合时代需求的中国《商法典》”。当今时代，让我们感受到了现代商业文明与重商政策的力量。有学者曾在文章中提到“商是最大的公益”，从某种意义上来讲，我们每个人都是商业繁荣的受益者。听了七位报告人有关《商法通则》体系构建的报告，我想要用三组词来说说我的学习感受。

第一，内在理念和外在体系。《商法通则》的体系结构和规则表达应当凸显商法不同于民法的理念内核，这将有可能决定着我们商事立法未来的命运。随着社会经济的发展，在学者的不断推动和呼吁下，商法内在逻辑的自洽性会不断地调试、修正。是否需要《商法通则》？需要什么样的《商法通则》？只有实践和时间才能给出答案。

第二，传承与创新。民商合一和民商分立都不可能忽视一个现实，即民法与商法的区别是客观存在的。合也罢、分也罢，两者肯定会有契合点，这使得民法和商法在具体发展过程中有传承也会有创新。所以，在《商法通则》立法推进的过程中，既要固守某些传统制度，又要进行制度创新。

第三，竞争与合作。以更加开阔的国际视野，为我国的营商环境提供更好的法制保障。在法治社会，解决商业问题或化解商业困境离不开日益完善的商事法律制度。让我们的国人在创业和守业的过程中见证商法的力量，让市场竞争者与合作者在市场经济发展过程中都能感受到商法的温暖，我想这也正是此次研讨会的目的所在。

谢谢大家。

嘉宾与谈

与谈人：薛　波
（深圳大学法学院助理教授）

受赵磊老师发言的感染。其实我本人在学生时代对《商法通则》也持消极态度，但这几年我个人加深了对《商法通则》的思考后，对其越来越持肯定态度了。关于本单元的报告我有三点体会：

第一点，今天下午学习了蒋大兴老师七编制的商法典和陈醇老师的六编制方案后，我有一个疑问：究竟我们《商法通则》要制定成主体法、行为法还是权利法呢？对这个问题的考虑，可能是来自《民法通则》和《民法总则》。《民法通则》共9章156个条文中，规定民事权利的有45个条文，占了近1/3。而《民法总则》基本是在《民法通则》的基础上做了适当的扩展和补充，所以也延续了这样的安排，专章规定了民事权利。那么《商法通则》是主体法、行为法还是权利法？目前支持主体法和行为法的学者较多，但是研究权利法的还是比较少，虽然也有学者研究，比如吕来明老师，但是总体上还不太深入。

第二点，关于《商法通则》中条文的结构安排，我从民法学研究中得到了一些启发。民法解释论现在已经做得很精细了，我们讨论《商法通则》的制定，是不是要从裁判法的角度来思考《商法通则》的问题？因为《商法通则》的规则不仅是规范人们的交易行为，还要交由法官、律师、仲裁员等来具体适用，所以它要符合法律规范的构成要件和法律后果这样一个基本的法律逻辑结构。

第三点，正如钱玉林老师谈到的，《公司法》总则中确实有很多条文被掏空，并放入了《民法总则》中，只剩下了少许定义性、宣誓性和说明性的条文，比如立法目的、工会组织、劳动权益、共产党组织等规定。我也仔细思考了一下，《公司法》的修改或许有几种路径：可以改成续编，可以将总则删掉，亦可以保留总则。其中我个人认为形式续编的成本较小，更符合我国目前的现状。

以上就是我的几点想法，谢谢大家。

主持人总结

主持人：周林彬
（中国法学会商法学研究会副会长，中山大学法学院教授）

本组讨论的主题是“《商法通则》的体系结构与规则表达”，具体问题聚焦在如下几点：

第一，关于民法与商法的关系问题。目前我国民商合一的立法模式已成定论，但这并不妨碍将商法作为特别法进行规范。在民法典编撰背景下，完善社会主义市场经济体系是民法典编撰的第一立法任务，但具体任务的落实则要靠商法来实现，也就是通过完善商法体系来实现。在这一点上我比较赞同赵磊教授关于体系问题的观点，特别是我们成文法国家不能像判例法国家一样仅注意问题而忽略主义。关于《商法通则》的结构问题，蒋大兴教授提到的七编制模式，其他学者主张的六编制模式等观点，以及采用主体、行为进行划分的问题，我觉得还可以再进一步探讨。上述体例编排模式，基本没有脱离外国商法立法经验而进行独创。但我注意到，有观点提出了“权利编”，这可能是外国商法典中没有的。既然民法是权利法，那商法不也是权利法吗？但是权利应该怎么去表述，则是立法结构和立法体系的问题，结构设计是否合理决定了“权利编”的立法成败。我们应当重思当年民法与经济法论战时期，佟柔先生为何提出“民法是调整商品经济平等主体之间的规范”，并将其作为商品经济的依附，进而与经济法相区别这一问题。

第二，关于规范的问题。当我们确定了体系之后，则应当思考如何进行规范的问题，其中包括责任规范、商人规范、营业规范等。此前曹兴权教授提到“习惯规则群”，并指出自治规范是商法规范的核心。我个人赞同这一观点，民法的习惯或者说民俗习惯是民法，而商事惯例或者说商事交易习惯则是商法。目前《民法总则》显然没有把属于商法的交易习惯排除在外，这里存在失误之处，民事习惯和商事交易习惯之间显然有所区别。

第三，《商法通则》不仅是规范选择或是体系选择的问题，同时也是一个立法技术问题，需要从立法学和解释学角度分别探讨。在立法技术方面，我们需要思考为何“要从一般条款的角度进行展开”这一问题。不管是《商法通则》还是民法典，60% 的条款都是一般条款，如果民法的一般条款太多，商法就成了特别法，又何谈编纂《商法通则》呢！我一直也都在思考一般条款的立法技术，初步结论是商法一般条款和民法一般条款的关系主要有三类：一是替代关系，也就是说民法典中有了，商法就不应该把这部分内容涵括在内；二是补充关系，商法一般条款是对民法一般条款的补充，民法不足可以由商法来补充；三是冲突关系，冲突关系是指绝对不能进入民法的商法条款，对于该类条款，则需要考虑应该将其写在商法的基本法抑或是单行法中。立法者还要考虑到立法技术和成本问题，避免条款之间出现重复。除此之外，立法技术还要关注原则性一般条款和规则性一般条款。这其中包括四类，一是位于顶层的法律原则条款；二是规则条款，例如主体、行为等；三是列举和兜底条款；四是但书条款。上述规范不仅是立法技术问题，更是规范选择问题，甚至是立法理念问题。而目前民法典起草过程中却明显缺乏商法思维。

第四，《商法通则》的立法思路。立法思路应遵循以下几点：一是《商法通则》和商事立法完善应遵循先易后难的路径。所谓先易后难是指先尝试将商事领域的相关规范加入民法典中，实在无法加入的则考虑编入《商法通则》，最后再尝试编纂商法典。商事立法也应遵循中国的改革思路，避免一蹴而就。二是《商法通则》编纂要先民间后国家，民间商会可以尝试制定“示范法”，落实商事惯例的功能。三是先国内后国际，尤其是在“一带一路”背景下，商法的国际性要素必须得到体现。四是先程序后实体，商事仲裁重点关注的就是程序性问题，当下国际商事法庭以及商人历史发展经验均表明程序规则之于商法的重要性。

闭幕式

会议总结：

李建伟（中国法学会商法学研究会秘书长，中国政法大学民商经济法学院教授）

会议总结

发言人：李建伟
（中国法学会商法学研究会秘书长，中国政法大学民商经济法学院教授）

我想最后的总结任务的确有难度。今天的会议尤其有意思。比如，第三单元七个发言人、四个评议人，每位评议人都是总结高手，都能用不到7分钟时间一口气评价七个发言人的要点，而且由点带线到面，一应俱全面面俱到，还能做到重点突出，真具有商法学者的一贯气魄。范老师召开的这个论坛坚持小众而高端，为我们深入探讨议题提供了有效率的安排。高端的表象之一，商法学会的13个会长、副会长，今天来了10个，闭幕式上还有6位在场，这是难能可贵的。感谢范老师为今天的会议做了精心的准备和周到的安排。今天的会议让我很有收获。我的两篇论文在写作过程中都遇到了坎坷，但大家的探讨启发了我的思维匣子，学者无意听者有心，此之谓也，这就是学术会议所带来的个人收获吧。

在这里做会议总结，我想表达一个核心的意思是：对《商法通则》《商法典》的关注，应该成为我们这一代商法学者的集体学术自觉，赋予我们时代使命感、学术担当感、学科归属感。前一段时间各界都在总结改革开放40年以来的重大成就，40年来法制建设尤其私法体系的发展，首先是从商法开始的，比如最早的1979年的《中外合资经营企业法》，其后在20世纪80年代颁布的“三大合同法”、所有制系列的诸企业立法，90年代的《公司法》《合伙企业法》《个人独资企业法》《保险法》《票据法》，以及其后的《信托法》《投资基金法》《破产法》等商事单行法，其立法在时间序列上一直走在民法的前面。在座的各位商法学者，当时研究的也是一个个的商事单行法，对于《商法通则》《商法典》的关注并不多。如范健老师等少数学者，在90年代中后期即率先关注商事立法与商法总则的问题，但总体上并没有引起商法学界的集体性重视。21世纪以来，市场经济的需求、社会生活的需求、商事审判的需求、商法学术发展的需求，这几股洪流汇聚会成最近十多年的对《商法通则》《商法典》立法的关注。商法学会在这其中起到了非常重要的担当作用，正是因为商法学会的成立才有了商法学这个清晰的与民法、经济法的学科划分。如今，无论从立法的角度、学术发展的角度还是从学科发展基础的角度来看，我们都确实需要一部《商法通则》或《商法典》。在此基础上，吾辈商法学者自当继往开来，继续深入研究商法总论的学术与《商法通则》《商法典》的立法问题。

关于《商法通则》的十几年来的研究，也有很大的学术转向，由原来的必要性研究转向更多的可行性研究。我有三点想要说明：一是我们在此过程中要关注境外的立法动向，比如今天夏小雄教授关于巴西《商法通则》的经验介绍，还有北大的全球商法论坛对于商法地球的研究，还有青年海归商法学者发起举办的中外商法论坛等。二是商法更要回应中国经济市场生活的需求。半个世纪之前的商法概念、范畴、名词在当今很多已经不能适用，甚至说是格格不入了，需要新的发展。三是学界关于《商法通则》的研究有很多平台。其中范老师提供的这个平台是非常重要的。今天能够吸引来这么多民商法学者参会，大家的发言没有一个跑题的，没有一个不精彩的，这展现了范老师的感召力，也展现了我们这一代商法学者共同的时代使命感和责任感。希望以后范老师主持的论坛取得更大成就，源远流长，成为我们持续探讨的平台，直到《商法通则》乃至《商法典》通过之后，这个平台仍然能够延续。

谢谢大家！

图书在版编目（CIP）数据

商法评论．2019年．第1辑/范健，王建文主编．—北京：中国法制出版社，2019.8

ISBN 978-7-5216-0411-5

Ⅰ．①商…　Ⅱ．①范…　②王…　Ⅲ．①商法－中国－文集
Ⅳ．①D923.994-53

中国版本图书馆CIP数据核字（2019）第165372号

策划编辑　袁笋冰　　　责任编辑　赵　燕　　　封面设计　周黎明

商法评论：2019年第1辑

SHANGFA PINGLUN：2019NIANDI-1-JI.

主编/范　健　王建文

经销/新华书店

印刷/北京京华虎彩印刷有限公司

开本/730毫米×1030毫米　16开　　　印张/17.875　字数/360千字

版次/2019年8月第1版　　　2019年8月第1次印刷

中国法制出版社出版

书号ISBN 978-7-5216-0411-5　　　定价：65.00元

北京西单横二条2号　　　值班电话：010-66026508

邮政编码100031　　　传真：010-66031119

网址：http://www.zgfzs.com　　　**编辑部电话：**010-66066627

市场营销部电话：010-66033393　　　**邮购部电话：**010-66033288

（如有印装质量问题，请与本社印务部联系调换。电话：010-66032926）